教育部社科司 2023 年度高校思想政治理论课教师研究专项一般项目：
"五色融合 虚实结合 双课耦合"的思政课实践教学模式研究【23JDSZK105】
2023 年度哈尔滨学院教师教学发展中心基金项目：
融合人工智能技术的应用型高校思政课精准教学模式研究【课题编号：JFXS2023010】

U0454651

新时代
高校劳动教育教程

主编　王莹　张福红　苗溪航

中国矿业大学出版社
·徐州·

图书在版编目(C I P)数据

新时代高校劳动教育教程 / 王莹,张福红,苗溪航
主编. —徐州 : 中国矿业大学出版社,2024.6
　　ISBN 978 - 7 - 5646 - 6242 - 4

　　Ⅰ. ①新… Ⅱ. ①王… ②张… ③苗… Ⅲ. ①劳动教
育—高等学校—教材 Ⅳ. ①G40-015

中国国家版本馆 CIP 数据核字(2024)第 082601 号

书　　名	新时代高校劳动教育教程
主　　编	王　莹　张福红　苗溪航
责任编辑	夏　然
出版发行	中国矿业大学出版社有限责任公司
	（江苏省徐州市解放南路　邮编 221008）
营销热线	(0516)83885370　83884103
出版服务	(0516)83995789　83884920
网　　址	http://www.cumtp.com　　E-mail : cumtpvip@cumtp.com
印　　刷	江苏凤凰数码印务有限公司
开　　本	787 mm×1092 mm　1/16　**印张** 14.5　**字数** 260 千字
版次印次	2024 年 6 月第 1 版　2024 年 6 月第 1 次印刷
定　　价	40.00 元

（图书出现印装质量问题,本社负责调换）

前　言

　　人类创造历史，劳动开创未来。党的二十大报告指出，"坚持尊重劳动"，"在全社会弘扬劳动精神"。劳动教育是中国特色社会主义教育制度的重要内容，直接决定社会主义建设者和接班人的劳动精神面貌、劳动价值取向和劳动技能水平。党的十八大以来，以习近平同志为核心的党中央高度重视劳动教育，做出一系列重要论述，明确要求把劳动教育纳入人才培养全过程，贯通大中小学各学段和家庭、学校、社会各方面，为全面加强新时代大中小学劳动教育提供了方向指引和路径遵循。

　　为深入贯彻落实习近平总书记重要论述精神和中共中央、国务院《关于全面加强新时代大中小学劳动教育的意见》，加强高校劳动教育，我们编写了本教材。本教材坚持问题意识，以"新时代高校开展什么样的劳动教育"问题为导向，分理论篇和实践篇。其中，理论篇由劳动与劳动教育、劳动精神、劳模精神、工匠精神、劳动安全与劳动法规五章组成；实践篇由日常生活劳动、生产劳动、服务性劳动三章组成。第一章劳动与劳动教育，以马克思主义劳动观为核心，引导学生理解劳动的科学内涵、劳动教育的价值意蕴，从而把握马克思主义劳动观的立场、观点和方法，引导学生树立正确的劳动观；第二章、第三章和第四章，以劳动精神、劳模精神、工匠精神为核心，分别阐释了这三种精神的生成逻辑、时代内涵，引导学生培育践行劳动精神、劳模精神、工匠精神，尊重劳动、尊重劳动者，积极投身劳动实践。第五章劳动安全与劳动法规，聚焦劳动安全的内涵、劳动法规的内容，帮助学生了解与劳动者权益相关的保障措施，培养健康的劳动心理，在劳动中成就自我、全面发展。第六章日常生活劳动，关注家庭生活劳动、校园生活劳动、自觉锻炼劳动能力，意在养成大学生良好的劳动习惯，提升自理能力、动手动脑能力。第七章生产劳动，围绕专业实习实训、创新创业活动、培育大学生正确择业观，引导学生深入理解劳动是人类生存和发展的第一需求，劳动创造社会财富。第八章服务性劳动，以志愿服务为焦点，围绕志愿服务劳动、大学生志愿活动、弘扬志愿精神三个主题,培养大学生服务社会意识,感悟生命意义、实现人生价值。

在编写体例上,本教材坚持理论与实践相结合、历史与现实相统一的原则,在教材中,除了学理性的论述之外,还设置了"引导案例""劳动视界""思维训练""劳动实践"等模块,帮助学生理解相关概念,强化情感认同,提升育人效果。

本教材由哈尔滨学院的王莹、张福红、苗溪航担任主编。具体编写分工如下:王莹编写第一章至第三章(共计 8 万字),张福红编写第四章、第六章和第八章(共计 8 万字),苗溪航编写第五章和第七章(共计 7 万字)。全书由王莹、张福红统稿。

本教材在编写过程中,参考和借鉴了相关领域的专家、学者的一些研究成果,在此一并表示感谢。限于编者水平有限,教材中不免存在疏漏和不当之处,敬请广大读者予以批评指正。

编　者

2023 年 12 月

目　录

理　论　篇

理 论 篇

　　作为高校，为什么要开展劳动教育？高校劳动教育的目标、内容、意义是什么？大学生首先要对劳动有正确的认识，理解和形成马克思主义劳动观，牢固树立劳动最光荣、劳动最崇高、劳动最伟大、劳动最美丽的观念。有了正确的劳动观念做指引，大学生才能主动培养劳动精神、劳模精神、工匠精神，才能提高劳动能力，形成养成良好的劳动习惯，成为未来社会主义建设的接班人、中华民族伟大复兴的生力军。本书的理论篇将会带你走进劳动教育的理论世界，打开你认识高校劳动教育的视窗。

第一章　劳动与劳动教育

人类创造历史,劳动开创未来。习近平总书记指出:"人世间的一切幸福都需要靠辛勤的劳动来创造。"①教育的本质是培养人的活动。劳动教育是人生第一教育,是德智体美劳全面教育体系中的核心要素,是中国特色社会主义教育制度的重要内容,对于落实"立德树人"根本任务,培养全面发展的社会主义建设者和接班人具有独特意义和重要价值。高等教育的逻辑起点是"高深知识",劳动认知影响劳动行为,在劳动教育课上解决劳动认知问题是高校劳动教育的题中之义。如何落实劳动教育,增强大学生的劳动观念、劳动精神,是当前摆在高校面前的重大课题。

第一节　劳动的认识

引导案例

"劳动创造了人本身"

政治经济学家说:劳动是一切财富的源泉。其实劳动和自然界一起才是一切财富的源泉,自然界为劳动提供材料,劳动把材料变为财富。但是劳动还远不止如此。它是整个人类生活的第一个基本条件,而且达到这样的程度,以致我们在某种意义上不得不说:劳动创造了人本身。

……

手不仅是劳动的器官,它还是劳动的产物。只是由于劳动,由于和日新月异的动作相适应,由于这样所引起的肌肉、韧带以及在更长时间

---

① 习近平.习近平谈治国理政[M].北京:外文出版社,2014.

内引起的骨骼的特别发展遗传下来,而且由于这些遗传下来的灵巧性以愈来愈新的方式运用于新的愈来愈复杂的动作,人的手才达到这样高度的完善,在这个基础上它才能仿佛凭着魔力似地产生了拉斐尔的绘画、托尔瓦德森的雕刻以及帕格尼尼的音乐。

......

首先是劳动,然后是语言和劳动一起,成了两个最主要的推动力,在他们的影响下,猿脑就逐渐地过渡到人脑。

......

由于手、发音器官和脑不仅在每个人身上,而且在社会中共同作用,人才有能力完成越来越复杂的活动,提出和达到越来越高的目的。劳动本身经过一代又一代变得更加不同、更加完善和更加多方面。除打猎和畜牧外,又有了农业,农业以后又有了纺纱、织布、冶金、制陶器和航行。伴随着商业和手工业,最后出现了艺术和科学;从部落发展成了民族和国家。法律和政治发展起来了,而且和它们一起,人的存在在人脑中的幻想的反映——宗教,也发展起来了。在所有这些首先表现为头脑的产物并且似乎统治着人类社会的东西面前,由劳动的手所制造的较为简易的产品就退到了次要的地位。

何况能计划怎样劳动的头脑在社会发展的初期阶段(例如,在原始的家庭中),已经能不通过自己的手而是通过别人的手来执行它所计划好的劳动了。迅速前进的文明完全被归功于头脑,归功于脑髓的发展和活动;人们已经习惯于以他们的思维而不是以他们的需要来解释他们的行为(当然,这些需要是反映在头脑中,是被意识到的)。这样,随着时间的推移,便产生了唯心主义的世界观,这种世界观,特别是从古代世界崩溃时起,就统治着人的头脑。它现在还非常有力地统治着人的头脑,甚至达尔文学派的最富有唯物精神的自然科学家们还弄不清人类是怎样产生的,因为他们在唯心主义的影响下,没有认识到劳动在这中间所起的作用。

——节选自恩格斯《劳动在从猿到人的转变中的作用》

案例思考

> 1. 你是如何理解劳动这一概念的？
> 2. 你是如何理解"劳动创造了人本身"这一哲学命题的？

劳动作为一种社会历史性的活动,历经社会发展与时代变迁,其内涵、本质、分类、特征等都在发生着变化。梳理、阐释以上内容,有助于我们鉴往知来,深化对劳动的认识和理解。

一、劳动的内涵

劳动是我们既熟悉又陌生的一个词。说它熟悉,是因为我们每时每刻都离不开劳动;说它陌生,那是因为一般人并不能真正地理解劳动的内涵和本质。若从字面拆解,劳动由"劳"＋"动"两个字构成。"劳"指辛劳、勤劳;"动"指活动、动作。在《辞海》中,劳动是指:"人们改变劳动对象使之适合自己需要的有目的的活动,即劳动力的支出或使用。人类社会存在和发展的最基本条件。在人类形成过程中起了决定性作用"。不难看出,这个解释实际上是从哲学意义和经济学意义两个层面阐释劳动概念,是二者的结合体。

马克思提出,劳动是"人和自然之间的过程,是人以自身的活动来引起、调整和控制人和自然之间的物质变换的过程"。根据《辞海》中的解释以及马克思的阐释,可以得出,劳动是指在一定社会关系中的人改造自然或人化自然物,创造或服务于创造物质财富和精神财富以满足人类需要的有目的的活动。因此,劳动的内涵至少包括如下几个方面:第一,劳动是一种有意识的理性活动;第二,劳动是对工具和劳动力(脑力和体力)的有效使用;第三,劳动是人与自然(或人化自然)的交互性的作用的产物;第四,劳动是创造或服务于创造物质财富和精神财富的活动。

这是从广义上去理解劳动的内涵,如果从狭义的角度上说,劳动是人们以自主或受雇的方式改造自然并创造物质财富的直接的物质资料生产,是人与自然界直接进行物质、能量、信息交换的活动过程。也就是说,虽然劳动是物质资料生产活动,但并非所有的物质资料生产活动都是劳动。只有直接生产劳动才是本质意义上的劳动,而投资活动、资本运营活动虽然也是重要的人类实践活动,也是物质资料生产过程和体系中的重要方面,但是,它们只是间接地而不是直接地改造自然并创造物质财富的活动,并非真正意义上的劳动。

概而言之,在人类历史的开端,劳动是唯一的人类实践,劳动是人类历史的发源地,是打开社会历史奥秘的一把重要的钥匙。

二、劳动的分类

明确了劳动的内涵,我们还需要清楚劳动的分类。按照不同的标准,劳动被分为不同的类别。各种不同的分类也从不同的视角揭示了劳动的多样性和差异性,为我们进一步感悟劳动的内涵与本质拓宽了视野。

(一)体力劳动与脑力劳动

按照传统的劳动分类理论,劳动可分为脑力劳动和体力劳动两大类。脑力劳动是指以大脑神经系统的劳动为主,以其他生理系统的劳动为辅的人类劳动,主要依靠头脑中的知识和智慧进行改造自然、改造社会的活动,如思考、记忆等。即劳动者以消耗脑力为主的劳动,在原始社会向奴隶社会过渡中从体力劳动中分离出来,并与体力劳动相对立。在社会主义社会中,脑力劳动者是工人阶级的一部分,脑力劳动与体力劳动虽然还存在本质差别,但它们之间不再相互对立。脑力劳动可以具体划分为四种基本形态:创造知识的脑力劳动、传授知识的脑力劳动、管理知识的脑力劳动和实现知识的脑力劳动。体力劳动是指以人体肌肉与骨骼的生理力消耗为主,以大脑和其他生理系统的生理力消耗为辅的劳动,是与脑力劳动相对的一个概念,如以生产生活资料和生产资料为主的农民、工人等的劳动属于体力劳动。其实,任何一种活动都是脑力劳动和体力劳动共同产生的结果,都是辛勤的劳动,都是值得敬佩和赞赏的。在未来的共产主义社会中,随着生产力水平的极大提升,先进的科学技术广泛应用于各领域,社会成员的科学文化水平极大提高,旧的社会分工消除,脑力劳动与体力劳动的差别也将不复存在。

(二)简单劳动与复杂劳动

从价值分析的角度来看,依据劳动主体的知识、经验和技术的要求,以及消耗的体力与脑力的综合量的多少,劳动可以分为简单劳动和复杂劳动。

简单劳动是指不需经过专门训练和培养,一般劳动者都能胜任的劳动,这是一种简单的劳动力的支出,也就是任何一个劳动者普遍具有的劳动力耗费。在市场经济条件下,创造商品价值的抽象劳动就是简单劳动。复杂劳动则是指需要经过专门的训练和培养、具有一定的文化知识和技能的劳动者才能从事的劳动。复杂劳动包含较多的技能和知识的运用。在同样的时间里,复杂劳动创造的价值量等于倍加或自乘的简单劳动创造的价值量。事实上,劳动在人类社会的各个历史时期都有复杂劳动与简单劳动的区分,社会的发展就是由复杂劳动的复杂化程度不断提高决定的。

（三）抽象劳动与具体劳动

根据生产商品的劳动二重性,劳动可分为具体劳动和抽象劳动。具体劳动是指生产一定使用价值时某种具体形式的劳动,是有形的、看得见摸得着的,如,农民耕地、铁匠打铁、绣娘绣花,就是具体的劳动。抽象劳动是指撇开一切具体形式的、无差别的一般人类劳动。具体劳动创造商品的使用价值,抽象劳动形成商品的价值。但二者并非两种互相分离的劳动,而是同一劳动的两种规定。任何一种劳动都既是特殊的具体劳动,又是一般的抽象劳动,具体劳动和它创造的使用价值反映人与自然的关系,是劳动的自然属性,抽象劳动和它形成的价值反映商品生产者的社会关系,是劳动的社会属性。

（四）必要劳动与剩余劳动

根据劳动者付出劳动有无必要性,劳动又可分为必要劳动和剩余劳动。必要劳动是指维持和再生产劳动力所必需的劳动,通俗地讲,就是劳动者为了维持自己和家庭的生活所必须付出的那一部分劳动。必要劳动所花费的时间就是必要劳动时间。社会必要劳动时间就是以一个工作日中一个标准人生理活动耗费的使用价值为界限的劳动时间。在必要劳动时间内的劳动是再生产劳动力本身价值的劳动。剩余劳动与必要劳动相对应,是指超过维持劳动力生产和再生产需要的劳动,即生产剩余产品所消耗的劳动。在私有制社会中,剩余劳动即为剥削者所占有的劳动。在社会主义初级阶段,劳动还是人们谋生的手段,体现谋生要求的劳动范围就是必要劳动的范围。随着社会的进步,劳动者的必要劳动范围也应扩大,劳动报酬亦有增长的趋势。

（五）常规性劳动与创新性劳动

根据劳动中新技术、新方法、新知识的含量，可把劳动分为常规性劳动和创新性劳动。常规性劳动是指在社会正常的生产条件下，利用已有的知识、经验和技能以常规方式对劳动对象进行加工或改造的劳动。常规性劳动未必是简单劳动，有时相当复杂，需要积累大量经验、技能与技巧。其不仅包括体力劳动，也包括常规性的脑力劳动。创新性劳动是指运用新技术、新方法和新知识，以创新方式进行的劳动，其劳动价值须通过改变当前社会正常生产条件，将创新性劳动成果向全社会的生产结构渗透推广来实现。创新性劳动往往在常规性劳动的基础上产生。随着社会的发展与进步，越来越多的创新性劳动被创造。

三、劳动者与劳动者素质

因为有了劳动的人，才有了劳动的实践活动。劳动者具备的素质决定了劳动的质量与效果。理解什么是劳动者和劳动者素质，有助于我们更深刻地理解劳动的内涵。

（一）劳动者

劳动者，即指"劳动的人"，是对从事劳作活动的人的统称。劳动者是一个含义非常广泛的概念，凡是具有劳动能力，以从事劳动获取合法收入作为生活资料来源的公民都可称为劳动者。不同的学科对于劳动者这一概念具有不同的界定，而且在不同的社会制度和社会体制下，关于劳动者概念的理解也各不相同。社会层面定义的"劳动者"，是指一个包括中小资产阶级、公务员、知识分子、自由职业者、工人、农民、渔民和手工业者在内的多阶级政治集合。哲学层面定义的"劳动者"，是指参加劳动并以自己的劳动收入为生活资料主要来源的人。马克思主义层面定义的"劳动者"，是生产力诸要素中最为活跃和最富有创造性的要素，是人民群众的主体部分，推动着历史的前进，创造了人类世界的物质财富，并为精神财富的创造提供了条件。法律层面定义的"劳动者"，具体指达到法定年龄，具有劳动能力，以从事某种社会劳动获得收入为主要生活来源，依据法律或合同的规定，在用人单位的管理下从事劳动并获取劳动报酬的自然人。但并不是所有自然人都是合法的劳动者，要成为合法的劳动者必须具备一定的条件并取得劳动权利能力和劳动行为能力,区别于"非法劳动者"。

（二）劳动者素质

劳动者素质是指从事劳动或者能够从事劳动的人的体力因素、智力因素和品德因素的有机结合。主要包括四个方面,即劳动者的身体素质、思想素质、文化素质和技能水平。劳动者素质对一个国家、一个民族发展至关重要。面对日趋激烈的国际竞争,一个国家的发展能否抢占先机、赢得主动,越来越取决于国民素质特别是广大劳动者素质的水平。当今世界,综合国力的竞争归根到底是人才的竞争、劳动者素质的竞争,要努力建设高素质劳动大军,造就一支有理想守信念、懂技术会创新、敢担当讲奉献的宏大产业工人队伍。素质是立身之基,技能是立业之本。提高劳动者素质,事关劳动者根本利益和整体利益,事关改革发展稳定大局。广大劳动者应当树立终身学习的理念,努力学文化、学科学、学技能、学各方面知识,不断提高技术技能水平。劳动者的知识和才能积累越多,创造能力就越大。新时代的劳动者不仅要有力量,还要有智慧、有技术,能发明、会创新,不断提高综合素质,练就过硬本领,以实际行动奏响时代主旋律,为祖国挥洒青春和汗水。此外,还必须加强对劳动者的思想政治引领,引导广大劳动者坚定不移听党话、矢志不渝跟党走,自觉做中国特色社会主义的坚定信仰者、忠实实践者;推动构建产业工人技能形成体系,加大在岗培训力度,完善技能人才激励政策,鼓励职工在关键领域、核心技术上大胆创新、大胆突破;健全技能人才培养、使用、评价、激励制度,大力发展技工教育,大规模开展职业技能培训,加快培养大批高素质劳动者和技术技能人才;大力弘扬劳模精神、劳动精神、工匠精神,激励更多劳动者特别是青年一代走技能成才、技能报国之路。

劳动视界

不必把体力劳动与脑力劳动对立起来

"美国小学生平均每天的劳动时间为 1.2 小时,韩国 0.7 小时,而中国小学生平均每天的劳动时间只有 12 分钟。"日前,这组数字在网上引发热议。记者调查发现,中小学生自理能力缺失与劳动意识淡薄现象普遍存在,劳动时间、劳动能力"双赤字"情况突出。专家表示,"我国青少年劳动教育缺失问题,已到了令人担忧的地步。"

青少年不劳动、不会劳动、不愿劳动的现象,确实较为普遍。比如,某县妇联对一所重点中学高一学生做过的调查显示,从没洗过衣服的占79％,不会或不敢使用电饭锅、液化气炉的占67％。留心我们身边,也可发现太多孩子不会包书皮、不会整理书包、不会叠衣服、不会缝扣子。

但是,如果把劳动仅局限于体力劳动,或者一提起劳动就是叠衣服、洗袜子、刷碗、扫地,是不是窄化了劳动的内涵?对学生来说,当然不能"衣来伸手饭来张口",应该掌握基本的劳动技能,也应该热爱劳动,这样才符合"德智体美劳全面发展"的要求。但是,把劳动等同于体力劳动,把脑力劳动与体力劳动割裂开来乃至对立起来的做法,显然不客观,也不可能让人服膺。

从"人生在勤,不索何获",到"业精于勤而荒于嬉",从"成由勤俭败由奢",到"一勤天下无难事",中华民族不仅热爱劳动,更对勤劳、勤奋、勤俭有一种融入血液般的信仰。所谓的勤与劳,就包含丰富含义,既有动手层面的劳动,也有动脑层面的劳动,比如古人所称的"宵旰忧勤"中的勤、"宵旰忧劳"中的劳,就不可能只是干体力活。

即便是传统意义上的劳动模范,所做的也不只是体力劳动。比如,一些被誉为"匠心筑梦"的大国工匠,他们让人震撼的,是对职业有热忱,对劳动有热爱,以及掌握炉火纯青的技艺。"技可进乎道,艺可通乎神。"如果只是简单重复"低级"劳动,而没有创新精神,没有日复一日的钻研,就不可能成为大国工匠,也不可能被评为劳模。

对新时代的孩子来说,他们的视野更开阔,所承受的压力似乎也更大。这体现在脑力劳动更多样化,压得孩子喘不过气,究其因,脑力劳动有时比体力劳动更累。劳动是包罗万象的,不是只有干家务才是劳动,孩子做功课也可归为劳动的范畴。干创造性的事,比如搞发明创造,也是劳动。此前,中国教育科学研究院研究员储朝晖提醒:"各地适当开展劳动教育是有必要的。但是要注意劳动的内涵就是生活的一部分,不要简单理解为只有体力劳动,这是我们曾经犯过的一个错误。"观照现实,这一断定是有道理的。

"劳动教育的最终目的是人的健全发展",按照这一判断,无论动手还是动脑,无论流汗还是"烧脑",只要有益于自身的健康,有益于人格塑造,都可归为劳动。

更应该看到,基于人类发展的大势,整个社会的体力劳动时间在缩短,特别是进入人工智能时代,很多体力工作完全可交给机器人。有人预言,随着人工智能越来越强大,50%的工作都将被人工智能取代。"这个时代已经不再是拼体力,而是拼内心、拼头脑"。其实,不是说体力劳动不好,而是说体力劳动和脑力劳动共同定义了劳动。随着时代进步,拼头脑确是大势所趋。

时代在变,劳动精神永远不变,热爱劳动的人是幸福的,也是有充实感和成就感的。崇尚劳动,就应该反对将体力劳动与脑力劳动相对立的观点。一言以蔽之,无论体力劳动还是脑力劳动,只要动起来就值得赞赏。

——王石川:《不必把体力劳动与脑力劳动对立起来》,《光明日报》2019年6月21日。本书选用时有改动。

第二节　马克思主义劳动观

引导案例

"劳动不是一切财富的源泉"

劳动不是一切财富的源泉。自然界同劳动一样也是使用价值(而物质财富就是由使用价值构成的!)的源泉,劳动本身不过是一种自然力即人的劳动力的表现。上面那句话在一切儿童识字课本里都可以找到,并且在劳动具备相应的对象和资料的前提下是正确的。可是,一个社会主义的纲领不应当容许这种资产阶级的说法回避那些惟一使这种说法具有意义的条件。只有一个人一开始就以所有者的身份来对待自然界这个一切劳动资料和劳动对象的第一源泉,把自然界当作属于他的东西来处置,他的劳动才成为使用价值的源泉,因而也成为财富的源泉。资产者有很充分的理由硬给劳动加上一种超自然的创造力,因为正是由于劳动的自然制约性产生出如下的情况:一个除自己的劳动力以外没有任何其他财产的人,在任何社会的和文化的状态中,都不得不为另一些已经成了劳动的物质条件的所有者的人做奴隶。他只有得到他们的允许才能劳动,因而只有得到他们的允许才能生存。

现在不管这句话有什么毛病,我们且把它放在一边。那么结论应当怎样呢? 显然应当是:

"因为劳动是一切财富的源泉,所以社会中的任何人不占有劳动产品就不能占有财富。因此,如果他自己不劳动,他就是靠别人的劳动生活,而且也是靠别人的劳动获得自己的文化。"

可是并没有这样做,反而借助于"而因为"这样的字眼硬接上第二句话,以便从第二句,而不是从第一句作出结论来。

——节选自马克思《哥达纲领批判》

案例思考

1. 马克思主义认为劳动的本质是什么?
2. 马克思是如何批判"劳动是一切财富的源泉"这一命题的?

劳动是人类特有的活动,是人的存在方式和本质活动,数千年来,人们通过劳动改变世界、书写历史、创造文明。劳动在人类自身的发展以及人类社会经济发展中的作用十分重要且不可替代。那么,究竟什么是劳动? 劳动对于我们来说有何意义? 马克思主义劳动观将会为我们理解以上问题、树立正确的劳动观念、开展有意义的劳动实践提供科学的指引。

一、劳动是决定人本质的实践活动

关于人的本质,不同的哲学家有不同的看法。亚里士多德认为,人的本质在于理性,只有人类具有理性这一特殊的能力,才能从事高级活动,如科学探究、道德行为、审美活动等,并通过这些活动实现自身的价值;康德提出,人的本质在于自由意志以及对道德法则的遵循;海德格尔则强调,人的本质是存在意识和他者意识。那么,人的本质究竟是什么? 人类是如何通过外化形式彰显其内在本质的?

马克思认为,劳动是决定人本质的实践活动,是人的主体性活动的基础,是人类本质的重要组成部分。在《1844 年经济学哲学手稿中》,马克思提出了"异化劳动"的理论,并通过分析人类劳动的种种异化现象,对资本主义进行了深刻的批判,同时把人类社会的发展与劳动联系到一起,正如他写道,"整个所谓世界历史不外是人通过人的劳动而诞生的过程,是自然界对人来说的生成过程"。"人靠自然界生活",人为了不致死亡而必须与自然界处于持续不断的交互作用过程。而这个交互作用过程一方面是人的精神活动,另一方面也是人的实践活动,所以与自然界发生联系包含着人的肉体生活和精神生活两个方面。劳动作为人的实践活动,是为了维持人的有机体的生命活动,人通过劳动完成人和自然界之间的物质交换,从而维持人的生存、实现人的发展。马克思认为,人本身是自然界的一部分,自然界是人的无机的身体,人和自然界原本没有主客体之分。人为了生存,需要通过劳动实现对自然界的占有,在这个过程中,人的活动是主动的、有意识的、有目的的,人通过劳动实现对自然界主动的认识和改造,马克思借鉴了哲学当中主体与客体的概念,强调人对自然界的主动的作用和意义,人和自然界有了主体和客体之分。因此,马克思通过分析劳动这一人类现象活动,观照现实中的人,进而得出劳动是一个既是自然又是社会的活动,是人类生存和发展的基础和动力,是决定人本质的实践活动。

二、劳动是创造物质财富的手段

由于人类总是在一定的社会中生活,人们的劳动成果也就成为一种社会财富。从这一角度理解,劳动是一种具有经济意义的活动,创造了满足社会需要的有用物,是创造物质财富的手段。马克思主义对劳动的经济性质做出了卓有成效的分析,为我们更好地理解现代社会的劳动奠定了基础。

一方面,劳动总是为了满足社会中人们的各种生活需要,但是,社会财富并不是单靠人类的劳动就能创造出来,它需要结合自然环境等物质条件。英国古典政治经济学创始人配第提出:"土地为财富之母,而劳动则为财富之父和能动的要素。"①恩格斯也曾谈到,"劳动和自然界在一起才是一切财富的源泉,自然界为劳动提供材料,劳动把材料转变为财富。"②可见,劳动并

---

① 配第.配第经济著作选集[M].陈冬野,马清槐,周锦如,译.北京:商务印书馆,1981:66.
② 马克思,恩格斯.马克思恩格斯文集:第9卷[M].中共中央马克思恩格斯列宁斯大林著作编译局,编译.北京:人民出版社,2009:550.

非财富的唯一源泉。时至今日,劳动的直接对象已经不限于原初的自然界。通过劳动,人改造外物,让外物更好地满足人的需要。

另一方面,当马克思开始思考现实的人的境遇为什么如此悲惨的时候,他把研究的视角转向了国民经济学。马克思在分析"劳动的异化行为"时,从现实的经济活动出发,把工人的劳动看作实践的人的活动,这种活动的主体是工人,工人通过生产劳动的过程创造了劳动产品,然而劳动产品是属于工人之外的他人的。通过进一步研究异化劳动和私有财产的关系,他得出结论:私有财产一方面是外化劳动的产物,另一方面又是劳动借以外化的手段,是这一外化的实现。实际上,马克思在经济学层面上所分析的劳动正是在资本主义条件之下的劳动,马克思在《资本论》中从分析商品的二因素入手,认为劳动也有二重性:人类劳动力在生理学意义上的耗费形成商品价值,在特殊的有一定目的的形式上的耗费产生使用价值。劳动二重性的提出让我们更清晰地看到工人的劳动如何在现实的经济生活中形成价值。马克思在经济学层面对劳动的认识,完成了对资本主义制度科学的剖析和批判,资本主义制度下的劳动虽然仍然是人和自然之间的交换过程,通过劳动生产了人必需的物质产品,但同时也通过劳动生产出了人和人之间的不平等关系。

三、劳动是通向人的解放的必由之路

劳动不仅是人谋生的手段,也是人类文明进步和个人自我发展的重要途径。它是实现人的解放的一条必由之路。马克思通过劳动对资本主义展开批判就是为了找到人的解放之路。实现人的解放首要地是需要解决人与自然之间的矛盾,只有在人类社会形成过程中生成的自然界才是人的现实的自然界,这个过程正是通过劳动实现的,虽然是异化劳动,但是也带来了财富的积累、生产力水平的提高,开始了人类社会工业化的进程,可以认为工业是人的本质力量的公开展示。同时需要解决的问题还有如何解决人与人之间的矛盾、资产阶级和无产阶级之间的矛盾。为了使无产阶级获得解放,实现自由人的联合体,只能消灭资本主义制度下的异化劳动、雇佣劳动。人的解放首先要完成劳动的解放,实现异化劳动、雇佣劳动向劳动本身的复归,劳动不能成为资本或其他生产剥削关系的任何形式,这时积累起来的劳动只是用来丰富人的生活,劳动成为人自觉自愿的活动,是人的需要而非谋

生的需要。

实现劳动解放进而实现人的解放还需要经过相当一段历史过程。目前,我国仍处于社会主义初级阶段,物质还没有达到极大丰富,全体社会成员都要参与到社会劳动中,通过劳动换取消费产品。但是,社会主义基本经济制度这个前提使得社会成员有了平等劳动的机会,通过劳动实现梦想是每个社会成员应有的权利。我们要完善分配制度,坚持多劳多得,鼓励勤劳致富,促进机会公平,增加低收入者收入,扩大中等收入群体。

劳动视界

中华勤劳美德与马克思主义劳动观的创新结合

习近平总书记在文化传承发展座谈会上强调,在五千多年中华文明深厚基础上开辟和发展中国特色社会主义,把马克思主义基本原理同中国具体实际、同中华优秀传统文化相结合是必由之路。其中,"第二个结合"是又一次的思想解放,结合的前提是彼此契合。勤劳美德是中华优秀传统文化的核心内容,中华民族在劳动中创造了五千多年灿烂文明。新中国成立及改革开放以来,中国人民通过辛勤劳动取得了举世瞩目的成就,实现了跨越式发展。而马克思主义劳动观则认为劳动是人类社会生存发展的基础,人类在劳动中创造历史。中华勤劳美德与马克思主义劳动观具有天然的契合性。

习近平总书记指出劳动最光荣、劳动最崇高、劳动最伟大、劳动最美丽,高度评价了劳动在促进个体的自我实现方面的价值。习近平总书记进一步指出,"劳动是一切成功的必经之路""生命里的一切辉煌,只有通过诚实劳动才能铸就""幸福生活是靠劳动创造的"。马克思主义提倡自由劳动,批判受压迫的异化劳动,主张劳动者的自我解放,设想了在共产主义社会里出现的全面发展的新人类。在马克思主义劳动观所揭示的未来图景中,自由劳动不仅为人们提供物质上的保证,也使人们得到精神上的满足。

中华勤劳美德对于老百姓而言的确"日用而不觉",流淌在各种各样的生活场景。古代民歌《击壤歌》写道:"日出而作,日入而息。凿井而饮,耕田而食。帝力于我何有哉?"老百姓通过劳动谋生,也在劳动中获得主体意识的觉醒。据陶渊明在《归园田居》中记录的劳动场景可见,对于士大夫阶层和文人知识分子而言,劳动依然是其生活基本保障,赋予其尊严和自由。

社会的发展同样依靠劳动实现,中国式现代化的实现要靠中国人民的奋斗。关于劳动的社会价值,习近平总书记指出,"社会是劳动创造的""劳动是推动人类社会进步的根本力量"。劳动的社会价值还体现在政治建设上,习近平总书记指出,劳动,是共产党人保持政治本色的重要途径,是共产党人保持政治肌体健康的重要手段,也是共产党人发扬优良作风、自觉抵御"四风"的重要保障。关于劳动的社会价值,马克思主义认为劳动是社会生活的基础,是人类存在的基础,人类最核心的本质是劳动。马克思指出:"任何一个民族,如果停止劳动,不用说一年,就是几个星期,也要灭亡,这是每一个小孩都知道的。"阐明了劳动在改变和稳固社会形态方面的重要意义。

劳动的社会治理意义同样在中华优秀传统文化中体现。《淮南子·氾论训》指出,"圣人以身体之。"这表明,治理者应当通过劳动实践,体察民情,提升治理能力。《中庸》所提倡的"好学近乎知,力行近乎仁",则说明了劳动实践在促使"仁"这一核心社会价值目标实现中的作用。

从劳动的个人价值和社会价值两方面,可以发现中华勤劳美德和马克思主义劳动观的天然契合性,我们应当在劳动实践中进一步推进二者的有机结合,用劳动创造未来。

——吴文,曹璇:《中华勤劳美德与马克思主义劳动观的创新结合》,《贵州日报》2023 年 9 月 20 日。本书选用时有改动。

第三节　新时代劳动和劳动教育

引导案例

劳动教育成就美好未来

把劳动教育纳入人才培养全过程、在大中小学设立劳动教育必修课程、每年有针对性地学会 1 至 2 项生活技能……近日印发的《中共中央 国务院关于全面加强新时代大中小学劳动教育的意见》，正在让劳动教育越来越实至名归。劳动教育的重要性，怎么强调都不过分。从身体力行的劳动中获取经验与知识，正是人类文明起源和发展的主要方式。大到创造力的发掘，小到生活常识的累积，都离不开劳动实践。"纸上得来终觉浅，绝知此事要躬行"，劳动教育不仅是教会学生们简单的洗衣做饭、打扫卫生，也要教育他们对知识躬身修行、用身体"丈量"世界。

劳动教育的重要性显而易见，但不少青少年仍然缺乏劳动意识与劳动知识，不想劳动、不会劳动、不珍惜劳动成果的现象并不鲜见。与德智体美相比，劳动教育受重视程度还不够高，经常处于"喊起来重要，教起来次要，考起来不要"的尴尬境地，劳动的独特育人价值在一定程度上被忽视，有的学校劳动教育教学内容和方式方法比较陈旧，与家庭和社会生活相脱节问题比较明显。

加强劳动教育，需要从上到下推进。通过持续不懈的努力，使劳动教育成为社会共识。此次发布的意见明确中小学劳动教育课每周不少于1课时、本科阶段不少于32学时，并将劳动素养纳入学生综合素质评价体系等，意味着我国劳动教育有了"硬指标"。接下来，就要不折不扣抓落实，在实践中让"硬指标"真正过硬。

加强劳动教育，不能止于课堂。劳动教育不只是传授动手能力，更重要的是价值观的导入和习惯的养成，这离不开家庭和社会的协同。"童孙未解供耕织，也傍桑阴学种瓜"，家庭潜移默化的影响尤其重要。从这个角度来讲，每个家庭都应当树立崇尚劳动的良好家风，通过家长日常生活的言传身教，在孩子心中种下劳动光荣的种子，让他们养成从小爱劳动的好习惯。

生活靠劳动创造，美好人生也靠劳动创造。期待劳动教育在校园、在家庭、在全社会蔚然成风，在学生心中生根、发芽、枝繁叶茂。期待学生们动手实践、出力流汗，接受锻炼、磨炼意志，用双手成就美好未来。

——柯高阳：《劳动教育成就美好未来》，新华网2020年3月28日。

案例思考

> 1. 你是如何理解劳动教育这一概念的？
> 2. 你是如何看待劳动教育的重要性的？
> 3. 你是如何感受新时代劳动的变化的？

中国特色社会主义进入新时代,劳动形态发生了怎样的新变化？劳动教育又有了什么样的新目标和新任务？与时俱进地把握新时代的劳动和劳动教育,对于高校人才培养质量的提升、助力大学生成长成材具有重要的现实意义。

一、新时代的劳动

党的十八大之后,中国特色社会主义进入新时代。新的历史方位赋予劳动新的内涵。当今世界,新一轮科技革命蓄势待发,新一轮产业革命方兴未艾。信息技术、制造技术、新材料技术、新能源技术、生物技术等渗透到了几乎所有的领域,创造了新产业、新业态,深刻影响和改变人类的生产劳动和社会生活。

数字经济的兴起是科技革命和产业革命的一个突出表现,也是新时代劳动形态新变化的产物。数字经济是借助互联网、云计算、大数据、人工智能等信息技术推动人类经济形态由工业化向信息化和智能化转化的新经济形态。产业数字化、数字产业化、数据价值化和治理数据是数字经济发展的四个主要方向。数字经济正在深刻地改变我们的生产方式、生活方式和治理方式,尤其对经济增长、就业和社会治理等产生了重要影响。相关研究报告显示,2022年我国数字经济规模达50.2万亿元,总量稳居世界第二,同比名义增长10.3%,占国内生产总值比重提升至41.5%。数字产业规模稳步增长,电子信息制造业实现营业收入15.4万亿元,同比增长5.5%;软件业务收入达10.81万亿元,同比增长11.2%;工业互联网核心产业规模超1.2万亿元,同比增长15.5%。可以看出,数字经济发展速度之快、辐射范围之广、影响程度之深前所未有。

那么,数字经济会对劳动产生什么影响？数字经济既包括数字产业,还包括传统产业的数字化转型。数字技术赋能各行各业,促使科技创新链条更加灵巧,技术更新和成果转化更加快捷,产业更新换代不断加快,使得社会生产和消费更趋于自动化、智能化,社会生产力大幅提升。这不仅是国家社会发展的重大机遇,也将深刻改变各领域的劳动方式,以产业新业态催生劳动新形态。数字经济催生了新的数字职业,同时也带动了传统职业的数字化。

我国广大的劳动者要适应当今世界科技革命和产业革命的需要,勤学苦练、刻苦钻研,勇于创新、敢于创新,不断提高技能水平,为推动高质量发展、强国建设贡献智慧和力量。青年学生作为新时代引领变革的生力军、社会主义现代化强国建设的主力军,应该积极适应劳动形态的新变化,提高专业技术能力和水平,将来在制造强国、数字中国、乡村振兴等各个领域发挥才智,建功立业。

二、新时代的劳动教育

劳动教育是在一定教育思想的指导下,树立正确的劳动观和劳动态度、传授科学的劳动知识和技能、开展有效的劳动实践、养成良好的劳动习惯、提高实践能力和创新精神、促进个体全面发展的育人活动。劳动教育既要重视体力劳动教育,又要加强脑力劳动教育。新时代劳动教育是指在习近平新时代中国特色社会主义思想指导下,以塑造劳动观念、传递劳动知识、传授劳动技能、端正劳动态度和培养劳动习惯等为主要内容,旨在系统提升受教育者的劳动素质,促进其全面发展的德育活动。

新时代的劳动教育具有四重属性。一是价值属性。劳动教育不仅具有传授知识技能的工具性价值,并且具有创造美好生活的终极性价值。劳动教育帮助学生理解劳动是一切财富和幸福的源泉,鼓励他们用创新性劳动去创造新生活,形成处处是创造之地、天天是创造之时、人人是创造之人的生动局面。二是社会属性。劳动教育是一项系统工程,需要家庭、学校、政府、社会等多方协作,才能形成育人合力。家庭是人生的第一所学校,家长是孩子的第一任老师,要在儿童的心灵中播下热爱劳动的种子,使他们从小树立起正确的劳动价值观。各级各类学校应着力建设课程完善、资源丰富、模式多样、机制健全的劳动教育教学体系,探索构建涵盖动手实践内容的学生综合素质评价体系。政府和教育管理部门要健全政策,出台指导意见和大纲,对学校劳动教育的实施情况开展检查指导。全社会共同参与,整合资源、搭建基地,形成立体化劳动教育实践体系。三是历史属性。不同时期劳动教育的理念、目标及内容被打上了历史烙印,并保持着与时代发展同向同行、同频共振的创新追求。新中国教育史上,我们党结合实践需要提出"教育与生产劳动相结合""教育与生产劳动和社会实践相结合",培养出了一代又一代社会主义事业的生力军。2018年,习近平总书记在全国教育大会上提出,坚持中国特色社会主义教育发展道路,培养德智体美劳全面发展的社会主义建设者和接班人。这是新时代劳动教育的行动指南。四是审美属性。劳动教育科学地揭示了美的根源在于劳动的真理性认识,并通过主观见之于客观的实践活动不断地培养审美观念、提升审美旨趣、充实审美体验,体现了合规律性与合目的性的统一。

三、新时代的高校劳动教育

劳动教育作为人生的第一教育,是德智体美劳全面教育体系中的核心要素,是中国特色社会主义教育制度的重要内容,对于落实立德树人根本任务,培养全面发展的社会主义建设者和接班人具有独特的意义和重要的价值。当前高校要深入贯彻落实新时代的劳动教育,培育和践行劳动精神,增强大学生的劳动观念,提升大学生的劳动素养,为实现中华民族伟大复兴赋能增效。

(1)传承弘扬中华优秀传统劳动文化。中华民族历来勤于劳动、善于创造,始终将勤勉劳作视为社稷之基和生活之本,崇尚"天道酬勤""天亦惟用勤毖我民""民生在勤,勤则不匮"等理念。高校要积极推动中华传统文化中劳动思想的现代转化,通过各种宣传、教育、展示平台,向在校大学生弘扬中华优秀传统劳动文化,提升劳动教育的精神品格,使其更富人文属性和历史底蕴。

(2)推动劳动教育融入大学生学习生活全过程。家庭、学校和社会是个体生命活动的主要场所,劳动教育应利用好、发挥好家庭、学校和社会的功用,寓教育于生活。大学生尽管远离家庭,但家庭的教育功能依然存在,此时恰是父母弥补劳动教育的好机会。一方面,家长要言传身教、身体力行地教育孩子。利用孩子假期的闲暇时间,向孩子传授家务劳动或相关生产劳动的知识和技能。另一方面,父母要适当安排家务劳动,有意训练孩子。选择孩子假期回家的时机,安排家务劳动,提高孩子的家庭料理和日常生活技能。此外,学校要在加强课堂教学的基础上,把劳动教育融入大学生校园活动的各方面。利用大学新生入学教育,弥补劳动教育欠账,着力厚植马克思主义劳动观;组织学生开展力所能及的校园体力劳动,增强学生的劳动热情、劳动习惯和劳动能力;结合专业特点开展科技性、知识性、学术性、艺术性实践活动,培养学生的创新精神和劳动创造力。

(3)营造崇尚劳动的校园氛围。倡导劳动最光荣、劳动最崇高、劳动最伟大、劳动最美丽,营造尊重劳动、尊重知识、尊重人才、尊重创造的舆论环境,增强学生对于劳动的情感认同、理性认知和实践自觉,鼓励他们把爱国情、强国志、报国行自觉融入坚持和发展中国特色社会主义事业、建设社会主义现代化强国、实现中华民族伟大复兴的奋斗之中。

劳动视界

稳步快跑推动数字经济持续健康发展

近年来,我国数字经济发展成就举世瞩目,数字经济成为经济发展的重要引擎。尤其是今年以来,受国际环境更趋复杂严峻和国内疫情冲击明显的超预期影响,经济下行压力进一步加大,但数字经济作为经济发展的新动能持续壮大,新产业新业态新模式韧性彰显。

国家统计局日前发布的4月经济数据显示,尽管4月我国多项经济指标出现下滑,但我国经济发展转型升级的趋势未变,数字化、信息化、智能化转型态势持续,高技术产业增长较好,4月规模以上高技术制造业增加值同比增长4%,好于全部工业。1—4月,高技术产业投资同比增长22%,好于全部投资。

数字经济在经济下行压力下彰显的发展韧性令人瞩目,数字经济已经成为促进经济恢复发展、引领转型升级的重要力量,如何更好地发挥数字经济的引擎作用,推动经济高质量发展?

"挖掘数据要素的经济价值""打造自主可控的产业链和供应链""多措并举推动数字确权""提升政府数字化治理与服务能力"……与会委员在会上提出了各种建议,委员们认为,要推动数字经济和实体经济深度融合,引导中小企业数字化转型,充分挖掘工业互联网发展潜力,促进新一代信息技术为设备赋智、为企业赋值、为产业赋能。要厘清数据所有权、使用权、运营权、收益权等权利,建设更为安全高效的数据要素市场。要加强统筹协调,创新监管方式,健全数字经济治理体系,在保障国家网络和数据安全的基础上激发企业创新活力。

"数字经济在我国经济增长中扮演了驱动力的角色,但近两年增长有所放缓,其自身发展需要找到新动能。"全国政协委员、百度公司董事长兼首席执行官李彦宏建议,强化顶层设计,加快基础设施的智能化改造;以更大的改革创新魄力去变革那些阻碍产业数字化进程的体制机制。

"我国正处在一个前所未有的数字技术和数字经济发展机遇期,必须抓住用好这一机遇期,平衡和处理好数据产权保护、安全与利用的关系。"全国政协经济委员会副主任、国务院发展研究中心原副主任刘世锦表示。

但必须看到,我国数字经济大而不强、快而不优的问题依然存在,同时也出现了一些不健康、不规范的苗头和趋势,当前,应该如何推动数字经济持续健康发展?

"十四五"时期是我国数字经济转向深化应用、规范发展、普惠共享的新阶段,在全国政协委员、申万宏源证券研究所首席经济学家杨成长看来,要紧抓数字经济发展机遇,逐步形成数据、金融、产业之间的正向循环,推动我国数字经济健康发展。

近年来,我国加快培育数据要素市场、促进数据要素价值释放,数据已成为新的生产要素和国家基础性战略资源。在全国政协经济委员会副主任苗圩看来,产权界定清晰、权责明确,数据才能共享流通。他建议,明确数据确权的基本原则,积极构建数据确权基本框架,同时充分利用技术手段推动数据确权,推动数据所有权和使用权分离,实现数据可用不可见。"数据的价值在于流通交易。"全国政协委员肖钢建议,构建数据要素流通交易制度,加快数据产权专门立法,着力对数据产权进行解构与分割。

当前,算力成为驱动各行各业数字化转型的关键力量,去年我国提出实施"东数西算"工程。对此,全国政协委员、云南联通总经理张云勇表示,要加强算网融通、数据融通、能源融通和政策融通,"运用区块链、隐私计算、数据沙箱等技术,合理规划布局数据资源的安全交互区,打造集约化数据共享交易平台"。

守住安全底线、统筹发展风险也是数字经济发展中备受关注的重点。在全国政协委员、360创始人周鸿祎看来,数字经济发展的胜负手是"安全",筑牢了安全的屏障,就是提高了发展的效率和质量;守住了安全的底线,就是守住了发展的成果。"不安全,是风险;不发展、发展慢更是风险。"全国政协委员、中国财政科学研究院院长刘尚希表示,必须树立风险整体观,把短期风险和长期风险、局部风险和整体风险统筹嵌入数字经济治理当中。

此外,增强产业链供应链自主可控能力、提高信息技术的原始创新水平成为普遍共识。全国政协委员徐晓兰建议,推动智能芯片、智能传感终端、开源社区等融合创新,突破工业控制、工业软件等领域的"卡脖子"问题。全国政协委员、第五空间信息科技研究院院长谈剑锋建议,面向云计算、物联网、工业互联网、元宇宙等新兴场景,打造自主可控的协同创新链,赢得创新周期"先手棋"。对此,中央网信办副主任曹淑敏在回应委员建议时表示,要加强统筹协调,围绕集成电路、操作系统、工业软件等突出难点,加强产业链全链条分析研判,协调推动攻关。

——苏德悦:《稳步快跑推动数字经济持续健康发展》,《人民邮电报》2022年5月23日。

思维训练

1. 如何理解劳动与人的发展、社会发展之间的关系?
2. 结合新时代劳动教育的内涵,谈谈数字劳动有哪些新形态。
3. 同中小学劳动教育相比,高校劳动教育有什么特点?

劳动实践

结合本章内容,组织开展校内外"新时代劳动教育"专题讲座和师生参观企业、工厂、机关单位等劳动实践活动。

第二章 劳动精神

　　功崇惟志,业广惟勤。劳动是推动人类社会进步的根本力量。2018 年 9 月 10 日,习近平总书记在全国教育大会上指出,"要在学生中弘扬劳动精神,教育引导学生崇尚劳动、尊重劳动,懂得劳动最光荣、劳动最伟大、劳动最美丽的道理,长大后能够辛勤劳动、诚实劳动、创造性劳动"①。党的二十大报告指出,要坚持尊重劳动,使人人都有通过勤奋劳动实现自身发展的机会,提倡在全社会弘扬劳动精神,培育时代新风新貌。② 因此,新时代的高校教育要重视培养学生勤俭、奋斗的劳动精神,这样才能避免培养出的学生仅会夸夸其谈、纸上谈兵,而缺少生活能力、动手能力,以及吃苦耐劳、艰苦奋斗的精神,才能顺利实现新时代教育"立德树人"的总目标。

第一节　劳动精神的生成逻辑

引导案例

习近平给郑州圆方集团全体职工的回信

郑州圆方集团全体职工:

　　你们好! 新冠肺炎疫情发生后,你们在集团党委带领下,一直坚守保洁、物业等岗位,不少同志主动请战驰援武汉等地的医院,以实际行动为抗击疫情作出了贡献。大家辛苦了!

――――――――――

　　① 习近平在全国教育大会上强调　坚持中国特色社会主义教育发展道路　培养德智体美劳全面发展的社会主义建设者和接班人[N].人民日报,2018-09-11(1).
　　② 习近平.高举中国特色社会主义伟大旗帜 为全面建设社会主义现代化国家而团结奋斗——在中国共产党第二十次全国代表大会上的报告[M].北京:人民出版社,2022:36,44-45.

伟大出自平凡，英雄来自人民。面对这次突如其来的疫情，从一线医务人员到各个方面参与防控的人员，从环卫工人、快递小哥到生产防疫物资的工人，千千万万劳动群众在各自岗位上埋头苦干、默默奉献，汇聚起了战胜疫情的强大力量。希望广大劳动群众坚定信心、保持干劲，弘扬劳动精神，克服艰难险阻，在平凡岗位上续写不平凡的故事，用自己的辛勤劳动为疫情防控和经济社会发展贡献更多力量。

值此"五一"国际劳动节之际，我向你们、向全国各族劳动群众致以节日的问候！

习近平

2020 年 4 月 30 日

案例思考

你是如何理解劳动精神的？

中华民族是勤劳的民族，历来尊重劳动、热爱劳动。劳动精神是中华民族宝贵的精神财富，激励着一代又一代中华儿女砥砺前行。深刻理解和把握劳动精神的发展历程、生成逻辑，有助于更好地理解劳动精神的科学内涵和价值意蕴。

一、新时代劳动精神继承了马克思主义劳动观

劳动是马克思主义的基础概念。马克思认为，"整个所谓世界历史不外是人通过人的劳动而诞生的过程"[①]。马克思将劳动比作社会围绕其旋转的太阳，判定"只要社会还没有围绕着劳动这个太阳旋转，它就绝不可能达到均衡"。恩格斯则将"在劳动发展史中找到了理解全部社会史的锁钥"视作马克思的伟大发现。恩格斯又进一步总结，得出"劳动创造了人本身"的经典命题。马克思主义作为我们立党立国之基、兴党兴国之本，为中华民族的劳动精神注入了魂脉，是劳动精神的灵魂，规定了其科学社会主义的价值

---

① 马克思,恩格斯.马克思恩格斯文集:第 1 卷[M].中共中央马克思恩格斯列宁斯大林著作编译局,编译.北京:人民出版社,2009:196.

取向。

马克思主义提倡自由劳动，批判受压迫的异化劳动，主张劳动者的解放，热烈期盼在未来理想社会中实现人的自由而全面的发展。马克思和恩格斯曾这样设想：在共产主义社会里，任何人都没有特定的活动范围，每个人都可以在任何部门内发展，社会调节着整个生产，因而使我有可能随我自己的心愿今天干这事，明天干那事，上午打猎，下午捕鱼，傍晚从事畜牧，晚饭后从事批判，但并不因此就使我成为一个猎人、渔夫、牧人或批判者。自由劳动不仅为人们提供物质上的保证，也使人们得到精神上的满足，这正体现了中华民族物质文明和精神文明相协调的特征。工人阶级及其先进政党的历史使命正在于解放劳动者，使得人类日益接近自由劳动状态。人世间的美好梦想，只有通过诚实劳动才能实现。马克思主义正是引领我们通过劳动实现自由劳动梦想的科学指南，既为劳动者的"辛勤劳动"提供了精神能源，又唤醒了人民群众"热爱劳动"的历史主动。

二、新时代劳动精神植根于中华优秀传统文化

中华文明是世界上唯一绵延不断且以国家形态发展至今的伟大文明。马克思曾指出："任何一个民族，如果停止劳动，不用说一年，就是几个星期，也要灭亡，这是每一个小孩都知道的。"所以，中华文明能成为唯一延续至今的古老文明的原因之一，就在于中华民族有着勤劳的传统美德。劳动精神深深扎根于悠久历史中积淀而成的中华优秀传统文化之中。中华优秀传统文化历来重视和崇尚劳动，认为勤劳是立身之基、成才之本。千百年来的劳动实践，创造了中华民族辉煌的历史和灿烂的文明，锻造了中国人民热爱劳动、勤劳勇敢的优秀品格。

从中国神话故事中的"大禹治水三过家门而不入""神农以身试毒尝百草"等，到历史典籍中的"功崇惟志，业广惟勤""民生在勤，勤则不匮"等，再到民间谚语"富贵本无根，尽从勤里得""一分耕耘，一分收获"等，无不体现着勤劳是中华民族的传统美德。明代宋应星的《天工开物》是世界上第一部关于农业和手工业生产的综合性著作，全书收录了农业、手工业诸如机械、兵器、火药、纺织、染色、制盐、采矿等生产技术，集中体现了我国古代劳动人民的劳动创造和发明成就。万里长城的巍峨，都江堰的宏大，丝绸的薄如蝉翼，瓷器的精巧绝伦……中华民族璀璨的文明、恢宏的历史，无一不是劳动

人民智慧与勤劳的结晶,无一不是民族精神的外在表现。事实证明,劳动是中华民族艰苦奋斗和自强不息的亮丽底色,劳动是中华文明生生不息的动力源泉,劳动为中华民族的绵延汇聚了磅礴力量,生动彰显了劳动最光荣、劳动最伟大这一人类文明发展的重要思想。正是因为有了劳动人民的劳动创造,才有了今天催人奋进的劳动精神。中华优秀传统文化蕴藏着劳动精神的根源,是劳动精神的根脉。

三、新时代劳动精神发展了社会主义劳动观

我国的政体是工人阶级领导的、以工农联盟为基础的人民民主专政的社会主义国家。在我国,劳动者阶级处于政权的领导地位,人民至上必然意味着劳动受到尊崇,爱劳动成为国家的核心价值观。《中华人民共和国宪法》规定:"劳动是一切有劳动能力的公民的光荣职责。国有企业和城乡集体经济组织的劳动者都应当以国家主人翁的态度对待自己的劳动。"随着中国特色社会主义进入新时代,我国工人阶级和广大劳动群众在实现中国梦伟大进程中拼搏奋斗,为决胜全面建成小康社会、决战脱贫攻坚发挥了主力军作用。习近平总书记就新时代的劳动观发表了系列重要讲话,提炼总结了新时代劳动精神,继承发扬了社会主义劳动观,形成了马克思主义劳动理论时代化中国化的新成果。

尊重劳动、致敬劳动者是全社会应有的共识。劳动没有高低贵贱之分,任何一份职业都很光荣,我们要尊重各行各业的劳动者。而无论从事什么劳动,都要干一行、爱一行、钻一行。习近平总书记不仅多次为这些辛勤的劳动者点赞,也在多个场合提及劳动的重要性,他一直强调,劳动最光荣、劳动最崇高、劳动最伟大、劳动最美丽。2012 年 11 月 15 日,习近平同采访十八大的中外记者见面时指出:"人民对美好生活的向往,就是我们的奋斗目标。人世间的一切幸福都是要靠辛勤的劳动来创造的。我们的责任,就是要团结带领全党全国各族人民,继续解放思想,坚持改革开放,不断解放和发展社会生产力,努力解决群众的生产生活困难,坚定不移走共同富裕的道路。"2015 年 4 月 28 日,习近平在庆祝"五一"国际劳动节暨表彰全国劳动模范和先进工作者大会上指出:"我们一定要在全社会大力弘扬劳模精神、劳动精神,大力宣传劳动模范和其他典型的先进事迹,引导广大人民群众树立辛勤劳动、诚实劳动、创造性劳动的理念,让劳动光荣、创造伟大成为铿锵的

时代强音,让劳动最光荣、劳动最崇高、劳动最伟大、劳动最美丽蔚然成风。要教育孩子们从小热爱劳动、热爱创造,通过劳动和创造播种希望、收获果实,也通过劳动和创造磨炼意志、提高自己。"2020 年,在全国劳动模范和先进工作者表彰大会上,习近平总书记凝练了新时代劳动精神的核心内涵,即"崇尚劳动、热爱劳动、辛勤劳动、诚实劳动"。这必将鼓舞工人阶级和广大劳动群众坚定不移跟党走,当好主人翁,建功新时代。

劳动视界

在全社会弘扬劳动精神

广袤田野,农民群众抢抓农时,辛勤劳作耕耘;生产车间,大国工匠钻研技艺,不断破解工艺难题;科研院所,研发人员埋头攻关,科技创新硕果累累;街头巷尾,快递小哥穿梭骑行,社区服务精细温馨……千行百业的繁荣,千家万户的美好,都镌刻着劳动的印记。劳动是一切幸福的源泉,劳动最光荣、劳动最崇高、劳动最伟大、劳动最美丽。

党的二十大报告提出:"在全社会弘扬劳动精神、奋斗精神、奉献精神、创造精神、勤俭节约精神,培育时代新风新貌。"我们要把提高社会文明程度作为建设社会主义文化强国的重大任务,努力推动形成适应新时代要求的思想观念、精神面貌、文明风尚、行为规范。长期以来,在党的领导下,全社会奏响"光荣属于劳动者,幸福属于劳动者"的强音,培育形成崇尚劳动、热爱劳动、辛勤劳动、诚实劳动的劳动精神。这是我们的国家、我们的民族风雨无阻、勇敢前进的强大精神动力。奋进强国建设、民族复兴的新征程,在全社会弘扬劳动精神,意义重大而深远。

"不惰者,众善之师也。"中华民族是勤于劳动、善于创造的民族,崇尚劳动光荣是社会主义的本质特征之一,劳动至上是历史唯物主义的基本观点。党的十八大以来,习近平总书记礼赞劳动创造、讴歌劳动精神,提出"劳动是人类的本质活动",强调"劳动是推动人类社会进步的根本力量",指出"普通劳动者也可以在宽广舞台上展示自己的人生价值",号召"大力弘扬劳模精神、劳动精神、工匠精神",激励着更多劳动者特别是青年一代走技能成才、技能报国之路,在奋力奔跑和接续奋斗中成就梦想。

无论是物质财富还是精神财富,都必须靠劳动来创造。"神舟"问天,"嫦娥"落月、"祝融"探火……中国航天之所以成就斐然,一个重要原因在于广大航天人勤于钻研、精于创新。我们从"一辆汽车、一架飞机、一辆坦克、一辆拖拉机都不能造",到构建起门类齐全、世界上最完整的现代工业体系,背后凝结着一代又一代产业工人的持续付出。华夏大地上,从春耕的忙碌到秋收的喜悦,粮食稳产增收靠的是无数耕耘者挥洒汗水辛勤劳动。劳动创造价值,一个国家无论发展到什么阶段都要崇尚勤劳致富。

全面建成社会主义现代化强国,根本上靠劳动、靠劳动者创造。亿万劳动群众爱岗敬业、勤奋工作,锐意进取、勇于创造,不断谱写新时代的劳动者之歌,必能在新征程上闯出新天地、干出新业绩。在全社会弘扬劳动精神,要深入开展以劳动创造幸福为主题的宣传教育,讲好劳模故事、讲好劳动故事、讲好工匠故事,引导人们崇尚劳动、见贤思齐;还要把劳动教育纳入人才培养全过程,贯通大中小学各学段和家庭、学校、社会各方面,培养更多热爱劳动、勤于劳动、善于劳动的高素质劳动者。

人民创造历史,劳动开创未来。实践告诉我们,伟大事业都始于梦想、基于创新、成于实干。崇尚劳动、热爱劳动、辛勤劳动、诚实劳动,人世间的美好梦想才能实现,发展中的各种难题才能破解,现代化建设的新辉煌才能铸就。

——李洪兴:《在全社会弘扬劳动精神》,《人民日报》2023 年 5 月 11 日。

第二节　劳动精神的时代内涵

引导案例

变化的是技能　不变的是精神

人工智能训练、互联网营销、无人机装调检修、健康与社会照护……近年来,越来越多新职业进入人们的视野。

新职业接连涌现、站上更高舞台,本身就是中国经济高质量发展的生动写照。服务机器人应用技术员的出现,折射人工智能等技术革新;物联网安装调试员的兴起,背后是数字经济的蓬勃发展;碳排放管理员队伍壮大,反映绿色发展深入人心……每一个新职业的诞生,都与科技创新、产业升级以及人们的生活需要紧密相连。

从"老"职业望向新职业,变化的是技能,不变的是精神。当前,学科交叉融合、创新跨界集成、产业集群协作的势头更加明显,相比一些"单打一""一招鲜"的传统技艺,许多新职业技能人才须练就"十八般武艺"。然而,从许多新职业技能人才身上,同样能照见老一辈技能大师的匠心与努力。练就新技能并非一日之功,仍要大力弘扬劳模精神、劳动精神、工匠精神,持之以恒、砥砺付出,方能创造更多精彩。

当前,人社部门和职业院校应加快完善新职业技能人才培养、使用、评价、考核机制,持续推进新职业标准开发,为人才队伍建设提供更加科学精准的政策引导和制度保障。同时,期待各方合力,在更大范围、更高层次凝聚全社会关心支持新职业发展的共识,塑造一支规模更大、素质更高、结构更优、活力更强的新职业技能人才队伍,为现代化建设提供更加有力的人才支撑。

——邱超奕:《变化的是技能 不变的是精神》,《人民日报》2023 年 11 月 30 日。

案例思考

你如何理解新时代的劳动精神?

劳动是人类特有的有目的、有意识的社会实践活动,是人类社会存在和发展的基础。伟大实践孕育伟大精神,伟大精神引领伟大实践。在长期实践中,我们培育形成了崇尚劳动、热爱劳动、辛勤劳动、诚实劳动的劳动精神。劳动精神是中国共产党人精神谱系的重要内容,是以爱国主义为核心的民族精神和以改革创新为核心的时代精神的生动体现,意蕴丰富、历久弥新。习近平总书记指出,劳动创造了中华民族,造就了中华民族的辉煌历史,也必将创造出中华民族的光明未来。全体社会成员应弘扬劳动精神,在崇尚劳动中树立劳动观念,在热爱劳动中培养劳动态度,在辛勤劳动中淬炼劳动能力,在诚实劳动中锻造劳动品德,奏响新时代劳动凯歌,朝着全面建成社会主义现代化强国的奋斗目标不断前进。

一、崇尚劳动

劳动是幸福的源泉,奋斗是梦想的路径。让崇尚劳动创造蔚然成风,让通过诚实劳动赢得美好生活成为社会共识,这是工人阶级充分发挥主力军作用的必然要求,也是激励全体人民矢志奋斗、共享人生出彩机会的关键。崇尚劳动就是树立科学的劳动价值观,充分认识到"劳动最光荣、劳动最崇高、劳动最伟大、劳动最美丽"。崇尚劳动的观念自古就流淌在中华民族血脉之中。劳动创造物质财富和精神财富。因为劳动,我们拥有了历史的辉煌和如今的成就。从"乡村四月闲人少,才了蚕桑又插田"的农民,到"赧郎明月夜,歌曲动寒川"的工人;从彰显中华灿烂文明的"四大发明",到凝聚中华民族智慧的"四大名著";从模范的 359 旅把"烂泥湾"改造成"陕北好江南",到英雄的农垦部队把戈壁滩打造成"塞北明珠";从杂交水稻"禾下乘凉梦""覆盖全球梦"逐步推进,到航天工程"可上九天揽月"、航空母舰"可下五洋捉鳖"成为现实……我们在非凡征途中铸就了科学的劳动观念,绘就了美妙的劳动画卷。

只有崇尚劳动,懂得劳动创造价值、劳动创造社会、劳动是值得的,人们才渴望劳动。无论时代如何变化,都要崇尚劳动之风、认可劳动之力、推崇劳动之美。劳动不分贵贱,劳动者都值得被尊重。无论从事体力还是脑力劳动、简单还是复杂劳动、集体还是个人劳动、生产性还是服务性劳动,只要能为经济社会发展作出贡献,就都会得到广大人民群众的认可。通过思想宣传、教育引导、实践养成等,让崇尚劳动成为全社会的价值共识,才能让劳动者在奋发图强、比学赶超中书写出优秀的劳动考卷,才能为实现中华民族伟大复兴注入源源不断的动力。只有营造尊重劳动和劳动者的文化氛围,才能"唤起工农千百万,同心干"。

劳动视界

在默默坚守中成就"不凡"

她每天与凌晨四点的上海有约,为城市"美颜";她"干一行爱一行钻一行",推出"八大保洁作业法";她所在的班组先后与 6 位孤老结对……今天,让我们走近"中国好人"、上海普环实业有限公司第一分公司陈扣娣班班长成慧,听她讲述平凡岗位上的不平凡故事。

坚守平凡岗位　推出"八大保洁作业法"

"每个人都应该有一份爱岗敬业之心,这也坚定了我对未来的工作态度。"在多年的环卫清扫保洁工作中,成慧始终践行"洁净城市365"的初心使命,用勤劳的双手为扮靓城市而不懈地付出努力。

成慧不仅做到了日复一日、脚踏实地,还通过实践经验推出了头遍精细化作业法、快速"飞行"保洁法、上门收集作业法、车站式保洁法、夜间收集工作法、"全天候"保洁法、机械组合作业法、质量监控管理法的"八大保洁作业法"。这使班组作业更加精细化、规范化,获得"上海市职工先进操作法创新奖"。2019年上海正式启动垃圾分类工作后,成慧与她的同事们积极顺应新形势、新要求,运用智能回收箱和数字管理系统,实现了可回收物四分类,并将原有的"上门收集作业法"迭代升级为"定时定点分类收集保洁法"。

作业法有了,成慧又带领组员改良环卫工具,提升作业效率。针对一线职工平时清扫道路时,塑料袋、纸张容易飞扬的问题,改良了抑制垃圾飞扬的渔网式垃圾兜;针对男厕小便斗下水口小、易堵塞、清洁不便的情况,班组制作了小便斗清洁刷;针对传统人力三轮冲洗车操作吃力又效率低下等弊端,改造出了三轮电瓶冲洗车,获得了"上海市职工合理化建议项目创新奖"。

近些年,她带领班组立足本职岗位,书写了新的优异答卷。班组已连续十次获评"上海市劳模集体"称号,先后获评"全国巾帼文明岗""全国工人先锋号"等区级以上荣誉称号近70个。

投身志愿服务　做到"奉献社会'五个一'"

"做好本职工作,每个人都是责无旁贷的。在工作之余做好志愿工作,也让我找到个人价值。"早在1994年,成慧所在的陈扣娣班组就先后与6位孤老结对,她们几十年如一日,上门为社区孤寡老人提供帮扶服务,并坚持利用下班休息时间到附近敬老院帮老人清理房间,为更多的老人送上爱心。

为更好地服务社会,陈扣娣班组还郑重向社会提出了"奉献社会'五个一'",即遇见老弱病残扶一下、遇见迷途老幼送一下、遇见急难路人帮一下、遇见突发事件报一下、遇见问路行人指一下等服务承诺。

截至目前,班组已连续 29 年参与爱心助老服务,连续 27 年助力社区家园整治,连续 16 年到中小学、幼儿园开设讲座,传递劳模精神。

不怕苦不怕累　倾注全部热爱

"没有一天可以松懈。"尽管这一行已经做得很熟,但成慧却还是这么说。身处城市"美容第一线",她时刻感觉到,城区精细化管理的标准越来越高,人们对美好环境的期待也越来越高。

提起自己的环卫工作,成慧一直都为这份"使命"感到光荣与自豪。十八年来,她几乎每天都能见到凌晨四点的上海——这正是她开始工作的时间。伴着家人朋友们的鼓励,她多年如一日,踏实干好每一天的工作。

岁月流转、情怀不变,成慧奉献社会、美化市容环境的信念与追求愈发执着与坚定。她清楚地认识到"干一行就要爱一行钻一行",始终"一路接着一路走""一把接着一把扫",通过一步一个脚印,把劳动精神、劳模精神、奉献精神传承下去。

——中国文明网:《"中国好人成慧":在默默坚守中成就不凡》,"学习强国"学习平台 2023 年 12 月 5 日。本书选用时有改动。

二、热爱劳动

"民无食则不可事,故食不可不务也",墨子的这句话强调人唯有勤劳才能得以生存、做自己想做的事,才有不断自我实现的可能。热爱劳动就是培养正确的劳动态度和积极的劳动心理,自觉自愿、积极主动劳动。对劳动的积极心理态度,是创造众多社会奇迹的劳动者所共有的品质。习近平总书记强调,推动全社会热爱劳动、投身劳动、爱岗敬业,为改革开放和社会主义现代化建设贡献智慧和力量。通过劳动播种希望、收获果实,人们才会热爱劳动。在中国共产党领导下,一代代热爱劳动的劳动者,以信念为峰,不惧登攀;以实践为刃,开拓前行。漫漫人生路,唯有热爱劳动的劳动态度不变;悠悠岁月情,唯有热爱劳动的心中之"火"不灭。

只有热爱劳动,懂得劳动创造美好、劳动创造幸福,人们才喜欢劳动、愿意劳动。正是基于对劳动的热爱,劳动者才能实现由"要我劳动"到"我要劳动"的转变,体现了劳动本身与人们幸福追求的一致性和耦合度。如今,热爱劳动的种子已在全体中国人民心中播撒。《关于全面加强新时代大中小学劳动教育的意见》和《大中小学劳动教育指导纲要》,对劳动教育教什么、怎么教、如何评等提出了具体要求,让青少年在劳动教育过程中坚守热爱劳动的思想观念,继承和发扬热爱劳动的传统美德。培养热爱劳动的社会风尚,需要加强对劳动者的帮扶和支持,提高劳动要素在初次分配中的占比,提高劳动者收入,让热爱劳动、辛勤劳动的人获得更多的回报,让每一位劳动者都能用劳动开创美好未来,从而提升劳动者的幸福感。如果人对劳动不能形成由内而外的热爱,劳动就会异化为外在的束缚和枷锁,人在劳动中就感觉不到幸福。无论身处什么岗位,都不能失去劳动的热情和奋斗的激情。唯有如此,才能在全面建设社会主义现代化国家新征程中创造新的时代辉煌、铸就新的历史伟业。

劳动视界

把小麦"金种子"牢牢攥在中国人手中

郭进考,男,1951 年 11 月生,中共党员,农业农村部专家指导组顾问,河北省小麦育种首席专家。他扎根河北省辛集市马兰农场 48 年,致力于小麦育种与推广工作,带领团队选育节水品种,提出小麦节水高产育种理念。他创新育种方法,培育出高产、节水小麦品种近 30 个,并 5 次荣获国家科技进步奖。

让每一寸土地生产更多小麦

49 载育种生涯,始于一个朴素愿望。郭进考说,小时候经历的"一个窝头掰三瓣儿"的艰难光景深深烙在他记忆深处。粮食短缺、食不果腹的年月,心中一个梦想已扎根——培育良种多打粮,让乡亲们"粮丰囤满"。

怀着这个愿望,1971 年郭进考报考了农业学校。1973 年农校毕业后,分配到石家庄地区农科所,定岗在小麦育种室,郭进考开始了迈向梦想的征程。

20 世纪 80 年代,华北地区缺乏早熟丰产的小麦品种,河北小麦种的大多是山东的品种,当时称"泰山压顶"。为此,郭进考课题组确定了"抽穗早灌浆快实现早熟性,增加穗数提高丰产性,增强耐旱性提高广适性"的育种理念。

下定"早日培育出自己的当家品种,让每一寸土地生产更多小麦"的决心,郭进考和团队成员踏入马兰农场进行育种试验。

为缩短育种进程,郭进考和同事们成了"候鸟",河北、海南一年两种。尤其是南繁加代时不能播种,为提高移栽苗的成活率,他们白天在河北起苗,夜里坐飞机到海南,第二天一大早在海南移栽。

做杂交是小麦育种的基础性工作,每年要做上百个组合。头顶烈日,单膝跪地,去雄、授粉……这是郭进考团队做小麦杂交时的常态。从上千个原始材料确定亲本,每年要做上百个组合,去雄上万个小花,把矮秆、大穗、多穗、抗病、抗旱、抗寒基因融为一体,一个世代一个世代地选择,再从上百万株的后代中寻找那粒符合要求的种子,选择出符合要求的优良株系,再进行初级产量比较、品系产量比较、大区产量比较……

十几年磨一剑,1988年,郭进考课题组培育多年的"冀麦26"横空出世。

当时普通小麦亩产只有二三百公斤,而"冀麦26"在大面积种植条件下,亩产达400多公斤,实现了小麦由中低产到中高产的跨越,成为本区域第6次品种更新的主要品种,并迅速推广到北方六省,轰动了半个中国麦区。

此后,郭进考团队又提出"降秆、稳穗、增粒"技术路线,培育出早熟高产品种"冀麦38",1998年,取得了亩产613.34公斤的高产,不仅刷新了河北当时高产纪录,也一举将河北小麦产量带入"亩产千斤"的新时代。该品种成为20世纪90年代全国10大品种之一,被列为"国家级科技成果重点推广计划",为华北地区一年两熟制小麦高产提供了品种支撑。

让每一滴水生产更多的粮

在马兰农场,有一个"零水试验田",小麦播种后全靠自然降水,一遍水也不浇,可取得500公斤的亩产。

郭进考团队进行零水试验是有原因的。

20世纪90年代末,河北高产新品种小麦连破纪录时,郭进考察觉到:高产品种多不耐旱,产量越高,需要的水越多。

现实情况是,河北是水资源短缺省份,因多年超采,形成全国最大的地下水漏斗区。而传统农业灌溉用水占社会总用水量60%以上,小麦用水占农业总用水量50%左右。

通过反复技术创新,最终,"前水后旱,同一世代水旱复合选择"这一节水高产育种新方法被创造出来,并育出节水与高产相结合的新品种"石4185",

创亩产 716.7 公斤高产纪录,成为国家标杆品种,在全国 8 省(区)推广面积上亿亩,增产小麦 21.2 亿公斤,节水 16.3 亿立方米。

随后,"石家庄 8 号""石麦 15""石麦 22"……一批更优异的节水抗旱与稳产高产相结合的新品种相继问世,实现一水保千斤、二水一千二的新突破。高产与节水完美结合,使得"石麦 15""石麦 22"等河北的 6 个品种被评选为黄淮麦区北片节水性较好的绿色小麦品种。

沉甸甸的成就背后,是郭进考日复一日、年复一年的探索,体现了他对"随势而动,育种成粮"初心的坚守。

2021 年,郭进考技术团队培育出的具有节水、抗倒、抗寒、高产等特点的超高产节水品种"马兰 1 号"通过省级审定,当年创下亩产超 800 公斤的纪录。

一粒种子可以改变世界。有了节水品种,昔日的用水大户,今朝变为节水先锋。

以前,小麦生长期要浇五到六次水。现在,农民种植节水麦,降到了两到三水。节水高产新品种的应用,使河北小麦在产量不断提高的情况下,用水减少了一半,"让每一滴水生产更多的粮"成为现实。

33 个优良品种的成绩,没有让郭进考止步。目前,他的团队在和中国农科院、中国科学院、河南省农科院、山东农业大学、安徽农科院等单位合作,进行种质资源交换使用,杂交后代异地选择。

今年,他们在马兰农场进行了 6 个组合 200 多个品系的资源与种质创新材料种植试验,并从中发现了优质专用小麦的好苗头资源。郭进考的育种之路,仍在麦田延伸。

——赵红梅:《小麦专家郭进考:把小麦"金种子"牢牢攥在中国人手中》,"学习强国"学习平台 2022 年 7 月 4 日。本书选用时有改动。

三、辛勤劳动

辛勤劳动是对劳动过程及劳动强度的充分肯定,描述的是劳动者勤劳而肯于吃苦的劳动状态,表明要充分遵循劳动的客观规律及相应的劳动强度,是劳动精神的实践形态,对激发劳动精神具有重要的意义与价值。"民生在勤,勤则不匮。"习近平总书记指出,社会主义是干出来的,新时代是奋斗出来的。当前,中国人民更加深刻认识到新中国来之不易、美好生活来之不易。百年来,一代代中国共产党人不忘初心、牢记使命,前赴后继、奋力拼搏,带领各族人民用勤劳的双手艰苦卓绝地创造了一个又一个伟大奇迹,锤炼了辛勤劳动、艰苦奋斗的能力、风骨和品质。

每一滴辛勤劳动的汗水,都将浇灌出最美丽的幸福之花。只有懂得人间万事出艰辛,艰难困苦玉汝于成,人们才愿意努力刻苦、付出牺牲。"宝剑锋从磨砺出,梅花香自苦寒来。"无论体力劳动还是脑力劳动,都是一个艰苦奋斗的过程:体力劳动要付出辛劳和汗水,脑力劳动要付出心血和智慧。所谓"一勤天下无难事""天道酬勤""业精于勤荒于嬉"。只有勤于奋斗、乐于奉献,撸起袖子加油干,不断锤炼本领、淬炼能力,追求卓越、争创一流,才能开创辉煌事业,彰显精彩人生。我们要完善按劳分配为主的分配方式,多劳多得、少劳少得、不劳不得,保障劳动者辛勤劳动的权益,助推劳动公平正义,让辛勤劳动成为新时代最为闪耀的精神坐标。

劳动视界

"在辛勤劳动、诚实劳动、创造性劳动中成就梦想"

科研人员埋头苦干、潜心钻研,勇闯科学"无人区";数百万名驻村干部、第一书记投身脱贫攻坚主战场,助力书写反贫困斗争的中国奇迹;10 余万建设大军奋战在雄安新区,铺展未来之城的壮美画卷……新时代以来,广大职工群众在各自岗位上发光发热,在不懈奋斗中创造价值,那些拼搏的身姿,成为一道道亮丽风景。

习近平总书记在同中华全国总工会新一届领导班子成员集体谈话时指出:"要大力弘扬劳模精神、劳动精神、工匠精神,发挥好劳模工匠示范引领作用,激励广大职工在辛勤劳动、诚实劳动、创造性劳动中成就梦想。"劳动是一切幸福的源泉。弘扬劳模精神、劳动精神、工匠精神,让劳动光荣、创造伟大成为时代强音,我们就能为扎实推进中国式现代化凝聚起团结奋进的强大力量。

"不惰者,众善之师也。"中国特色社会主义现代化强国大厦,需要广大劳动者添砖加瓦去建设。天津港第一港埠有限公司拖头队副队长成卫东,为提高拖车效率,一把停进车库的绝技练了 8 年,完成同样的运输任务,他带领的班组比别人快 30%。90 后核级焊工师延财，在手腕上吊两块砖，苦练焊接技巧，成为"免检焊工"，为核电机组稳定运行保驾护航。每一份收获、每一项成就，都是靠一步一个脚印的扎实工作得来的。脚踏实地，辛勤付出，广大职工群众挥洒的点滴汗水，必将汇聚成国家发展和事业进步的壮阔长河。

人世间的美好梦想，只有通过诚实劳动才能实现。习近平总书记曾勉励大家"立足本职岗位诚实劳动"，指出"在工厂车间，就要弘扬'工匠精神'，精心打磨每一个零部件，生产优质的产品。在田间地头，就要精心耕作，努力赢得丰收。在商场店铺，就要笑迎天下客，童叟无欺，提供优质的服务"。海岛电工赵儒新，三十多年如一日，为服务 12 座小岛上 237 户居民的生活需要全天候"待命"，守护万顷碧波上的灯火。非遗传承人石濡菲，坚持诚信经营理念，无私传授传统技艺，带动当地茶农增收，用实际行动诠释了"诚实兴业"的传统美德。实践表明，无论从事什么职业，只要诚实劳动，干一行、爱一行、钻一行，就能在平凡岗位上创造不平凡的业绩。

勇于创新、敢为人先，是新时代劳动者的优秀品质。当前，新一轮科技革命和产业变革迅猛发展，世界主要国家综合国力和科技的竞争更趋激烈，对优秀人才的需求更加迫切，创造性劳动的重要意义更加凸显。从高性能装备、增材制造、激光制造等取得突破，到硬质合金微钻、纳米微球、"手撕钢"等极端制造取得新进展，再到人工智能、区块链、量子通信、智能驾驶不断突破……高质量发展的背后，凝结着无数劳动者敢为人先的实践和探索，呼唤更多奋斗者释放创新创造潜能。面向未来，无论身处什么岗位，广大职工群众都应勤学苦练，深入钻研，勇于创新，不断提高技术技能水平，努力打开事业发展新天地，创造更加美好的明天。

劳动创造幸福，奋斗铸就伟业。新征程上，坚持辛勤劳动、诚实劳动、创造性劳动，以昂扬的姿态、进取的态度谱写新时代劳动者之歌，广大职工群众就一定能为强国建设、民族复兴不断添砖加瓦、增光添彩，在新征程上赢得新的荣光、铸就新的伟业。

——崔妍《"在辛勤劳动、诚实劳动、创造性劳动中成就梦想"》，《人民日报》2023 年 10 月 29 日。

四、诚实劳动

诚实劳动是对劳动者品德的客观规定,是劳动创造价值之基,是劳动者安身立命之本,表明劳动要实事求是、求真务实、遵纪守法,是劳动精神发扬的基本原则和伦理要求。幸福不会从天而降,诚实劳动是劳动精神的重要组成部分,也是劳动精神的出发点和落脚点。梦想不会自动成真。正如习近平总书记所指出的:"人世间的美好梦想,只有通过诚实劳动才能实现;发展中的各种难题,只有通过诚实劳动才能破解;生命里的一切辉煌,只有通过诚实劳动才能铸就。"诚实劳动是一种踏实的工作态度、方式和要求,表现为脚踏实地,正视工作中的问题,敢于钻研,善于解决,坚守工作标准,严守职业道德,遵循法律规范。诚实劳动是各行各业不同岗位劳动者的共同职责,是创造美好生活的基本前提,是干事创业的必然要求。

空谈误国,实干兴邦。劳动的光荣源自诚实的付出。只有诚实劳动,懂得真真切切、实实在在、兢兢业业是合格劳动者的本色、底色和根本准则,人们才能实干。只有诚实劳动、久久为功,才能在平凡的岗位上创造出不平凡的成绩。我们要从劳动中汲取道德营养,锻造劳动品德。既大力宣传诚实劳动先进事迹和杰出人物,增强舆论正面引导,又对不劳而获、偷奸耍滑、投机取巧的不诚实劳动进行惩处,形成对不诚实劳动的威慑,净化诚实劳动的环境。唯有如此,才能厚植诚实劳动的土壤,在全社会形成诚实劳动的良好风尚。

劳动视界

诚实劳动的价值意蕴

劳动创造幸福,实干成就伟业。习近平总书记强调,"我们要在全社会大力弘扬劳动精神,提倡通过诚实劳动来实现人生的梦想、改变自己的命运,反对一切不劳而获、投机取巧、贪图享乐的思想"。诚实劳动是劳动精神的重要组成部分,也是劳动精神的出发点和落脚点。新时代大力提倡诚实劳动,将为全面建设社会主义现代化国家、全面推进中华民族伟大复兴提供有力道德支撑。

诚实劳动是劳动创造价值之基
劳动是人类能动地改造客观世界的实践性活动,是人类生存、发展的动力和条件。马克思主义劳动价值论认为,"劳动是一切价值的创造者",把劳动比喻为整个社会都在围绕旋转的"太阳";劳动具有二重性,即分为具体劳动和抽象劳动,具体劳动创造自然属性的使用价值,抽象劳动创造社会属性的价值;作为劳动成果的商品在交换过程中产生交换价值,其价值量由社会必要劳动时间决定。无论是使用价值、价值还是交换价值,其创造和计量都对劳动有两方面基本要求,一是过程的客观真实性,二是计量的正比一致性。一方面,自然物不会自动变成人需要的商品,劳动能够创造价值首先必须是在现实的社会实践中进行的客观真实的活动,而不是在人的头脑中创造的虚幻活动。另一方面,马克思主义认为,商品的价值量是由生产商品的社会必要劳动时间来决定的,与体现在商品中的劳动量成正比,即劳动成果大小与劳动主体付出总体上成正比。事实上,只有这种正比关系存在,商品的价值量及其在流通中的交换价值才是可以被计量、被公认的,商品的流通才能得以实现并畅行无阻。劳动过程的客观真实性和计量的正比一致性归结起来就是要求诚实劳动,诚实劳动是劳动创造价值以及价值得以衡量的基本条件。

随着经济社会的发展和科学技术的日新月异,人类生活、生产的劳动的时空场域和具体形态发生了许多新的变化:劳动不再是以生产简单工具和简单日常用品为基础的、只需要很简单的工艺流程就可以完成的简单劳动,而是需要许多现代化的机器设备等资本要素的社会化大生产条件下的复杂劳动;脑力劳动与体力劳动的分工越来越明显,体力劳动越来越被机器所取代;复杂劳动与简单劳动间、体力劳动与脑力劳动间的协同劳动越来越普遍;计算机、大数据、人工智能、脑机融合等各种新兴技术的突飞猛进,催生了数字生产、虚拟空间劳动等劳动新形态的出现,这些都需要人对劳动与劳动价值的衡量进行新的认识。但即使是最复杂、最新的生产工具、机器设备和技术创新应用,它们自身的生产和人对它们的使用,最终都仍然归结于人类的具体的、活的劳动。因此,科学技术的发展非但没有"证伪"马克思主义劳动价值论,反而证实了其理论逻辑的正确性,证明了劳动是人类能动地改造客观世界的实践性活动的性质没有变,劳动是价值创造者的地位没有变,诚实劳动的重要性和必要性没有变。

诚实劳动是个人安身立命之本

劳动是人类的本质活动,既把人同动物区别开,又把人与人类社会同自然界紧密地联系起来。习近平总书记指出,"人世间的美好梦想,只有通过诚实劳动才能实现;发展中的各种难题,只有通过诚实劳动才能破解;生命里的一切辉煌,只有通过诚实劳动才能铸就"。因此,诚实劳动是对作为劳动者的个人的品德规定和要求,是个人的安身立命之本。

诚实劳动是个人物质生存之本。马克思和恩格斯在《德意志意识形态》中指出:"人们为了能够'创造历史',必须能够生活。但是为了生活,首先就需要衣、食、住以及其他东西。因此第一个历史活动就是生产满足这些需要的资料,即生产物质生活本身。"显而易见,人类不劳动、不诚实劳动就无法生产自己生存必需的物质资料。

诚实劳动是个人精神成长之本。习近平总书记强调,"人世间的一切幸福都是要靠辛勤的劳动来创造的"。个人的成长不仅是身体的成长,更是精神的成长。辩证唯物主义揭示了劳动实践是人精神成长的源泉和动力。一方面,劳动实践是认识的源泉和基础,人通过劳动实践进而产生意识,同时通过劳动实践创造精神认知的对象世界;另一方面,劳动实践的发展又为认识的发展提供动力,人在劳动实践中巩固深化认识,新的劳动实践催生新的认识。劳动,既创造了财富,也砥砺着精神。人行天地间,只有在诚实劳动中不图安逸,不惧困苦,爬过高山,蹚过激流,拼搏过,奉献过,才能感受"千淘万漉虽辛苦,吹尽狂沙始到金"的喜悦与充盈,才能体会生而为人的自在与尊严。

诚实劳动是个人社会发展之本。人是一切社会关系的总和。人离不开劳动,也离不开社会。人的劳动必须也只能是在社会中展开。因此,个人的成长发展目标之一就是要逐步融入社会,完成社会化。个人在社会化的过程中,诚信的品德至关重要。《论语·为政》中讲"人而无信,不知其可也"。个人在自身的人生发展过程中与他人交往、参与社会分工、实现社会交换等,都需要以诚信品德、诚实劳动为根本。

诚实劳动是社会发展进步之需

劳动既是个体实践,也是社会行为。习近平总书记强调,"人类是劳动创造的,社会是劳动创造的。劳动没有高低贵贱之分,任何一份职业都很光荣。广大劳动群众要立足本职岗位诚实劳动。无论从事什么劳动,都要干一行、爱一行、钻一行。"诚实劳动是各行各业不同岗位劳动者的共同职责,是人类共同创造美好生活的基本前提。无论是对个体劳动还是社会发展,诚实劳动始终是社会亘古不变的需要。人类社会越是进步发展,交换交易就会越来越广泛频繁,对诚信价值、诚实劳动的需求就会越来越高,就越需要充分发挥诚实劳动对促进社会发展进步的重要作用。

诚实劳动创造社会真实财富。社会的发展进步,建立在真实的社会财富基础上,离开了实实在在的物质基础,所谓社会财富便是镜花水月。通过诚实劳动创造真实的社会财富,是社会这艘大船经受风浪考验、风雨无阻向前行的压舱石。人类社会发展的历史不断证明,人类依靠诚实劳动创造的社会客观物质财富越丰富,社会发展的后劲就越强大,社会进步的空间就越广阔,社会发展的速度就越迅捷。如果偏离了诚实劳动的轨道,依靠虚假财富的数字编造、财富创造的投机取巧、劳动过程的坑蒙拐骗等,不仅违背财富创造的规律,更违背社会正常发展进步的规律。

诚实劳动支撑社会秩序稳定。人类依靠劳动收获物质财富,在交往交换中形成丰富的社会关系,依靠结成的社会关系不断进行一轮又一轮的劳动活动,在此过程中,人类结成的社会关系逐步稳定进而形成一定的整体社会秩序。"以诚感人者,人亦诚而应",充分说明诚实是良好社会关系建立与维系的灵魂。习近平总书记强调,要"弘扬劳动最光荣、劳动最崇高、劳动最伟大、劳动最美丽的社会风尚"。只有每个劳动者都通过诚实劳动收获财富,社会的基本秩序才能够得以维系。如果劳动者存在偷工减料、制假售假等失信行为,通过瞒与骗的不当手段或许换来了一时私利,但最终全社会都要为诚信缺失"买单",没有人是受益者。

诚实劳动引领社会公德建设。诚信是中华民族传统美德。古人云,"内诚于心,外信于人"。人之为人要真实诚恳、表里如一、言行一致,这是中华儿女始终追求的崇高精神境界,是中华优秀传统文化中浸润人心的道德力量。诚信成为社会主义核心价值观的重要内容,发挥着凝神聚力与启智化德的重要价值引领作用。诚信价值观的培育和践行必须落实到诚实劳动的实践中。如果人人都踏实劳动,不弄虚作假,不投机取巧,不自欺欺人,不贪图不劳而获的生活,就会形成以诚为美、以诚为贵、以诚为德的良好社会道德风尚。

习近平总书记强调:"实现我们的奋斗目标,开创我们的美好未来,必须紧紧依靠人民、始终为了人民,必须依靠辛勤劳动、诚实劳动、创造性劳动。"新时代是劳动者的时代,机遇与挑战并存、希望与困难同在。我们唯有弘扬劳动精神,崇尚劳动、热爱劳动、辛勤劳动、诚实劳动,才能让劳动精神焕发时代新机,让劳动的涓涓细流汇聚成奋斗强国的磅礴力量,从而实现人生价值、推动时代进步,全面建成富强民主文明和谐美丽的社会主义现代化强国。

——洪晓畅:《诚实劳动的价值意蕴》,"学习强国"学习平台 2023 年 12 月 14 日。本书选用时有改动。

第三节　劳动精神的培育践行

引导案例

"麦田里的思政课"感悟劳动精神

为将党史学习教育落地落实,以红色教育激励学生坚守信念、开拓创新、建功立业,以新时代劳动教育培养学生正确的劳动观。近日,浙江工业大学土木工程学院组织学生骨干走进浙江省杭州市富阳区场口镇,在田间地头开展"麦田里的思政课",让师生们在劳动中体悟,在实践中收获。

田间割麦——悟劳动

"同学们先弯腰,一手抓紧麦子,一手紧握镰刀,从外向内割。"在当地村民的指导下,同学们手握镰刀、脚踏泥土,在田间辛勤地收割着当季麦子,在实践中感受农事的艰辛,体会劳动人民的不易。在同学们体验收割麦子的同时,麦田里的收割机也在高效地工作,同学们也感悟到装备机械化给农业带来了极大的便利,为现代农业的高质量发展插上了科技的翅膀。

粮食加工——开眼界

接着，同学们来到了当地的一家粮食加工厂。加工厂采用了全自动化的工作方式，从农产品的筛分到包装，工厂里的大型机器"各司其职"，井井有条地运作着。从自动去壳到红外线扫描去除多余的杂质，先进的农业科技展示着中国农业的蓬勃发展。

东梓关村——赏民居

东梓关村位于杭州市富阳区场口镇西部，面临富春江，背靠小山群，文化底蕴深厚，土木工程专业的学子们漫步在东梓关村，在一砖一瓦中感悟江南水乡的魅力。

蔬果基地——喜收获

最后，同学们来到杭州市富阳区的一家生态农业蔬果基地，基地负责人向同学们介绍，生态农业蔬果基地正是依靠专业化人才和现代化科技，打磨优化从选种到培育的每一个环节，才能不断提升农产品品质，发挥高效农业与精准农业的优势。

"麦田里的思政课"通过丰富的实践活动，让同学们对现代农业有了新的认识，在实践中逐渐感悟到了劳动的意义。

——浙江工业大学：《"麦田里的思政课"感悟劳动精神》，"学习强国"学习平台 2021 年 6 月 2 日。本书选用时有改动。

案例思考

你认为新时代的高校应如何培育与践行劳动精神？

劳动创造历史，拼搏成就未来。当前，实现中华民族伟大复兴进入了不可逆转的历史进程，我们踏上了实现第二个百年奋斗目标的新的赶考之路。在新征程上创造新辉煌，必须要有坚强的意志、不屈的精神、激扬的意气。劳动精神是维系中华民族生存发展的精神纽带，是推动中华民族伟大复兴、实现中国梦的重要力量。新时代的大学生，在先辈们打下的江山里幸福生活着，在繁花似锦的土地上快乐成长着，所以青年学生的责任更应该与国家的繁荣富强相连，在劳动中绽放青春的力量，在继承中华民族光辉的劳动传统和劳动精神的基础上，激发劳动热情，践行劳动精神，维护人民根本利益，在全社会奏响劳动光荣、劳动崇高、劳动伟大的时代之音,让劳动在中华大地上放射最耀眼的光芒。

一、深化劳动精神引领作用,夯实劳动教育基础

涵养劳动精神既是大学生个体发展的要求,也是社会进步的原动力。新时代高校劳动教育理应以劳动精神为核心,将劳动教育纳入人才培养体系,构建课程完善、资源丰富、模式多样、机制健全的系统性劳动教育体系,教育引导学生秉持崇尚劳动、尊重劳动、热爱劳动的基本态度,用辛勤劳动、诚实劳动、创造性劳动的实际行动践行劳动光荣、创造伟大的价值理念,牢牢掌握丰富的劳动知识,练就过硬的劳动技能,进而成长为合格的新时代高素质的劳动者。

高校要站位高远,从培育担当民族复兴大任时代新人的高度,调适劳动教育的目标定位与内容层次,更加凸显大学劳动教育的学段特点,有针对性地深入开展劳动教育理论研究、实践研究、专项研究,由劳动教育中心牵头,联合多部门、二级学院搭建教育教学及科研平台,学习研讨劳动教育课程建设、学科建设、评价体系、保障机制等相关内容;持续开展思政劳育、课程劳育、专业劳育实践,依托马克思主义公共课、就业指导、创新创业教育等课程落实劳动教育任务,增设劳动教育必修课,在专业学科课程及实训中有机融入劳动教育,优化劳动教育教学基础设施,切实做足劳动育人大文章,唱响劳动育人最强音。

二、拓宽劳动精神宣传渠道,涵养劳动教育文化

劳动是创造价值的唯一源泉,劳动精神是劳动者在创造美好生活的劳动实践中所秉持的马克思主义劳动观及体现的精神风貌。拓宽劳动精神的宣传渠道是营造高校劳动教育氛围的重要抓手。高校要丰富劳动精神的宣传载体,加大劳动精神的宣传力度,提升劳动精神的宣传效果,让劳动精神真正地印刻在大学生心里。

高校要强化校园劳动文化建设,涵养劳动教育文化。通过聘请全国劳动模范为特聘教授,以"全国劳模大讲堂"为平台,大力弘扬劳动精神、劳模精神、工匠精神;依据学校自身特点,打造"全国劳模讲劳动教育课"教学形式和教学品牌,邀请大国工匠及全国劳动模范通过大讲堂向学生们讲授劳

动教育课,与他们分享奋斗者脚踏实地责任担当、甘于奉献勇于前行、立足当下突破创新的故事,体悟劳模精神工匠精神、感受劳动创造伟大创造幸福;带领学生到劳模工作室参观、采访,现场聆听劳模们的故事,用实践来增强学生对劳动的认识、劳动精神的认识,培养良好的劳动习惯。此外,高校还可以尝试推进全国劳模制度化、规范化、常态化地进校园讲劳动教育课,营造劳动光荣的良好校园氛围,在潜移默化中引导大学生树立正确的劳动观念,增强劳动教育的育人实效,为高校人才培养赋能增效。

三、强化劳动精神育人作用,丰富劳动教育实践

无论是物质生活还是精神生活,其本质都是实践。广大劳动者在劳动实践过程中创造并发展了劳动精神。为此,高校弘扬劳动精神、强化劳动育人要始终坚持理论与实践二者相结合,其出发点和落脚点在于实实在在的实践活动。高校劳动教育实践类型主要包括日常生活劳动实践、生产劳动实践和服务型劳动实践三种。

一是日常生活劳动实践。在校园文化建设中渗透劳动文化,高校应大力开展"劳动周""劳动月""劳动季"等文明校园主题活动,通过整理内务、打扫教室、清洁校园、维护公共设施等行为增强大学生主动劳动意识;组织劳动主题演讲、文艺活动,弘扬劳动光荣、劳动伟大的主旋律;举办劳动技能竞赛、劳动成果展示等活动,提升劳动能力,将劳动教育与管理融入日常生活,激发大学生热爱劳动的内生动力,培养大学生树立马克思主义劳动观和良好的劳动品质。

二是生产劳动实践。高校应借助产教融合,把产业与教学密切结合,为大学生提供多样化的实习实践环境和一线生产管理实践岗位,帮助大学生深入一线了解社会,加强劳动技能,提升劳动素养。另一方面,高校要积极调动企业力量,加强企业与学校之间的合作,搭建生产劳动实践平台或实训基地,组织大学生参加行(企)业、工厂、农场等一线生产实践,引导大学生尊重劳动与劳动者,体认劳动风采和价值。

三是服务型劳动实践。高校应在社区服务、助老助残服务、支教服务等公益性质的劳动实践中,拓展书本知识,把理论与实际、学校与社会、课内与课外有机结合起来,培养和塑造大学生服务奉献的劳动价值观,养成积极参与公共事务的社会意识,最终成长为勇于担当、主动奉献、反哺社会的合格

社会主义建设者和接班人。

　　劳动精神是中华民族几千年来优秀传统文化的结晶,是中华民族勤劳、踏实、孜孜以求的民族特色,是中华民族的精神风貌和行为品质的体现。它不仅仅是劳动者的职业精神,更是一种向上向善、勇于创新、追求卓越的精神风貌。高校要大力弘扬、培育践行劳动精神,引导大学生满怀信心、拥抱梦想,以坚如磐石的信心、只争朝夕的劲头、坚韧不拔的毅力,以"小我"成就"大我",知重负重、勇毅前行,在接续奋斗中书写新时代的光荣历史,创造中华民族新的更大奇迹。

劳动视界

激扬青春　争做新时代奋斗者

　　今年是五四运动104周年。一百多年来,一代又一代中国青年接续奋斗、凯歌前行,用青春之我创造青春之中国、青春之民族。奋进新征程、建功新时代,广大青年必须继续发扬五四精神,以实现中华民族伟大复兴为己任,以奋斗姿态激扬青春,不辜负党的期望、人民期待、民族重托,在全面建设社会主义现代化国家、以中国式现代化全面推进中华民族伟大复兴实践中争做追梦者、奉献者、开拓者、担当者。

争做坚定理想信念的追梦者

　　习近平总书记指出:"广大青年既是追梦者,也是圆梦人。"追梦需要坚定的理想信念,也需要忧国忧民的情怀。爱国主义自古以来就流淌在中华民族血脉之中,是中国人民和中华民族维护民族独立和民族尊严的强大精神动力,对青年的成长与发展具有重要意义。五四时期,面对国家和民族生死存亡,广大青年以忧国忧民的情怀挺身而出,在中华大地上奏响了浩气长存的爱国主义壮歌。"忧民之忧者,民亦忧其忧。"人民是历史的真正创造者,是决定国家前途命运的根本力量。青年只有把自己的个人理想融入中华民族伟大复兴中国梦之中,与时代同步伐、与人民共命运,才能在新征程上更好实现自己的人生价值。在新征程上,推进中国式现代化建设,必然会遇到各种可以预料和难以预料的风险挑战、艰难险阻甚至惊涛骇浪,越是在这种时候,越需要广大青年坚定理想信念,奋进争先。习近平总书记在纪念五四运动 100 周年大会上指出："新时代中国青年要听党话、跟党走，胸怀忧国忧民之心、爱国爱民之情，不断奉献祖国、奉献人民，以一生的真情投入、一辈子的顽强奋斗来体现爱国主义情怀，让爱国主义的伟大旗帜始终在心中高高飘扬！"新时代中国青年要树立对马克思主义的信仰、对中国特色社会主义的信念、对实现中华民族伟大复兴中国梦的信心，让理想在奉献祖国中升华，让信念在奉献人民中闪光，为推进中国式现代化贡献青春力量。

争做练就强国本领的奉献者

习近平总书记指出，"新时代中国青年要勇做走在时代前列的奋进者、开拓者、奉献者"。对广大青年来说，为国家发展奉献青春，是对自己负责，更是对国家和人民尽责。奉献需要坚定理想信念，也需要练就过硬本领。具备一定的专业技能是青年为强国事业奉献的先决条件。五四时期，涌现了一大批为国家和民族利益舍生忘死的先进青年，他们为争取民族独立学习先进思想、练就强国本领，成为中国革命的先锋力量。当今时代，知识更新不断加快，现代信息技术不断发展。这既为青年绽放青春提供了机会，也对青年的综合素质提出了更高要求。不论是实现人生理想，还是为强国建设奉献青春，青年都要努力学习科学文化知识，认真掌握先进技术和专业技能，在学习中增长知识、锤炼品格，在工作中增长才干、练就本领，加快知识体系更新，使自己的思维视野、思想观念、认识水平跟上越来越快的时代发展，以真才实学服务人民、贡献国家。在新征程上，新时代中国青年要继续发扬五四精神，在各种各样的困难、风险和挑战中积累经验、增长才干，锤炼自己敢想敢为又善作善成的本领和能力，立足岗位、苦练本领、创先争优，努力成为现代化建设的实践主体、创新主体和奉献主体，为实现中华民族伟大复兴中国梦贡献智慧与力量。

争做践行报国之志的开拓者

习近平总书记指出，要"使我国在重要科技领域成为全球领跑者，在前沿交叉领域成为开拓者"。中国要力争尽早成为世界主要科学中心和创新高地，需要作为科技创新主力军的青年主动挑大梁、当主角，自觉成为科技创新的开拓者。生活从来不眷顾因循守旧、满足现状者，也从来不等待不思进取、坐享其成者，而是把更多机会留给那些敢于开拓创新的人。开拓创新是中华民族的优良传统,是青年朝气蓬勃的内在动力。五四精神是民族精神和时代精神的高度统一,引导着青年发展的方向,是鼓舞和激励新时代青年践行报国之志、勇于开拓的强大精神动力。新征程上,我们必然会遇到艰难繁重的任务,也必然会遇到更严峻的挑战,更需要广大青年不怕困难、艰苦奋斗。习近平总书记在党的二十大报告中指出:"广大青年要坚定不移听党话、跟党走,怀抱梦想又脚踏实地,敢想敢为又善作善成,立志做有理想、敢担当、能吃苦、肯奋斗的新时代好青年,让青春在全面建设社会主义现代化国家的火热实践中绽放绚丽之花。"在新征程上,新时代广大青年要继续发扬五四精神,勇于开拓创新,胸怀"国之大者",在人生的广阔舞台上砥砺奋进、勇毅前行,争做新时代伟业的坚定开拓者。

争做接续复兴伟业的担当者

习近平总书记指出:"新的征程需要果敢的引领者,新的使命需要勇毅的担当者。"时代各有不同,青春一脉相承。一百多年来,一代又一代青年在中国共产党的带领下接续奋斗,把忠诚书写在党和人民事业中,把青春播撒在民族复兴的征程上,把光荣镌刻在历史行进的史册里,为争取民族独立、人民解放和实现国家富强、人民幸福而贡献力量,谱写了中华民族伟大复兴进程中激昂的青春乐章。习近平总书记在纪念五四运动100周年大会上指出:"在实现中华民族伟大复兴的新征程上,应对重大挑战、抵御重大风险、克服重大阻力、解决重大矛盾,迫切需要迎难而上、挺身而出的担当精神。只要青年都勇挑重担、勇克难关、勇斗风险,中国特色社会主义就能充满活力、充满后劲、充满希望。"新时代中国青年要继续发扬五四精神,自觉担负起新时代新征程的历史使命,在担当中历练,在尽责中成长,在奋斗中创造精彩人生,让青春在全面建设社会主义现代化国家的实践中绚丽绽放。

——杨小军:《激扬青春 争做新时代奋斗者》,《光明日报》2023 年 5 月 4 日。

思维训练

1. 劳动精神的内涵是什么?

2. 新时代弘扬劳动精神的意义是什么?

3. 结合中国特色社会主义现代化强国的建成,谈谈为什么要培育践行劳动精神?

劳动实践

1. 自觉做好整理内务、打扫教室卫生活动。

2. 积极参加学校勤工俭学、助学活动。

3. 积极参加"三支一扶""大学生志愿服务西部计划""青年红色筑梦之旅""三下乡"等社会实践活动。

4. 观看纪录片《在奋斗》。

第三章　劳模精神

　　劳动创造幸福,实干成就伟业。人世间的美好梦想,只有通过诚实劳动才能实现;生命里的一切辉煌,只有通过诚实劳动才能铸就。中华民族是勤劳勇敢的民族,无数劳动者兢兢业业、努力拼搏,以自身的实际行动诠释了"爱岗敬业、争创一流、艰苦奋斗、勇于创新、淡泊名利、甘于奉献"的伟大劳模精神。社会主义是干出来的,新时代是奋斗出来的。时代发展离不开劳动模范,发挥好劳动模范的榜样示范作用,将劳动教育、劳模精神教育纳入高校人才培养的全过程,激发大学生与祖国同成长、与时代齐奋进的热情,在校园里形成崇尚劳动、积极劳动的良好氛围,对于大学生的成长、成才具有十分积极的意义。

第一节　劳模精神的生成逻辑

引导案例

习近平给中国航发黎明发动机装配厂"李志强班"职工的回信

中国航发黎明发动机装配厂"李志强班"的同志们:

　　你们好! 看到来信,我想起了十年前同大家在车间交流的情景。这些年,中国航空发动机事业有了长足进步,初步探索出一条自主创新发展的新路子,航空发动机研制战线的同志们为此付出了大量心血。

　　航空发动机是国之重器,是国家科技实力和创新能力的重要体现。希望你们牢记使命责任,坚定航空报国志向,弘扬劳模精神、工匠精神,努力攻克更多关键核心技术,加快航空发动机自主研制步伐,让中国的飞机用上更加强劲的"中国心",为建设航空强国、实现高水平科技自立自强积极贡献力量。

习近平

2023 年 9 月 1 日

案例思考

> 1. 你是如何理解"劳模"一词的？
>
> 2. 你是如何理解"劳模精神"的？

劳动模范,简称劳模,是党和政府授予在我国在"经济建设、政治建设、文化建设、社会建设、生态文明建设和党的建设等方面"[1]作出突出贡献,取得显著成绩的劳动者的一种崇高荣誉称号。劳模是劳动者中的模范和榜样,是亿万劳动者的杰出代表,集中体现了工人阶级和广大劳动群众的优良品质,是"民族的精英、人民的楷模,是共和国的功臣"[2]。劳模在工作生活实践中所展现出的行为准则、精神风貌、价值观念、道德风范等,并经劳模表彰得到社会大众认可的,就是劳模精神。劳模精神是时代的产物,是时代精神的体现。伴随我国的革命、建设和发展历程,劳模精神也在不断丰富和发展。

一、新中国成立前的劳模精神

我国的劳模最早诞生于土地革命战争时期中央苏区的公营企业和革命竞赛中,尔后出现在抗日战争时期的陕甘宁边区大生产运动和各项建设中。[3] 解放战争时期又出现了大量的"支前劳模"和新解放城市中的"工业劳模"。从"边区工人一面旗帜"赵占魁,到"兵工事业开拓者"吴运铎,再到"新劳动运动旗手"甄荣典等劳动模范,他们"以'新的劳动态度对待新的劳动',积极参加义务劳动,全力支援前线斗争,带动群众投身中国共产党领导的人民解放事业"[4]。正是劳动模范不畏生死、甘于奉献的精神品质,不断鼓舞、带动中国人民投身于革命解放事业,最终在中国共产党的领导下,推翻了帝国主义、封建主义、官僚资本主义三座大山,实现了民族独立、人民解放。从此,工人阶级和广大劳动群众真正成为社会和自己的主人,中华民族站了起来。

---

[1] 首届劳模先进工作者评选推荐活动启动[N].河南日报(农村版),2017-03-09(2).

[2] 习近平.在全国劳动模范和先进工作者表彰大会上的讲话[N].人民日报,2020-11-25(2).

[3] 高爱娣.弘扬劳模精神发挥劳模作用[J].工会博览,2016(05):27-29.

[4] 习近平.在同全国劳动模范代表座谈时的讲话[N].人民日报,2013-04-29(2).

劳动视界

边区英模赵占魁

赵占魁是一位用革命者的态度对待工作的"新式劳动者",山西定襄人,1896年出生于一个农民的家庭。他是抗日战争时期陕甘宁边区农具厂化铁工人,是在生产竞赛中涌现出来的劳动英雄。

赵占魁1938年到延安参加抗日并加入中国共产党。经过抗大的学习,他清楚地认识到:自己的命运与共产党、与革命,是血肉相连分不开的,边区公营工厂是为抗战而生产的,工厂本身就是革命的财产,作为工人应当尽力爱护它。在高达二千摄氏度的高热熔炉面前,他每时每刻都认真工作着,毫不懈怠。他每天早晨上工,都先把当天一切工作准备妥当;晚上放工,把工场收拾清楚,始终"冲锋在前,退却在后"。赵占魁在工作上不怕艰苦繁重,始终站在最前面,做得最多最好,但他从来不自夸、不贪功,每遇论功行赏的时候总是让开,认为那是大家努力的结果。他说,为革命多做些工作,是自我牺牲精神的应有体现,为了抗战与人民的需要增加生产,心甘情愿在工作中发挥最高的劳动热忱。他从来不计较个人的待遇与得失,克己奉公。赵占魁这种埋头苦干、大公无私、自我牺牲的精神,大大地鼓舞了边区工人的劳动热情,有力地推动了整个边区工业建设的向前发展。在赵占魁的身上,体现了一种新的劳动态度,那就是能够认识自己的主人翁的地位,把自己锻炼成为一个劳动英雄、技术能手、节约模范,锻炼成为一个团结和学习的标兵。朱德称赞他是用革命者态度对待工作的"新式劳动者"。在赵占魁身上,还有一种自觉爱护工厂、团结工人、努力生产、提高技术,一切为着革命利益、不计较个人得失的无产阶级的宝贵品质。

赵占魁同志1939年被边区政府评为模范工人,1941年,被选为边区参议会候补议员;1942年,边区总工会在工厂开展"赵占魁运动",号召全边区工人向赵占魁同志学习;1943年,被评为边区特等劳动英雄,成为边区工人的一面旗帜;1950年9月,被授予"全国劳动模范"称号。之后,赵占魁先后担任西北总工会、陕西省总工会副主席,继续为社会主义建设做贡献。

——新华社:《赵占魁:边区英模》,"学习强国"学习平台2021年3月12日。本书选用时有改动。

二、社会主义革命和建设时期的劳模精神

新中国成立初期,基础薄弱、百废待兴,为使国民经济尽快恢复,更好地建设社会主义,党和国家在总结革命战争时期经验做法的基础上,高度重视物质资料生产和劳动成果,积极开展社会主义劳动竞赛和生产运动,并进行了形式多样的劳模表彰工作,从中评选出了一大批劳模和先进生产者。这一时期,涌现出了"铁人"王进喜、"高炉卫士"孟泰、"知识分子的杰出代表"蒋筑英、"两弹元勋"邓稼先、"宁肯一人脏、换来万人净"的时传祥等一大批先进劳动模范。他们响应党的号召,积极带动广大群众自力更生、奋发图强,为祖国发展无私奉献。这些劳模的先进事迹激励着各行各业的劳动群众以国家主人翁的姿态建设社会主义,巩固了新生的工人阶级领导的、以工农联盟为基础的人民政权。这一时期的劳模精神至今还在发挥着巨大作用。

劳动视界

邓稼先:一段爱国情 一颗爱国心

"5,4,3,2,1,起爆!",1967年6月17日上午8时20分,由徐克江机组驾驶的轰六甲型战机在新疆罗布泊上空投下一个降落伞。伴随着一声巨响,中国第一颗氢弹空投爆炸试验成功,沉寂的戈壁大漠上空,宛若有两颗太阳同时闪耀着万丈光芒。

"两弹一星"元勋邓稼先在说起这个试验时目光炯炯,慷慨激昂。为了打造出一批守护祖国和平安宁的国之利器,邓稼先隐姓埋名整整28年。

1924年,邓稼先出生于安徽怀宁一个书香门第。生在"学霸"世家的他17岁便考取了西南联合大学物理系,24岁考入美国普渡大学物理系,26岁就获得了博士学位,被人们称为"娃娃博士"。

1948年夏,邓稼先考取了留美研究生,怀着"为今后国家建设服务"的目标进入美国普渡大学物理系研究生院学习。他还积极参加了中国进步留学生团体——"留美中国科学工作者协会"普渡大学分会的活动,热切关注着祖国的情况。

新中国成立后,邓稼先决定尽快回国。取得学位后的第九天,邓稼先登

上了威尔逊总统号轮船,在1950年国庆前夕重新回到了祖国的怀抱。

回国之后,邓稼先首先来到中国科学院近代物理研究所担任助理研究员,从事原子核理论研究。

1958年,邓稼先被秘密任命为中国研制原子弹的理论设计负责人。"我的生命从此就献给未来的工作了,做好了这件事,生命就有意义,就是为它死了也值得。"邓稼先得知自己将去执行秘密任务后,这样对妻子许鹿希说。然而,他这一走便是28年。

在远离城市的荒漠戈壁隐姓埋名28年间,邓稼先亲身经历核试验32次,亲自指挥15次。在一次空投核弹试验中,降落伞没有打开,核装置未被引爆,直接摔向地面。邓稼先并未多言,他不顾同事们的极力劝阻,只身奔向现场,弯下腰低着头认真查找,力求尽快确定核弹落点。

在找到核弹后,为在第一时间找出故障原因,邓稼先不顾生命安危和辐射侵蚀,双手捧起含有剧毒的放射物的碎弹片仔细观察分析。正是由于这一举动,猛烈的放射物侵入他的身体。随后,邓稼先还坚持自己装设置,并第一次以院长的权威命令助手们:"你们还年轻!你们不能去!"

1985年,邓稼先被诊断为直肠癌。1986年7月29日,他临终前的遗言仍是如何在尖端武器方面努力:"不要让人家把我们落得太远……"

隐姓埋名几十载,许身国威壮河山。邓稼先用生命诠释无悔的坚守,在中华民族几千年的文明创造史中留下了新的光彩夺目的篇章。

——央视网:《邓稼先:一段爱国情 一颗爱国心》,"学习强国"学习平台2021年6月23日。本书选用时有改动。

三、改革开放和社会主义现代化建设新时期的劳模精神

1978年党的十一届三中全会吹响了改革开放的号角,解放和发展社会生产力成为时代的主基调。"实现四个现代化"口号被唱响,广大劳动者充满理想,劳模更富激情。在这一时期,涌现了"蓝领专家"孔祥瑞、"金牌工人"窦铁成、"新时期铁人"王启民、"新时代雷锋"徐虎、"知识工人"邓建军、"马班邮路"王顺友、"白衣圣人"吴登云、"中国航空发动机之父"吴大观等一大批劳动模范和先进工作者。他们干一行、爱一行,专一行、精一行,以"求真务实,拼搏进取"的精神,带动了各行各业、各条战线的广大职工投身全面

建设小康社会的伟大实践,引领时代向前发展。随着科技的发展,伴着信息时代的来临,以知识创造效益、以科技提升竞争力,实现个人价值、创造社会价值成为劳模的价值追求,知识型、创新型、技能型、管理型成为当代劳模的鲜明特征。充满活力和感召力的广大劳模为全面建成小康社会,推动社会主义经济建设、政治建设、文化建设、社会建设以及生态文明建设和党的建设作出了重大贡献,是实现中华民族伟大复兴、开拓中国特色社会主义事业新局面的重要力量。

劳动视界

"新铁人"王启民光耀新时代

王启民的办公室位于大庆油田公司办公楼的 16 层,视线穿越窗前的广场,对面一座造型极具冲击力的现代化建筑吸引着人们的目光,那就是大庆油田科技馆。这里,记录着几代石油科技人的梦想,记录着几代石油科技人的奋斗史。

对不熟悉的人来说,王启民是一个被崇敬、被仰视的人。为国找油的"新铁人",一定是"钢筋铁骨"、走路生风!然而当人们看到他,惊讶地发现,这"铁人"就像邻家慈祥的爷爷,个头不高面带谦和。随着交流的深入,人们会不自觉地被他的情绪左右,被他鼓舞,被他感染,随着他的讲述热血澎湃、激情飞扬,这是全身心投入自己热爱的事业而迸发出的精神力量。

"一个人,如果没有激情,什么事情都做不好。"王启民这样说。难怪,已经 82 岁高龄的他,一谈起"找油"就精神一振,滔滔不绝、如数家珍。

很多人在这个年龄,早已经在家养花弄草。然而,王启民退而不休,至今仍坚持对科研进行指导。对于一个石油科技工作者来说,年龄不是障碍,能够全身心地投入自己热爱的事业,是最大的幸福。

初到大庆,就像白纸一张,一切从头开始。虽然是一介书生,但王启民和其他"老会战"一样,"战天斗地"的气魄从未缺席。

在大庆过的第一个春节,王启民在干打垒门上贴出了一副对联,上联是:莫看毛头小伙子;下联配:敢笑天下第一流。这个冲劲十足的年轻人喜欢特意把"闯"字里面的"马"写得大大的,这匹小马就是要冲向世界,做世界第一。这是一个年轻人对这个世界的宣言。

在多年艰苦的科研实践中,大庆科研人员总结出"超越前人、超越权威、超越自我"指导精神,成为指导研究的精神动力。王启民就是这种精神的最好诠释者。

油田开发初期,有外国专家预言:以中国人自己的力量,开发不了大油田。"权威"们走了,留下一片待开发的荒草甸。

于无路处杀出血路,是王启民的选择。他用"非均质"理论打响超越的第一枪。"均衡开发"是当时世界公认的理论,一个大学没读完提前毕业的"毛头小子",是不是有些不自量力?面对质疑,王启民选择用扎实的实验论证自己的观点。最终,"非均质"构造理论让大庆油田取得辉煌成就,在1976年第一次攀上年产5000万吨的高峰。

"既要树立敢为天下先的雄心壮志,更重要的是从地下规律出发,既不照搬国外,又不照抄书本。运用辩证唯物主义方法,在实践中发现矛盾、利用矛盾、解决矛盾,从而实现认识上的深化和原油生产的互补接替。"王启民这样认为。

他在笔记中写道:"作为一名科技工作者,就是要勤于发现问题,善于提出问题,肯于解决问题。勤于发现问题凭的是对油田的热爱;善于提出问题就是要肯动脑筋,有钻研的劲头;而肯于解决问题就要依靠科技团队的智慧和力量,具有'咬定青山不放松'的韧劲和毅力。"这是他对自己责任的深刻认识,更是多年科研攻关的制胜法宝。

如今,王启民进一步提出,要把"坚持科学精神"作为一个课题,指导科研工作。科研不能被其他人左右,坚持走自己的路,挑战不可能。

从"石油之子"到"国之脊梁",王启民用钢铁意志使大庆油田攀上一个个产量高峰,更用铁人般的意志打造了一个永不枯竭的精神"高产油田"。他所代表的"新铁人"精神至今闪烁着时代的光芒。

——蒙辉:《"新铁人"王启民光耀新时代》,《黑龙江日报》2019年1月24日。本书选用时有改动。

四、中国特色社会主义新时代的劳模精神

中国特色社会主义进入新时代,无数辛勤的劳动者在自己的岗位上接续奋斗,不断书写"中国梦·劳动美"的新篇章。劳模精神在传承中,随着时代主题的发展变化不断丰富其价值内涵,呈现出新时代的新特点。这一时期,在北斗导航、量子通信、载人航天、探月工程、深海探测、高速铁路、5G 等重大成果中以及在决战决胜脱贫攻坚、抗击新冠肺炎疫情等工作中,工人阶级的主力军作用显现出来,广大劳模和大国工匠爱岗敬业、勤奋工作的敬业精神,锐意进取、勇于创造的创新精神,兢兢业业、精益求精的职业精神得以凸显。劳模是时代的领跑者。新时代,劳模身上充分展现了品格高尚、创新创造、刻苦钻研、追求卓越的时代特质,示范引领亿万劳动群众紧扣工人运动时代主题,只争朝夕,不负韶华,勇担光荣使命,争创一流业绩,为实现"两个一百年"奋斗目标、实现中华民族伟大复兴的中国梦作出新的更大贡献。

劳动视界

崇敬劳动模范　弘扬劳模精神

以劳模的卓越贡献引领全社会,以劳模的高尚情操带动全社会。中国特色社会主义进入新时代,新时代是需要劳动模范并且能够产生劳动模范的时代,是呼唤劳模精神并大力弘扬劳模精神的时代。奋斗新时代、奋进新征程,必须崇敬劳动模范,弘扬劳模精神,积极培养和树立劳动最光荣、劳动最崇高、劳动最伟大、劳动最美丽的社会风尚,激励广大劳动群众以实干笃定前行、以平凡写就伟大、以奋斗开创未来,在全面建设社会主义现代化国家的伟大征程上展示新的拼搏姿态、创造新的发展奇迹、谱写新的奋斗史诗。

这是一个需要劳动模范的时代

劳动是人类社会进步的根本动力。人世间的美好梦想,只有通过诚实劳动才能实现;发展中的各种难题,只有通过诚实劳动才能破解;生命里的一切辉煌,只有通过诚实劳动才能铸就。习近平总书记强调,"各级党委和政府要高度重视技能人才工作,大力弘扬劳模精神、劳动精神、工匠精神,激励更多劳动者特别是青年一代走技能成才、技能报国之路,培养更多高技

能人才和大国工匠,为全面建设社会主义现代化国家提供有力人才保障。"

当前,全面建设社会主义现代化国家新征程已经开启,第二个百年奋斗目标的进军号角已经吹响,立足新发展阶段,完整、准确、全面贯彻新发展理念,服务和融入新发展格局,实现更高质量、更有效率、更加公平、更可持续、更为安全的发展,迫切需要一大批适应技术进步、生产方式变革和社会公共服务要求的工人阶级和广大劳动群众,需要他们胸怀"国之大局、国之大要、国之大事、国之大计",大力发扬为民服务孺子牛、创新发展拓荒牛、艰苦奋斗老黄牛的精神,在自己的行业领域执着专注、精益求精、一丝不苟、追求卓越,以自己的模范行为团结带领广大劳动群众,以担当的方式挑起时代重担,以奋斗的方式砥砺拼搏前行,努力在全面建设社会主义现代化国家新征程上创造新的时代辉煌、铸就新的历史伟业。

这是一个产生劳动模范的时代

劳动者素质对一个国家、一个民族的发展至关重要。劳动模范不仅是国家栋梁、民族先锋、社会楷模、行业翘楚,也是我们身边可爱可敬、可亲可感的榜样典型。习近平总书记强调,"劳动最光荣、劳动最崇高、劳动最伟大、劳动最美丽。全社会都应该尊敬劳动模范、弘扬劳模精神,让诚实劳动、勤勉工作蔚然成风。"

社会主义是干出来的,新时代是奋斗出来的。时代发展离不开劳动模范,礼赞劳动模范从来都是这个时代最动人的乐章。当前,我们正处在中华民族伟大复兴的美好时代,面对浩浩荡荡的时代潮流,每个人成长发展的条件从来没有这么优越,施展才华的舞台从来没有这么广阔,梦想成真的前景从来没有这么光明,只要立足平凡岗位,汲取新知识、钻研新技术、掌握新本领,辛勤劳动、诚实劳动、创造性劳动,干一行、爱一行、钻一行、专一行,把自己的成长发展融入国家发展全局之中,将"小我"的追求融入"大我"的梦想之中,与祖国同成长、与时代齐奋进,就一定能够在中华民族伟大复兴中国梦的伟大征程中谱写更加精彩的"劳模答卷"。

这是一个弘扬劳模精神的时代

劳动模范是最美的奋斗者,劳模精神是伟大时代精神的生动体现。习近平总书记指出,"在长期实践中,我们培育形成了爱岗敬业、争创一流、艰苦奋斗、勇于创新、淡泊名利、甘于奉献的劳模精神"。劳模精神作为劳动模范的思想内核、行动指南和精神灯塔,始终引领着一个时代最先进、最科学、最文明的思想道德和价值取向,成为推动时代前进的强大精神动力。伟大的事业需要伟大的精神力量。崇敬劳动模范,弘扬劳模精神,就要深刻把握劳模精神的价值意蕴与时代表达,积极开展向劳动模范学习的活动,采取"劳动模范现场讲、劳模后人追忆讲、专家学者深度讲、网络平台在线讲"等方式,着力讲好劳模故事、讲好劳动故事、讲好工匠故事,积极营造学习劳模、尊重劳模、崇尚劳模、争当劳模的良好风尚,让劳动光荣、创造伟大成为铿锵的时代强音,让崇尚奋斗、拼搏奉献成为全社会的自觉追求,激励广大劳动群众以坚定的信心和旺盛的热情投身到建设中国特色社会主义事业中去,在百舸争流、千帆竞发的时代洪流中谱写出铿锵有力的奋斗赞歌,作出无愧于党和人民、无愧于历史和时代的新业绩。

劳动创造价值,劳模引领风尚。马克思曾说:"历史承认那些为共同目标劳动因而自己变得高尚的人是伟大人物;经验赞美那些为大多数人带来幸福的人是最幸福的人。"崇敬劳动模范,弘扬劳模精神,重在提纯提炼这个时代最具影响力的精神产品,激活精神力量、释放精神效应、实现精神催化,以劳模的卓越贡献引领全社会,以劳模的高尚情操带动全社会,激励全国各族人民积极投身经济社会发展的火热实践,通过诚实劳动、勤勉工作创造更加幸福美好的生活,为全面建设社会主义现代化国家、实现中华民族伟大复兴的中国梦贡献智慧和力量。

——李明:《崇敬劳动模范 弘扬劳模精神》,《中国青年报》2021年9月24日。本书选用时有改动。

第二节　劳模精神的时代内涵

引导案例

习近平在全国劳动模范和先进工作者表彰大会上的讲话(节选)

同志们:

今天,我们隆重召开大会,表彰全国劳动模范和先进工作者,激励全党全国各族人民弘扬劳模精神,在决胜全面建成小康社会、决战脱贫攻坚取得决定性成就的基础上,乘风破浪,开拓进取,为全面建设社会主义现代化国家、实现第二个百年奋斗目标而继续奋斗。

首先,我代表党中央、国务院,向受到表彰的全国劳动模范和先进工作者,表示热烈的祝贺!向为改革开放和社会主义现代化建设作出突出贡献的我国工人阶级和广大劳动群众,致以诚挚的问候!

劳动模范是民族的精英、人民的楷模,是共和国的功臣。我国是人民当家作主的社会主义国家,党和国家始终坚持全心全意依靠工人阶级方针,始终高度重视工人阶级和广大劳动群众在党和国家事业发展中的重要地位,始终高度重视发挥劳动模范和先进工作者的重要作用。

1950年党和国家首次表彰劳动模范70年来,在党的领导下,我国工人阶级和广大劳动群众与祖国同成长、与时代齐奋进,奏响了"咱们工人有力量"的主旋律,各条战线英雄辈出、群星灿烂。特别是进入新时代以来,我国工人阶级和广大劳动群众在实现中国梦伟大进程中拼搏奋斗、争创一流、勇攀高峰,为决胜全面建成小康社会、决战脱贫攻坚发挥了主力军作用,用智慧和汗水营造了劳动光荣、知识崇高、人才宝贵、创造伟大的社会风尚,谱写了"中国梦·劳动美"的新篇章。

今年以来,面对突如其来的新冠肺炎疫情,我国工人阶级和广大劳动群众响应党中央号召,风雨同舟、众志成城,积极投身疫情防控的人民战争、总体战、阻击战,为全国抗疫斗争取得重大战略成果、统筹疫情防控和经济社会发展工作取得积极成效作出了突出贡献,充分展现了中国人民和中华民族的伟大力量。在这场抗击疫情的雄壮斗争中,产生出一大批劳动模范和先进工作者,他们同全国各族人民一道,铸就了生命至上、举国同心、舍生忘死、尊重科学、命运与共的伟大抗疫精神,不愧为新时代最美奋斗者!

案例思考

你如何理解新时代的劳模精神?

进入新时代,随着社会的发展和劳动实践环境的改变,劳模精神有了与时俱进的新的内涵。习近平总书记多次讲话肯定劳模和劳模精神的宝贵价值,并将劳模精神的内涵概括为"爱岗敬业、争创一流,艰苦奋斗、勇于创新,淡泊名利、甘于奉献"。新时代是承前启后、继往开来、在新的历史条件下继续夺取中国特色社会主义伟大胜利的时代。新时代的劳模精神是以爱国主义为核心的民族精神的生动体现,是以改革创新为核心的时代精神的体现,为实现中华民族伟大复兴提供强大的精神动力。爱岗敬业是本分,争创一流是追求,艰苦奋斗是作风,勇于创新是使命,淡泊名利是境界,甘于奉献是修为。做一个守本分、有追求、讲作风、担使命、有境界、有修为的人,是每一位劳模的精神风范,更是每一位劳动者应该追求的目标。

一、爱岗敬业、争创一流

"爱岗敬业、争创一流"是新时代劳模精神的本质特征,体现了劳动模范对国家、社会、职业的高度责任感和使命感。其中,爱岗敬业重在"爱"和"敬","爱"是对岗位和职业的热爱之情,"敬"是对岗位和职业的尊重之心;争创一流重在"争"和"一流",强调的是肯学肯干肯钻研,练就一身真本领,掌握一手好技术,力争作出一流贡献。前者是对劳动者的普遍性要求,后者是对劳动者的先进性要求。

爱岗敬业就是在热爱本职岗位的基础上,时刻以严肃认真的态度对待自己的本职工作。爱岗是敬业的前提,敬业是爱岗的进一步升华,是对职业责任与荣誉的进一步深刻理解和认识。一个不爱岗的人很难做到敬业,一个不敬业的人更不会真正地爱岗。每个从业的劳动者,要做到敬业,必须从爱岗做起。无论在哪个岗位,从事什么工作,都要像"螺丝钉"一样,牢牢地"拧"在那里,把守住那个岗位,做好那份工作。爱岗敬业就是要认真对待自己的工作岗位,对自己的岗位职责负责到底,无论遇到什么情况,都尊重自己的岗位职责,勤劳坚守自己的工作岗位。

争创一流是劳动者的价值追求,就是争取创造名列前茅的工作成绩或业绩,或者说争取成为最好的、第一等的。每个人的人生追求不同,自然其工作和生活态度也就不一样。一个志存高远的人,一定会将追求最优作为自己毕生的奋斗目标,从而努力增强争创一流的主动意识,并实际落实于工作生活的各方面和全过程。追求最优,就是与别人相比,勤奋多一点,责任强一点,敢于付出和奉献;追求最优,需要坚持,需要积淀,需要经过量变到质变;追求最优,需要充满激情,积极主动地工作、去学习、去生活;追求最优,需要好方法,包括做人的方法、思考的方法、工作的方法。争创一流不可能一蹴而就,往往是一个漫长的过程,需要始终保持积极思考的习惯,可以有明确的起点,但不应该有固定的终点,只有不断地去追求,坚持创造性思维,把追求最优作为对自己的一种要求,才能在工作生活中争创一流的业绩。广大劳动者只有做到爱岗敬业、争创一流,才能成长成才,才能在劳动中成就不一样的事业,锻造不一样的情怀,实现不一样的人生。

劳动视界

魏虎仙:让"劳模味"香飘万家

山西榆次,古称"魏榆",风景优美,美食驰名——榆次三件宝:元宵、灌肠、豆腐脑。大年初二一早,天色一片漆黑,四周静悄悄的,榆次一栋老楼二层的一盏灯亮了,一位八十多岁的老人起床稍作收拾就出了门,她弯着腰、双手扶着楼梯的扶手,一步步慢慢下了楼,走到不远处的食品制作间,开始了一天的工作。她就是"全国劳动模范""全国三八红旗手""优秀共产党员"魏虎仙,她出品的元宵货真价实、口感独特,被大家称为"劳模元宵"。作为元宵制作技艺省级非物质文化遗产传承人,她几十年如一日,在加强非遗保护、做大本土品牌的同时,传承发扬着劳模精神。

魏虎仙是山西沁县人,1938 年出生在新店一个农民家庭,14 岁丧父,1956 年嫁到榆次。在新中国妇女解放、男女平等观念的教育下,她突破妇女只能在家里传宗接代、相夫教子的传统观念,抱定"人活一辈子,就要充分发挥自己的价值,为社会、为国家作更多的贡献"的想法,1958 年参加了工作,1960 年进入榆次市国营饭店。售货员、开票员、服务员她都干过,只要有活儿,不管多脏多累,她都抢着做,大家的脏工服她也抢着洗。她的吃苦耐劳,得到了老师傅的认可。1961 年,她开始向曾在老字号南门洞"昌盛号"滚元宵的师傅韩克庄学习元宵制作工艺,由于勤奋好学、善于钻研,用了三年就掌握了元宵的配料、和馅、切块、滚制技术,自此走上了六十多年元宵技艺传承之路。

2002 年,64 岁的魏虎仙光荣退休,本该享清福了,谁料冷饮甜食商店遭遇城市改造拆迁撤销,职工下岗生活困难,许多人找她诉说难处,请求她带领大家做点事情,增加些收入。看着职工的困难,她心里很不是滋味,决定带领大家自主创业。

魏虎仙有技术,但需要解决资金、厂房、资质等种种问题,她没有因眼前的困难退缩,"活到老、干到老,为党分忧、为民解难,一切为了群众"是她的信念。下岗职工拿不出启动资金,她就四处借钱,又多方联系租借厂房、完善资质、注册商标,最终成立了魏虎仙食品有限公司,并把元宵命名为"魏虎仙"元宵。下岗职工们听说又有活儿干了,高兴得一夜没睡。2003年元宵节,"魏虎仙"元宵投放市场,在城区设立的十几个元宵摊点前都排起了长队,正月里一直忙碌的职工领到了比在岗时还多50%的收入,脸上重新漾起了笑容。此后,每年的元宵节、中秋节,魏虎仙都要带领下岗职工生产传统食品,既延续了当地百姓传统的"节日记忆",又改善了下岗职工的生活。

如今,85岁的魏虎仙依然忙碌在生产一线,她说:"只要身体允许,我就会一直干下去,我享受了劳模的荣誉,就有义务毕生为劳模的荣誉去奉献。"正是这样一种精神,才让几代榆次人对这位劳模念念不忘,才让榆次人难忘"劳模味""桂花香"。耄耋之年的魏虎仙,还有一个"梦",要把她的手艺传给后人,希望人们永远能吃到"魏虎仙"口味的元宵、月饼和龙嘴油茶。

——刘年,魏虎仙:《让"劳模味"香飘万家》,《思想政治工作研究》2023年第3期。本书选用时有改动。

二、艰苦奋斗、勇于创新

"艰苦奋斗、勇于创新"是劳模精神的核心要义,体现了劳动模范发奋图强、吃苦耐劳的优秀工作作风和解放思想、敢为人先的强烈开拓进取意识。

艰苦奋斗是中华民族的优良传统,是中国共产党人的政治本色。中华民族向来以吃苦耐劳和勤俭持家著称于世。艰苦奋斗是指在劳动实践中,拥有不畏艰难、锐意进取的钢铁意志,展现坚忍不拔、顽强拼搏的精神风貌,保持艰苦朴素、勤劳节俭的生产生活作风。艰苦奋斗,虽然在不同的历史时期有着不同的内涵,但艰苦奋斗作为一种积极的、健康的工作和生活态度,一种思想境界,一种崇高的美德,无论什么时候都被人们视为成就事业必不可少的精神力量。国家的发展需要无数中华儿女勠力同心、艰苦奋斗。然而,随着人民生活水平的极大提高,生活的相对富足,部分人产生了一些浮躁、焦虑的负面情绪。"躺平""摆烂""带薪摸鱼"等词汇开始在网络和现实中流行。但显然,幸福不会从天而降,坐享其成不会长久。习近平总书记指出,"一切伟大成就都是接续奋斗的结果,一切伟大事业都需要在继往开来中推进"①。新时代的大学生作为实现中国梦的主力军,更要在思想上克服消极情绪,在行动上奋勇争先,不断勇攀高峰,有所作为,将青春的汗水尽情挥洒在社会主义现代化建设新征程中。

勇于创新,就是在看待问题上不墨守成规,敢于打破固有思维束缚,积极探索劳动过程中的新规律和新方法,灵活地运用知识和经验,推动劳动技术和工艺的创新创造。创新是人类特有的认识能力和实践能力,是人类主观能动性的高级表现形式,是推动社会发展和民族进步的不竭动力。创新在推动国家建设和产业发展方面发挥着十分重要的作用。习近平总书记强调,"创新是民族进步的灵魂,是一个国家兴旺发达的不竭源泉,也是中华民族最深沉的民族禀赋"②。新时代的劳模,不仅仅是各行各业的佼佼者,更是勇于创新、善于创新、走在创新创业前沿的行业带头人。勇于创新就要敢于突破、敢于怀疑、敢于扬弃,敢想、敢说、敢做,有求异、求新、求特、求奇、求变的创新思维,从而激发兴趣和好奇心,保持思考和探究的热情。勇于创新需要善抓机遇,机遇从不光顾没有准备的头脑,机会是相对于充分准备而又善于创造机会的人而言的。此外,勇于创新还需要培养勇气。一个人想要成就一番事业,不但会遭受挫折,而且还会遇到各种困难和艰辛。要勇于面对自己,坦然面对困难,不恐,不惊,不慌,勇于献出一切,乃至于自己的生命。因此,面对困难,要勇于创新,敢于面对。

劳动视界

沈春雷:从泥瓦工到全国劳模 砌墙砌出大名堂

头戴红色安全帽,身着蓝色工作服,手握检测尺,腋下夹着图纸,快步穿梭在建筑施工工地⋯⋯虽已年近花甲,江苏广兴集团有限公司首席技师、

---

① 习近平.在国家勋章和国家荣誉称号颁授仪式上的讲话[J].求是,2020(19).
② 中共中央文献研究室.习近平关于青少年和共青团工作论述摘编[M].北京:中央文献出版社,2017:46.

总工程师沈春雷依旧在忙碌着。

普通农家出身的沈春雷扎根建筑行业一线 41 年,凭借"干一行钻一行"的精益求精,从一名泥瓦工成长为既有高超技能又懂建筑施工管理技术的复合建筑人才,被授予全国劳动模范、全国五一劳动奖章、"江苏大工匠"等荣誉称号,并当选党的二十大代表。

"力大养一人,志大养千人。"1980 年,沈春雷高中毕业时,父亲的这句话在他心里埋下了一粒不甘平凡的种子。

沈春雷的家乡在江苏镇江茅山革命老区,山多地薄,经济相对落后。他跟着篾匠师傅学习竹编,不到半年时间,已熟练制作篮子、背篓、簸箕等竹制农具,但他的梦想不止于此。

"改革开放之后,城市建设开始起步,到处都是火热的建设场景,建筑工人尤其紧缺。于是,我改行做了瓦工。"沈春雷说,第一次出门务工他便走进了上海外滩建筑工地。林立的高楼大厦让他震撼,横竖交错的建筑图纸让他痴迷。

"看着那些气势雄浑、轮廓优美的各式建筑,多么希望自己也能亲手建一座。"沈春雷回忆说。

"瓦工入门容易,想精通却很难,除了实践,最有用的路径就是啃书本,把理论和实践相结合。我整整学了 10 年。"沈春雷说,为了真正地掌握砌筑技术,他白天在工地上实践,晚上就在油毡工棚昏暗的灯光下学习。"那时候,最喜欢下雨天,不用出工,有大把时间看书,投入的时候甚至顾不上睡觉。"

身心俱疲的压力时常袭来,但初心的坚守和对事业的热爱支撑着沈春雷不断前行。2005 年,沈春雷取得镇江市砌筑工技能竞赛第一名,因业绩突出,又被授予"江苏省技术能手"等称号。之后,他代表江苏省参加全国建筑业技能竞赛砌筑工决赛,被授予"全国建设行业技术能手"等荣誉称号。

如今,不管再忙,沈春雷依然保持一个习惯,每天抽出一个小时到建筑施工现场进行技术指导,"从事建筑行业 40 多年,我一直努力做好'干、管、教、研'四件事,未来,将把工作重心放在传帮带和技术创新上,争取为国家输送更多人才"。

——沈春雷:《从泥瓦工到全国劳模 砌墙砌出大名堂》,《经济日报》2023 年 1 月 9 日。本书选用时有改动。

三、淡泊名利、甘于奉献

"淡泊名利、甘于奉献"是中华民族传统美德的重要组成部分,是劳模精神重要的精神特质,体现了劳动模范志存高远、无私奉献的高尚品格。其中,淡泊名利是做人做事不图回报的基本要求,甘于奉献是做人做事不计得失的高尚情怀。无论是在革命战争年代还是和平建设时期,"淡泊名利、甘于奉献"始终是一代代劳模们的本色和追求。他们不辞辛苦、甘愿付出,不求索取、不为名利,彰显了报效祖国、服务人民的崇高追求和高尚品质,是新时代劳动者应有的精神追求。

淡泊名利是中华民族的传统美德,是做人的崇高境界,体现的是为人的豁达态度。它主要表现为劳动模范对劳动与劳动成果之间的关系有着正确的认识与态度。劳动模范们面对物质待遇更多的是淡然,面对种种诱惑更多的是守住本心,无论身处什么样的行业或者岗位,能始终坚持以饱满的工作热情和踏实勤奋的工作态度,做好每一件事、每一项工作。他们以平静之心做人,以平稳之心处事,以平常之心对待名利。只有放眼高远、勇毅前行,才能创造无愧于时代的业绩,实现自身的进步与发展。

中华民族是一个具有奉献精神的伟大民族。甘于奉献是一种平凡的精神,更是一种高尚的情操。甘于奉献就要培育乐于付出的行为品质,在奉献中实现自我价值,在实现自我价值中作出奉献。甘于奉献就是要把本职工作干好,要一步一个脚印,步步经得起考验,扎扎实实做好自己所承担的工作;就是要甘于付出,凡事不能囿于以个人为圆心、以个人利益为半径的圆中而不能自拔;就是要对工作任务不能拈轻怕重,不管干过没干过、困难有多大,只要工作落到了自己的头上,都要把它看成锻炼的机会,勇于承担,努力完成。

诚然,今天我们讲淡泊名利、甘于奉献,并不是要求放弃一切荣誉和物质财富,而是强调在工作和生活中不急功近利、不沽名钓誉、不损人利己、不损公肥私,是要时刻牢记道德底线,恪守法律红线,做事要讲原则、做人要有底线。新时代的大学生是国家的希望、民族的未来,立足新时代,奋进新征程,不忘初心、牢记使命,传承弘扬劳模精神中的淡泊名利、甘于奉献,才能努力在全面建设社会主义现代化国家新征程上更好地绽放自己、超越自己。

劳动视界

"共和国勋章"获得者张富清："党需要我去哪里,我就去哪里"

湖北省来凤县一栋职工宿舍楼,位于二楼的一间房,小格子木窗,钢筋防盗网……一切都保留着20世纪80年代初建成时的样子。这便是"共和国勋章"获得者——张富清的家。

张富清出生于陕西汉中洋县马畅镇双庙村一个贫农家庭,1948年3月,张富清参加革命。从此,他找到了一生的奋斗方向。

第一次参加战斗时,张富清就请求作为突击队员去炸敌人的碉堡。炸毁碉堡后,张富清的右腋大片皮肤被烧伤,指导员要他退出战斗,等待治疗。他却忍着伤口撕裂的疼痛,继续战斗。经过这次战斗,张富清被师部授予"战斗英雄"的称号。后来,张富清对连队提出了唯一的要求——申请加入中国共产党。

1948年8月,张富清正式入党。没多久,永丰战役打响,张富清申请成为突击连里的突击队员。在一次战斗中,张富清的头皮被一颗子弹擦中,血流不止。他顾不得疼痛,接着往前冲……

"当一次突击队员还能理解,每次都当,你为什么就不怕?"面对别人的疑问,张富清回答说:"如果每个人都怕,都不愿意在困难面前冲锋,那我们就换不来全中国的解放。"

新中国成立之后,张富清转业时没有选择留在大城市,也没有回陕西老家。"当时国家号召我们去最艰苦、最缺干部的地方支援建设。"身在武昌学习的张富清,得知湖北恩施地区生活水平、地理环境、交通条件很差,就选择来了这里。"党需要我去哪里,我就去哪里。"离开前,张富清这样说。

到恩施后,张富清听说来凤县是这里最偏远、最困难、最缺干部的地方,他又再次提出要到来凤县工作。刚到县里时,各项条件很差,连床都是用木板和木凳搭起来的。张富清没有一丝抱怨。

越是艰苦,张富清的工作热情越高。后来,当组织决定派张富清去三胡区工作时,他一接到通知,毫不犹豫地扛着行李就去上任了。刚到三胡区时,这里的村民一年四季只能喝稀饭,张富清就带领大家修水渠、建水坝,慢慢改善了区里的农业设施,老百姓的生活也改善了许多。

当时,区里最穷的卯洞公社一直没有通公路,住在高山上的村民去最近的集市得走 15 公里路,稍有不慎就会跌下悬崖,张富清了解情况后很揪心。

于是,当县里提出社社通公路的目标时,张富清决定带着工程技术人员在这里修出一条公路来。修路时,他总是主动将最难的活儿揽在自己身上。需要在悬崖上打炮眼,他就带头绑着绳子在崖壁上抡着大锤敲打;需要放炸药,他又主动上前去放。在他的带领下,经过 120 天,一条 7.5 公里长的公路终于修通了。

如今,张富清很少提及自己的事迹:"我的好多战友都为国家牺牲了,而我还活着。我活着一天就要奉献一天,用我的奉献去告慰牺牲的战友……"

——吴君:《"共和国勋章"获得者张富清:"党需要我去哪里,我就去哪里"》,《人民日报》2022 年 5 月 5 日。本书选用时有改动。

概而言之,"爱岗敬业、争创一流,艰苦奋斗、勇于创新、淡泊名利、甘于奉献"的劳模精神是一个有机整体,集中彰显了刻苦勤勉、兢兢业业、敦本务实、埋头苦干的实干精神,持之以恒、孜孜不倦、锲而不舍、牢记使命的坚守精神,淡泊名利、甘于奉献、不图回报、不计得失的无私精神,是中华优秀传统文化、革命文化和社会主义先进文化以及社会主义核心价值观的集中体现。中华民族是勤于劳动、善于创造的民族。正是因为劳动创造,我们拥有了历史的辉煌;也是因为劳动创造,我们拥有了今天的成就。习近平总书记指出:"立足新发展阶段,贯彻新发展理念,构建新发展格局,推动高质量发展,在危机中育先机、于变局中开新局,必须紧紧依靠工人阶级和广大劳动群众。"劳动模范是民族的精英、人民的楷模,是共和国的功臣。在新的起点上,我们要继续大力弘扬"爱岗敬业、争创一流,艰苦奋斗、勇于创新、淡泊名利、甘于奉献"的劳模精神,用劳动模范和先进工作者的崇高精神和高尚品格鞭策自己,辛勤劳动、诚实劳动、创造性劳动,努力在全面建设社会主义现代化国家新征程上创造新的时代辉煌,铸就新的历史伟业。一代人有一代人的使命。不同时代的劳模,给了今天的我们深刻的启迪。劳动的内涵在更新,劳模的标准在"进阶",但"爱岗敬业、争创一流,艰苦奋斗、勇于创新,淡泊名利、甘于奉献"的劳模精神始终不变。

第三节　劳模精神的培育践行

引导案例

弘扬和传承劳模精神,培养担当民族大任的时代新人

伟大时代需要伟大奋斗者,伟大事业需要伟大精神。习近平总书记在党的二十大报告中指出:全面建设社会主义现代化国家,必须"弘扬以伟大建党精神为源头的中国共产党人精神谱系,用好红色资源,深入开展社会主义核心价值观宣传教育,深化爱国主义、集体主义、社会主义教育,着力培养担当民族复兴大任的时代新人。"要"发挥党和国家功勋荣誉表彰的精神引领、典型示范作用,推动全社会见贤思齐、崇尚英雄、争做先锋。"劳模精神是中国共产党人精神谱系的重要组成部分,是以爱国主义为核心的民族精神和以改革创新为核心的时代精神的生动体现,是鼓舞全党全国各族人民风雨无阻、勇敢前进的强大精神动力。在全面建设社会主义现代化的新征程上,我们必须弘扬和传承劳模精神,努力建设高素质劳动大军,培养担当民族复兴大任的时代新人。

第一,弘扬和传承劳模精神是培养担当民族复兴大任时代新人的必然要求。人无精神则不立,国无精神则不强。一个民族的文明进步,一个国家的发展壮大,需要一代又一代人的精神接力和传承。劳模精神是中国共产党人精神谱系的重要组成部分,弘扬和传承劳模精神是培养担当民族复兴大任时代新人的现实需要。习近平总书记2020年11月在全国劳动模范和先进工作者表彰大会上的讲话指出:"劳动模范是民族的精英、人民的楷模,是共和国的功臣。"新中国成立以来,在中国共产党的全面领导下,工人阶级和广大劳动群众与祖国同成长、与时代齐奋进,各条战线英雄辈出、群星灿烂,诞生了代表千千万万各行各业劳动群众的劳动模范。他们用智慧和汗水营造了劳动光荣、知识崇高、

人才宝贵、创造伟大的社会风尚,在平凡的岗位上创造了不平凡的业绩,以实际行动诠释了中国人民具有的伟大创造精神、伟大奋斗精神、伟大团结精神、伟大梦想精神,谱写了"中国梦·劳动美"的新篇章。劳动是一切幸福的源泉,社会主义是干出来的,新时代是奋斗出来的,劳模是新时代最美的奋斗者。在全面建设社会主义现代化的新征程上,立足新发展阶段,贯彻新发展理念,构建新发展格局,推动高质量发展,必须紧紧依靠工人阶级和广大劳动群众,必须在全社会弘扬劳动精神、奋斗精神、奉献精神、创造精神、勤俭节约精神,充分发挥劳动模范的精神引领、典型示范作用,推动全社会形成见贤思齐、崇尚英雄、争做先锋的新风尚。

第二,弘扬和传承劳模精神是建设高素质劳动大军的内在需要。劳动者素质对一个国家、一个民族发展至关重要,当今世界综合国力的竞争归根到底是人才的竞争、劳动者素质的竞争,全面建设社会主义现代化国家必须培养和建设一支高素质劳动大军,培养担当民族复兴大任的时代新人。精神素质是人的素质的内核和灵魂,社会主义社会高素质的劳动者必须加强政治理论学习,加强党史、新中国史、改革开放史、社会主义发展史学习,自觉做中国特色社会主义的坚定信仰者、忠实实践者;要发扬优良传统,承担历史使命,把党和国家确定的奋斗目标作为自己的人生目标,以民族复兴为己任,自觉把人生理想、家庭幸福融入国家富强、民族复兴的伟业之中,自觉弘扬和传承"爱岗敬业、争创一流、艰苦奋斗、勇于创新、淡泊名利、甘于奉献"的劳模精神;要树立终身学习的理念,养成善于学习、勤于思考的习惯,实现学以养德、学以增智、学以致用;要适应新科技革命和产业变革的需要,密切关注行业、产业前沿知识和技术进展,勤学苦练、深入钻研,不断提高技术技能水平;要增强创新意识、培养创新思维,展示锐意创新的勇气、敢为人先的锐气、蓬勃向上的朝气。我们要完善现代职业教育制度,创新各层次各类型职业教育模式,为劳动者成长创造良好条件;要完善和落实技术工人培养、使用、评价、考核机制,提高技能人才待遇水平,畅通技能人才职业发展通道,完善技能人才激励政策,激励更多劳动者特别是青年人走技能成才、技能报国之路,培养更多高技能人才和大国工匠;要推进产业工人队伍建设改革,努力造就一支有理想守信念、懂技术会创新、敢担当讲奉献的劳动大军,培养担当民族复兴大任时代新人,为全面建设社会主义现代化提供坚实的人才支撑。

第三,弘扬和传承劳模精神必须讲好劳模故事。人民是历史的创造者,人民是真正的英雄。全面建设社会主义现代化国家必须坚持中国特色社会主义文化发展道路,发展面向现代化、面向世界、面向未来的,民族的科学的大众的社会主义文化,建设社会主义文化强国,激发全民族文化创新创造活力,增强实现中华民族伟大复兴的精神力量。要讲好中国特色社会主义的故事,讲好中国梦的故事,讲好中国人的故事,讲好中华优秀传统文化的故事,讲好中国和平发展的故事。弘扬和传承劳模精神,讲好劳模故事是践行社会主义核心价值观,提高全社会文明程度的必然要求。劳动模范是民族的精英、人民的楷模,时代的标杆和旗帜。一位劳模就是一面旗帜,一位劳模就是一个标杆,一位劳模就是一个榜样。我们始终坚持全心全意依靠工人阶级方针,始终高度重视工人阶级和广大劳动群众在党和国家事业发展中的重要地位,始终高度重视发挥劳动模范和先进工作者的重要作用,尊重劳模、关爱劳模,贯彻好尊重劳动、尊重知识、尊重人才、尊重创造方针,完善劳模政策,提升劳模地位,落实劳模待遇,推动更多劳动模范竞相涌现;要崇尚劳动、见贤思齐,加大对劳动模范和先进工作者的宣传力度,讲好劳模故事、讲好劳动故事、讲好工匠故事,弘扬劳动最光荣、劳动最崇高、劳动最伟大、劳动最美丽的社会新风尚,教育引导青少年树立以辛勤劳动为荣、以好逸恶劳为耻的劳动观,培养一代又一代热爱劳动、勤于劳动、善于劳动的高素质劳动者,为全面建设社会主义现代化国家、实现第二个百年奋斗目标提供坚实的依靠力量。

——任仕暄,黄静:《弘扬和传承劳模精神,培养担当民族大任的时代新人》,"学习强国"学习平台2023年9月1日。

案例思考

你认为应如何传承与弘扬新时代的劳模精神?

劳模精神是激励一代又一代劳动者投身于革命、建设和改革的伟大实践、实现中华民族伟大复兴中国梦的强大精神力量。弘扬、培育和践行新时代劳模精神是当前高校劳动教育的重要内容和精神动力。习近平总书记在全国劳动模范和先进工作者表彰大会上明确指出:"全社会要崇尚劳动、见贤思齐,加大对劳动模范和先进工作者的宣传力度,讲好劳模故事、讲好劳动故事、讲好工匠故事,弘扬劳动最光荣、劳动最崇高、劳动最伟大、劳动最美丽的社会风尚。要开展以劳动创造幸福为主题的宣传教育,把劳动教育纳入人才培养全过程,贯通大中小学各学段和家庭、学校、社会各方面,教育引导青少年树立以辛勤劳动为荣、以好逸恶劳为耻的劳动观,培养一代又一代热爱劳动、勤于劳动、善于劳动的高素质劳动者。"①这是以习近平同志为核心的党中央对新时代弘扬劳模精神、加强劳动教育提出的新的定位和要求,为高校培育和践行劳模精神指明了方向,提供了遵循。

一、提升劳动认知教育,发挥榜样示范作用

青年的价值取向,既关系着自己的健康成长成才,又决定着未来整个社会的价值取向。大学阶段是青年成长非常重要的阶段,也是其世界观、人生观和价值观形成及确立的重要阶段。劳模精神是我国工人阶级先进性的生动体现,是中国精神和社会主义核心价值观的劳动文化形态,是引领社会前进的强大精神力量。在人生"拔节孕穗"期,引导大学生"扣好大学第一粒扣子",高校需要充分发挥劳模精神的价值引领和榜样示范作用,广泛借助校内外资源,以身边的优秀劳动者为榜样,开设结合学校自身发展特点的劳动教育课程,强化大学生劳动教育理论知识,提升专业技术水平,培养良好的劳动习惯,在具体的实践过程中不断锻炼和成长。

劳模精神的培育与践行,高校要充分发挥培育与引领作用,让大学生深刻认识到劳模精神在自身价值观塑造过程中的重要作用,自觉主动接受劳模精神的文化熏陶,提升自身的劳动认知水平和劳动素养。劳模精神是社会主义核心价值观在工作和职业发展中的具体化、直观化、人格化和实践化体现,是社会主义核心价值观的生动彰显,也是高校培育和践行社会主义核心价值观的有效途径。为此,高校要将劳模精神的培育与践行和社会主义

---

① 习近平.在全国劳动模范和先进工作者表彰大会上的讲话[N].人民日报,2020-11-25(2).

核心价值观的培育与践行合二为一,引导大学生明确人生方向,坚定理想信念,不断促进自身发展。

劳模精神的培育与践行,还要找好参照坐标,明确努力方向。劳动模范具有极强的示范作用。学习劳模,就是要学习他们身上闪耀的信仰光彩。盘点这些劳模,他们身上有一个共同点,那就是穿越眼前的迷雾,相信并为"美好的未来"而奋斗。倡导大学生向劳模学习,充分发挥劳动模范的榜样示范引领作用,是高校在开展大学生劳动教育的重点。一方面,高校要组织好相关部门,搭建好宣传平台,强化宣传力度、创新宣传手段、拓展宣传渠道、丰富宣传载体,向大学生讲好劳模故事,推动劳模精神进校园、进课堂、进网络,进入大学生日常的学习生活中。另一方面,作为青年学生,需要进一步转变思维方式,消除"应试""敷衍"的错误心态,不断加强理论学习,珍惜与劳动模范面对面交流、接触的机会;投身劳动实践,增强劳动技能本能,辛勤劳动、诚实劳动、创造性劳动,把自己的成长发展融入国家发展全局之中,将"小我"的追求融入"大我"的梦想之中,与祖国同成长、与时代齐奋进,在中华民族伟大复兴中国梦的伟大征程中谱写更加精彩的答卷。

二、增强劳动实践能力,感受劳动创造魅力

纸上得来终觉浅,绝知此事要躬行。社会实践是大学生拓展知识、提升技能的第二课堂,也是高校对大学生进行思想政治教育的重要途径,是促使大学生将劳模精神的理论认同转化为现实行动的关键环节。学习劳动模范,培育劳模精神,最终要落在日常的生产劳动和生活劳动之中,在具体的劳动实践过程中加强劳动价值认同,形成良好的劳动品德。

劳动精神的培育与践行,高校要在人才培养的过程中,增强大学生的劳动实践能力,让他们在劳动中深刻感悟劳动创造的魅力。高校劳动教育的过程不是简单的劳动知识的讲授,而是不断丰富劳动理论知识,加强劳动品德修养,不断提高劳动实践能力。一方面,高校要将劳模精神融入劳动教育理论知识中,让大学生从理论认知层面感受劳模精神的时代内涵。另一方面,要让大学生在实践中接受劳模精神的滋养,明确时代使命和自身肩负的责任,将自己的职业理想和祖国的未来发展结合起来,将自己的人生同民族、国家的命运紧密联系起来,立足岗位、不断学习、努力奋斗,以"小角色"成就"大事业"。

奋斗是青春的底色,行动是青年的磨砺。青年学生作为社会主义现代化建设的后备军和生力军,更应该牢记中华民族伟大复兴的使命任务,崇德立志、博学笃行,不断在实践中锻炼自己,提升自己,使自己逐渐成长为一名合格的社会主义劳动者。在具体的劳动实践中感受和学习劳动模范的责任意识、担当意识、创新意识、奉献精神、爱国精神、拼搏精神,将青春的汗水挥洒在实现中华民族伟大复兴的征程上,真正做到请祖国放心,请党放心,强国有我!

三、培养劳动创新意识,争做新时代劳动者

纵观人类发展历史,创新始终是一个国家、一个民族发展的重要力量,也始终是推动人类社会进步的重要力量。不创新不行,创新慢了也不行。劳动贵在创造,没有创新和创造的劳动是不符合人类历史向前发展的趋势的。劳动本身就是一种极具创造性的活动,劳动实践的过程也是人发挥主观能动性的过程。从实践到认识,再到实践的循环往复过程,就是人不断增强创新能力、提升劳动水平、增强劳动技能的过程。"勇于创新"是新时代劳模精神的核心要义,同时也是个人职业发展的生命力所在。

劳模精神的培育与践行,需要高校在对大学生进行劳动教育的过程中,注重培养学生的劳动创新意识,不断提高大学生进行创新创造的劳动能力和劳动本领。一方面,大学生作为创新创业的实践者,要充分发挥主观能动性,通过积极主动参加创新创业课程,加强理论学习,培养创新意识;另一方面,高校要为大学生搭建创新创业平台,让大学生勇于探索、积极参与,拓展创新思维,在专业实践中提升专业水平,在合作交流中发现自身短板,在不断尝试创新中探索成功。社会主义是干出来的,新时代是奋斗出来的。新时代劳模精神培育与践行,就是要让勇于创新在新时代焕发活力,激励大学生争做新时代劳动者,用劳动与奋斗为中华民族伟大复兴贡献力量。

劳动视界

钳工出身的3D"智造"大师

一台3D打印设备前,模具钳工工种技能大师覃懋华分外专注。他在计算机上噼里啪啦敲下几串参数,机器便开始运作。覃懋华闲不下来,时不

时检查一下打印台上的细砂或机器的端口……一旦投入工作，他经常顾不上看手机。这是7月7日，广西玉柴机器股份有限公司快速制造基地里的一幕。这也是人们最为熟悉的场景——车间内各式各样的机器发出轰鸣，工人们忙碌地穿梭其中。

20多年前，覃懋华刚开始工作时，手里握的是锉刀、錾子、榔头。他没想到，自己有一天会成为一名和现代化技术打交道的"智造"大师。"最开始只想着把本职工作做好，时间久了，就希望能为这一行业作出更多贡献。"覃懋华对记者说。"广西劳动模范""2020年全国先进工作者""全国劳动模范"……如今，覃懋华致力于3D快速制造领域，不断攻克各项技术难关。在工业转型的时代浪潮中，覃懋华的故事也是当代工人寻求创新发展的缩影。

覃懋华毕业于广西柳州高级技工学校模具钳工专业。上学时，他是班上最刻苦认真的学生之一，技能突出。1999年，他被分配到玉柴，成为一名模具钳工。虽然掌握了基础知识，但他的实践经验不足，上岗后连装配和零件图纸都看得比较吃力。"当时，基础加工都需要画线、看图纸。"覃懋华解释说。每个厂里的产品不同，专业性较强，他只能从头开始熟悉工作内容。

因为表现出色，覃懋华成为公司的重点培养对象，师从模具钳工首席技能大师陈金源。彼时，陈金源已经工作30余年，从做学徒开始自学了数学、物理等课程，不断结合操作实践，逐渐成为行业内的"模具大王"。师傅不断超越自我的奋斗精神，深深鼓舞着覃懋华。陈金源曾对怀疑自我的覃懋华说："师傅当年文化程度低。像你这样受过职业教育的，起点高，一定能够学会的。"

听完这番话，覃懋华干劲来了，每天跟在师傅身后观察，把重点操作步骤比如测量、钻孔都记下来，晚上回家继续琢磨，逐渐学会了独家绝活"三精一法"：具有国际标准的精密测量、精密测试、精确钻孔，对每一种零件都有一套理想的加工方法。平时，陈金源对待工作严谨认真，每当零件有瑕疵，都会要求覃懋华重新完成。"他一般不会批评我们，都是引导为主。"覃懋华说。在师傅的带领下，他逐渐养成了精益求精的好习惯。

除了日常工作的积累，参加职业技能大赛也是精进技艺的主要方式。

每次参加比赛前，覃懋华都要做足功课。"比赛时要将理论与实践相结合，所以除了学习书本知识，还要不断训练。"几个月的时间里，他不停地看书和练习，直到把题目背得滚瓜烂熟；遇到难题，就与其他工友一起讨论；有时直到比赛结束，他还会在脑子里不停地思考钻研，试图想出来更好的解决办法……

2013年，玉柴创建了"覃懋华劳模创新工作室"，3D快速制造团队经常在这里开会。"以前做事都是单打独斗，现在有什么问题，大家一起讨论和分析，集思广益，听到别人的分享经常能受到启发。"近年来，行业发展迅速，技术更迭加快。覃懋华感慨道："刚开始厂里只有一台设备，能做很多工作。现在激光成型技术几乎要被淘汰了，我们要拿出成本更低的工艺。"他有压力，也充满动力。"如果不走出去学习，消息就是闭塞的。所以我们经常到北京和上海参加展会，了解行业中最先进的技术。"在覃懋华和同事的共同努力下，工作室在新产品开发等专业领域取得技术攻关成果160多项。

2020年11月，覃懋华荣获"全国劳动模范"荣誉称号，来到北京参加全国劳动模范和先进工作者表彰大会。他见到了来自全国各行各业的劳动模范和先进工作者，为他们的事迹所感动。"技术工人越来越受到重视，受到社会的尊重，我很自豪。"对覃懋华来说，获得荣誉是对个人价值的肯定，也激励他在未来持续探索创新。

如今，覃懋华已经带徒弟多年。正如当年师傅带他一样，他坚持言传身教，不断鼓励年轻人做得更好。"我们这代工人当年肯吃苦，如今我的徒弟中也有踏实肯干的。"覃懋华说。未来，年轻一代的工人们将会延续"覃懋华们"的奋斗方向，把3D领域做得更大更强。

——王喆宁：《大国工匠、全国劳模覃懋华：钳工出身的3D"智造"大师》，《环球人物》2022年7月20日。本书选用时有改动。

思维训练

1. 说一说你心中的劳动模范形象。

2. 如果让你评选劳动模范，你心中的标准是什么？

3. 你对未来的职业发展有什么样的期许？说一说你认为该行业需要的

基本素养和能力。

劳动实践

结合本章内容，组织开展劳动模范进校园、进课堂活动。

第四章　工　匠　精　神

干一行、爱一行,专一行、精一行。在长期实践中,我们培育形成了"执着专注、精益求精、一丝不苟、追求卓越"的工匠精神。工匠精神是劳模精神、劳动精神的重要载体,是社会主义核心价值观的重要体现,是各行各业的工作人员应该具备的精神素养。2023年10月,习近平总书记在江西景德镇市考察调研时指出,要大力弘扬劳模精神、劳动精神、工匠精神,发挥好劳模工匠示范引领作用,激励广大职工在辛勤劳动、诚实劳动、创造性劳动中成就梦想。新时代,迈向新征程,扬帆再出发,急需一大批具有工匠精神的劳动者,亟待让工匠精神在全社会更加深入人心。高校作为培养大国工匠的摇篮,要责无旁贷地引导大学生大力弘扬和践行工匠精神,培养更多的高素质的技术技能人才、能工巧匠、大国工匠,为全面建设社会主义现代化强国提供有力人才保障。

第一节　工匠精神的生成逻辑

引导案例

故凡土地之间者,胜任裁之,并为民利。是鱼鳖归其泉,鸟归其林,孤寡辛苦,咸赖其生,以遂其材。工匠以为其器,百物以平其利,商贾以通其货。工不失其务,农不失其时,是谓和德。土多民少,非其土也。土少人多,非其人也。是故土多发政,以漕四方,四方流之。土少安帑,而外其务方输。

——节选自《逸周书·文传解第二十五》

人积耨耕而为农夫,积斫削而为工匠,积反货而为商贾,积礼义而为君子。工匠之子莫不继事,而都国之民安习其服。居楚而楚,居越而越,居夏而夏,是非天性也,积靡使然也。

——节选自《荀子·儒效》

案例思考

> 1. 你是如何理解"工匠"一词的？
>
> 2. 你如何看待古代的"工匠"与现在的"工匠"？

　　工匠的出现几乎与人类的历史一样久远。对于"工匠"和"工匠精神"的溯源与解读,中国有着悠久的历史。一提起工匠,我们马上会想到建筑大师有巢氏、木匠鼻祖鲁班、桥梁大师李春、水利专家李冰、一代名厨伊尹、屠宰高手庖丁等工匠大师。他们不仅是我国古代劳动人民的杰出代表,更是古代工匠精神的创造者和传承者。

一、工匠的起源

　　"匠"字最早见于战国,本义是木工工具。所以,"匠"的本义是木匠,后来引申为具有专门手工技艺的人的代称。也就是说,只要是具有一技之长的手工艺人都能称之为"匠",如木匠、铁匠、铜匠等。到了元代,在户籍登记时更专门划分出"匠户"这一类别,匠户成为官府户籍统计中的一类。

　　《辞海》中对"工匠"一词也做了解释,主要是指手艺工人。"工匠"一词出现于春秋战国时期。《逸周书·文传解》中记载:"山以遂其材,工匠以为其器,百物以平其利,商贾以通其货,工不失其务,农不失其时,是谓和德。"[①]《管子校注(中)》也曾记载:"主好宫室,则工匠巧。"[②]《荀子·儒效》曾称:"人积耨耕而为农夫,积斫削而为工匠,积反货而为商贾,积礼义而为君子。"[③]在《周礼·考工记》中,把当时的社会成员划分为"王公、大夫、百工、农夫、妇功、商旅"六大类,对百工的职责做了明确界定:"审曲面势,以饬五材,以辨民器,谓之百工",也就是说工匠的职责是需要充分了解自然物材的形状和性能,对原材料进行辨别挑选,加工成各种器具供人所用,这种职业特性从本质上把工匠和那些"坐而论道"的王公区别开来,工匠成为当时除巫职之

---

① 黄怀信,张懋镕,田旭东.逸周书汇校集注[M].上海:上海古籍出版社,1995:256.
② 黎翔凤.管子校注(中)[M].北京:中华书局,2004:989.
③ 王先谦.荀子集解[M].北京:中华书局,1988:144.

外的一个重要的专业阶层。随着历史的发展,"工匠"的内涵也越来越丰富。到了汉代,"工匠"一词的含义有了新的变化。在东汉的《说文解字》中,"工"的意思是"巧饰也,象人有规矩",段玉裁解释为"凡善其事曰工"。[①] 而"匠"则是"木工也",《说文解字》解释为"工者,巧饰也。百工皆称工、称匠。独举木工者,其字从斤也。以木工之称引申为凡工之称也"。[②] 由此可见,此时工匠的含义已经扩大到整个手工业从事群体了。

纵观中华民族五千年历史进程,正是一代又一代工匠孜孜不倦地追求"技道合一",把对技艺的追求、对作品的虔敬、对人情的体察、对自然的敬畏,以匠心之巧思,倾注于制作过程,才创造出了绚烂辉煌的中国文明。

劳动视界

《周礼·冬官考工记》(节选)

国有六职,百工与居一焉。或坐而论道,或作而行之,或审曲面执,以饬五材,以辨民器,或通四方之珍异以资之,或饬力以长地财,或治丝麻以成之。坐而论道,谓之王公;作而行之,谓之士大夫;审曲面执,以饬五材,以辨民器,谓之百工;通四方之珍异以资之,谓之商旅;饬力以长地财,谓之农夫;治丝麻以成之,谓之妇功。

粤无镈,燕无函,秦无庐,胡无弓车。粤之无镈也,非无庐也,夫人而能为庐也;燕之无函也,非无函也,夫人而能为函也;秦之无庐也,非无庐也,夫人而能为庐也;胡之无弓车也,非无弓车也,夫人而能为弓车也。

知者创物,巧者述之,守之世,谓之工。百工之事,皆圣人之作也。烁金以为刃,凝土以为器,作车以行陆,作舟行水,此皆圣人之所作也。天有时,地有气,材有美,工有巧,合此四者,然后可以为良。材美工巧,然而不良,则不时,不得地气也。

橘逾淮而北为枳,鸲鹆不逾济,貉逾汶则死,此地气然也;郑之刀,宋之斤,鲁之削,吴粤之剑,迁乎其地而弗能为良,地气然也。燕之角,荆之干,妢胡之笴,吴粤之金锡,此材之美者也。天有时以生,有时以杀;草木有时

---

① 许慎.说文解字注[M].上海:上海古籍出版社,1981:201.
② 许慎.说文解字注[M].上海:上海古籍出版社,1981:635.

以生,有时以死,石有时以泐,水有时以凝,有时以泽,此天时也。凡攻木之工七,攻金之工六,攻皮之工五,设色之工五,刮摩之工五,抟埴之工二。攻木之工:轮、舆、弓、庐、匠、车、梓;攻金之工:筑、冶、凫、段、桃;攻皮之工:函、鲍、韗、韦、裘;设色之工:画、缋、锺、筐、幌;刮摩之工:玉、楖、雕、矢、磬;抟埴之工:陶、瓬。有虞氏上陶,夏后氏上匠,殷人上梓,周人上舆。故一器而工聚焉者,车为多。车有六等之数:车轸四尺,谓之一等;戈柲六尺有六寸,即建而迤,崇于轸四尺,谓之二等;人长八尺,崇于戈四尺,谓之三等;殳长寻有四尺,崇于人四尺,谓之四等;车戟常,崇于殳四尺,谓之五等;酋矛常有四尺,崇於戟四尺,谓之六等。车谓之六等之数;凡察车之道,必自载于地者始也,是故察车自轮始。凡察车之道,欲其朴属而微至,不朴属。无以为完久也,不微至。无以为戚速也。轮已崇,则人不能登也,轮已庳,则於马终古登阤也。故兵车之轮六尺有六寸,田车之轮六尺有三寸,乘车之轮六尺有六寸,六尺有六寸之轮,轵崇三尺有三寸也,加轸与焉,四尺也。人长八尺,登下以为节。

——节选自《周礼·冬官考工记》

二、工匠精神的形成

工匠精神源于"工匠"这一特定职业。《周礼·冬官考工记》对于"工匠"职责有明确的界定:"知者创物,巧者述之,守之世,谓之工。""工匠"的职责是造物,精湛的技艺是工匠的立足之本。庖丁解牛、鬼斧神工、炉火纯青等成语,都是对工匠技艺的形象表达。那么,到底什么是工匠精神?它是人们在长期的物质生产过程中形成的一种职业素养和职业品质,是工匠们所具备的心无旁骛、臻于化境的精神追求,是中华民族五千多年历史文化在生产生活中的积淀。中国工匠精神源远流长。《诗经》有云:"有匪君子,如切如磋。"就是对传统"工匠精神"的形象表达,书中把古代工匠在加工玉石、象牙、骨器时的那份认真、细致、执着、专注、求精的态度和过程引喻为君子的自我修养。

春秋战国时期,对工匠进行管理的相应制度开始出现。秦统一六国后,"物勒工名"制度就以法定的形式固定下来。《吕氏春秋》曾记载:"物勒工名,以考其诚;工有不当,必行其罪,以穷其情。"①这就要求每一位工匠在制造器物时一定要把自己的相关信息刻在器物上,以便当器物出现质量问题时,可以快速有效地追究责任到人。"物勒工名"是我国最早的问责制,它不仅是产品质量的重要保障,也是传统工匠精神传承的重要保证。

隋唐时期,以工部制度为前提,以劳动人民的创造为依托,已然产生了与时代相适应的中华工匠精神。唐三彩、唐金银器、唐刀、唐镜等折射出唐代工匠精神的神采与光芒;史料上记载的东南亚市场上的"唐货"是唐代与海外工匠进行文化交流的历史见证;唐代的工匠已经开始用诗文、书法装饰器物,进而形成了工匠派绘画新风格;"端午节制镜""上梁祭祀鲁班"等反映出唐代工匠的文化习俗与日常精神。显然,唐代工匠的创新精神品格使得工匠文化走向历史新高,标定唐代工匠精神的新方向。在国家统一和文化大融合中,唐代工匠在诸多领域展现了超越、尚大、创新、开放等精神,彰显出唐代国家制度对工匠精神品格的涵养与推动。

宋朝时期,活字印刷、航海罗盘、火药等得到发明和应用,涌现出成千上万的中华名匠,共同锤炼出独特的宋代工匠精神品格。宋代工匠在精雕细琢、极简主义和职业敬畏等方面表现出工匠精神品格的新气象。宋代工匠精神已然朝向理性精神和美学精神迈进。

明清时期,顾炎武、王夫之、魏源等一大批思想家大力提倡致用实学、崇尚求真的科学精神,诞生了玉工陆子冈、雕工鲍天成、针神沈寿、巧匠徐寿等一大批具有人文精神追求的出色工匠,他们秉持家国情怀,在创新实践中不断追求人文精神与科学精神,共同铸就了中华工匠的科学精神品格。中华民族古老优秀的传统文化,以及一代又一代工匠们的技艺传承,赋予了工匠精神更多的内涵。

当前,我国正处在由制造大国向制造强国迈进的新的历史发展阶段。作为世界第二大经济体、第一制造业大国,我们大而不强,在国际上真正具有影响力的中国品牌还为数不多。若要改变这种现状,我国必须要加快制造业的升级改造,提高制造业的创造水平和创新能力,实现技术突破和产品品质提升。而助推创新发展和实现技术突破,就需要工匠精神以及拥有工匠精神的高素质高技能人才。从古至今,伴随中华文明一路走来的工匠精

---

①　陆玖.吕氏春秋(上)[M].北京:中华书局,2011:280.

神有了新的内涵,有执着专注的敬业态度,有精益求精的细节追求,有一丝不苟的德性品格,有追求卓越的创新意识,工匠精神在不断升华,成为推动中国制造"品质革命"的精神动力和力量源泉,"匠人典范"正在成为新时代的风尚。

概而言之,工匠精神是一种伦理德性精神。就德性论层面而言,人的一切行为发自内在品格。对完美的追求、精益求精以及持之以恒的探索创新,是内在德性的展现。从道德的观点看,每个人都应当追求德性,过一种有德性的生活。德性论认为,在现实生活中,我们可以找到德性行为者作为我们行为的典范。那么,什么样的人可以充当这样一种典范?在古希腊,苏格拉底的回答是,工匠,并且只有像铁匠、铜匠甚至修鞋匠那样具有手工艺的人才真正具有德性。道技合一是德性品格的见证。在苏格拉底看来,工艺制作是指向善的活动,一个人熟练地掌握了他所从事的技艺,也就能够把这类事情做好,从而成为一个有德性的人。因而,做一个有德性的人,也就是像匠人那样生活和工作。具备工匠精神的大国工匠坚守质量品质,一生打造精品,把产品的好坏看成自己人格和荣誉的象征,他们就是这样具有优美德性、始终追求卓越的人。

劳动视界

匠心妙手 20万页古籍恢复容颜

300多年前,清代医学家尤怡在一盏烛灯下完成了《医学读书记》。300多年后,辽宁省图书馆古籍修复师王斌在一盏台灯下修复这部发霉、破损的《医学读书记》。一页页《医学读书记》在王斌手里重新恢复了"容颜"。

辽宁省图书馆是首批12家国家级古籍修复中心之一,也是国家首批重点古籍保护单位。多年来,辽宁省图书馆在纸质文物传承保护方面持续探索,文保能力不断增强,自2007年辽宁省图书馆古籍修复中心成立,已修复近20万页古籍,大批古籍在"修旧如旧"中重获新生。

一把镊子,一个喷壶,一根毛笔,一支棕刷,日复一日地埋首在古书书页里,一点点修补文化的记忆,这便是王斌和馆里其他7位古籍修复师的日常。

辽宁省图书馆现有馆藏古籍61万册(件)。其中善本书12万册,宋元版书近百部,不乏手稿本《聊斋志异》、宋刻本《抱朴子内篇》等珍本、孤本。

这些古籍是中华传统文化的深厚积淀,是历久弥新的宝贵精神财富。

古籍经历千百年流传,大多纸张呈现老化现象,如酸化、絮化、霉变、虫蛀、鼠咬等病害,危及书籍存续,急需修复。

古籍修复究竟有多难?操作流程上细说起来就有20多道工序,给古籍定损、拍照、除尘、测酸碱度、测量纸张厚度、配纸、折页、修补书页、喷平压实、裁切折页、捶平装订等步骤缺一不可。"一本古籍的修复少则几周,多则一年,甚至周期更长。"辽宁省图书馆古籍文献中心主任赫英鹏说。

古籍修复讲究的是"修旧如旧"的原则,修复过程中要最大限度地还原古籍原始的面貌。由于古籍受到自然和人为因素的影响,破损程度不同,因此需要根据不同的破损情况确定修复方案。王斌说:"修复古籍就像医生给病人看病一样,要对症下药。"

"最难修复的不是这部《医学读书记》,而是《御制盛京赋》。"《御制盛京赋》是清乾隆十三年(1748年)内府刻满汉三十二体篆字本,是一部有着高超艺术价值的稀世杰作,是已知汇聚满汉篆文书体最多的文献。此书由于历史原因保存不善,书体受潮,书页上布满斑点,受潮后没有及时得到修复,斑点成铁锈色,再想清除,难上加难。王斌开始查找关于铁锈斑点修复的文献记载,并用尽各种办法反复尝试。详细记录每页破损情况,然后拿出一张锈点相对少的书页,先用毛笔蘸上热水在锈点上清洗,无效,在水中加少许明矾清洗无效……经过反复实践,终于找到处理方法:将书页置于塑料布上,喷潮,上面盖上热一些的湿毛巾,每隔一小时换一次毛巾,反复三次以上,经过浸、沤、洗三个步骤,斑点终于消失。经过3个月的努力,这本古籍恢复了原貌。

——杨竞:《匠心妙手 20万页古籍恢复容颜——辽宁省图书馆持续探索纸质文物传承保护》,《辽宁日报》2023年11月27日。本书选用时有改动。

第二节　工匠精神的时代内涵

劳动者素质对一个国家、一个民族发展至关重要。不论是传统制造业还是新兴产业,无论是工业经济还是数字经济,工匠始终是产业发展的重要力量,工匠精神始终是创新创业的重要精神源泉。2020 年 11 月 24 日,在全国劳动模范和先进工作者表彰大会上,习近平总书记精辟概括了工匠精神的内涵:执着专注、精益求精、一丝不苟、追求卓越。今天我们取得的伟大成就,离不开大国工匠的倾情奉献。劳动者脚踏实地把每件平凡的事做好,共同培育形成的工匠精神,是我们宝贵的精神财富。工匠精神是时代精神的生动体现,折射着各行各业劳动者的精神风貌,每个人都可以是工匠精神的诠释者和践行者,大学生更应该成为工匠精神的诠释者和践行者。

一、执着专注

"执着"就是长久地从事自己所认定的事业,强调对理想目标的无怨无悔,永不放弃;"专注"就是把全部精力都凝聚在自己认定的理想目标上,一心一意,不达目的不罢休。执着专注,是心无旁骛,是矢志不渝的热爱,是优秀工匠的必备品质。择一事终一生,坚定的理想信念是工匠精神的核心。热爱是劳动的动力源泉,因为热爱,才能把一件事做到极致。热爱,是被誉为"火药雕刻师"的航天人徐立平专注雕刻火药 30 余年,仅凭手感就能将药面整形误差从 0.5 毫米提高到 0.2 毫米;是从事数控加工 20 年潜心钻研的秦世俊对飞机零部件 0.01 毫米的较量,誓让中国制造更有话语权。他们执着于自己选择的事业,专注于自己投身的领域,自觉不断提高业务水平,始终努力向前,一生敬业奉献、永不言弃。

执着专注的工作态度是新时代工匠精神的基本前提。要成为某个行业的行家里手,要在自己擅长的领域有所建树,首先要有热爱与专注,要有一种坚守与坚持。干任何事情都要专心专注,全身心投入。尤其是在技术领域,要耐得住寂寞,经受得住诱惑。要有择一事终一生的执着专注,才能干出一番成就,开创一片天地。面对新时代的新挑战,要有坚守本职岗位、热爱本职工作的态度,要有明确的目标方向,要有坚定的自信,持续用力,久久为功,方能成为行业翘楚。新时代是奋斗者的时代,要让梦想开花,就要用执着专注的汗水来浇灌,这正是我们这个时代迫切需要的精神与信仰。秉持这种执着专注的工作态度,劳动者要立足本职工作,爱岗敬业,以敬畏之心对待工作,尽心竭力练就专业能力和专业素养。

0.01毫米，精品与废品之间的距离

在厚度只有0.01毫米的铝箔纸上，用普通的数控铣床加工出文字，稍有偏差铝箔纸便会被穿透甚至破裂。薄、软、脆的材料是世界公认的机械加工难题，凭借20多年来扎实的业务功底，他完美解锁了这项技能，而这背后，又有着怎样的故事？让我们一起走近2022年大国工匠年度人物——秦世俊。

1982年6月，秦世俊出生在哈尔滨市南郊一个以工业著称的老城区，他的父亲和很多亲人都是这里一所大型军工企业——中航工业哈飞的职工。

在这样一个有着浓厚"航空报国"氛围的环境里，秦世俊最喜欢听父亲讲哈飞的故事。"我也要像父亲一样，长大以后造飞机。"这个念头像一粒种子，播种在了秦世俊幼小的心头。19岁那年，心怀航空梦想的秦世俊从哈飞技校模具钳工专业毕业，被安排到哈飞数控铣工岗位。不到一年时间，秦世俊就在公司数控技术比武活动中取得了第一名的好成绩。四年后，成为公司最年轻的高级技师，那一年，他23岁。2010年，勤奋刻苦的秦世俊一战成名，获得了第四届黑龙江省数控技能大赛数控铣工职工组第一名。

然而，这看似简单的过程，背后有着不为人知的艰辛——当年，公司的机床数量有限，为了不耽误生产进度，他要等到生产任务结束之后，才能开展参赛训练、技术攻关。每天生产计划完成后，机床便成为秦世俊的试验场。方寸之间，秦世俊进行着千百次重复。

秦世俊加工的零件，是以毫米为单位的。哈飞公司的年轻数控铣工杜鹏飞，至今仍记得秦世俊说的那句话：精品与废品的距离只有0.01毫米。一次，秦世俊带领杜鹏飞一起攻关某型直升机前起落架关键件加工，他们连续奋战了七个日夜，外筒内孔表面粗糙度从0.482 μm一路下降。尽管有人提出，粗糙度降到0.4 μm就可以了，但是秦世俊又"费时费力"地把这个数值降到了0.1～0.17 μm。通过这次经历，杜鹏飞更明白了秦世俊平时总挂在嘴边的一句话："我们的产品不能有丝毫偏差。"

从一名初级工到高级技师，秦世俊完成了技能上的大提升，实现了人生的大跨越。但他深知，一花独放不是春，百花齐放春满园，只有技能工人的队伍真正强大了，"航空梦""中国梦"才能早日实现。

2014年，在秦世俊所在的"现场攻关组"的基础上，中航工业哈飞成立了"秦世俊劳模创新工作室"。秦世俊成为这个工作室的负责人。身为团队的"领头雁"，他把十几年摸索出来的技能和经验毫无保留地传授给徒弟们，主动与年轻人分享经验、分享妙招、分享心得。一次，机加工段在加工某一批零件时出现问题，秦世俊立即指导工作室的三名技术人员逐一排查生产流程记录，进行"会诊"，最终使问题得到解决，该批次零件一次交检合格率由原来的10%提高到了99.9%。如今，秦世俊和工作室成员共完成攻关课题63项，申报国家专利28项，12项已发授权号，完成了亚丁湾护航、极地科考、国庆阅兵等任务。

汗水与荣光同在。2013年，秦世俊被授予"全国五一劳动奖章"。2015年，又被评为"全国劳动模范"和"全国十大最美职工"，"这次被评为2022年年度大国工匠，是新时代对全体劳动者的嘉奖。"秦世俊说。

秦世俊有个梦想，就是希望自己的儿子将来报考军校，可以驾驶自己生产的直升机在祖国的蓝天翱翔。

——中国好故事:《0.01毫米，精品与废品之间的距离》，"学习强国"学习平台2023年4月6日。本书选用时有改动。

二、精益求精

精益求精，是高标准严要求，是好了还要更好。干一行钻一行，术业有专攻，精益求精是对品质的追求，对一流的追求。这种对极致的追求，也许是我们看得到的精雕细琢、巧夺天工，也可能是我们看不到的精密精准、胜在毫厘，于毫厘之间体现"如切如磋，如琢如磨"的精准。认真，就能做得更好;高标准，方能成为本领域的专家;深入钻研，才能不断提高技术技能水平。中华全国铁路总工会"火车头奖章"获得者彭祥华，能够把装填爆破药量的呈送控制在远远小于规定的最小误差之内;我国火箭发动机焊接第一人、火箭"心脏"焊接人高凤林能将焊接误差控制在0.16毫米之内，并且将焊接停留时间从0.1秒缩短到0.01秒。

　　精益求精的工作追求是新时代工匠精神的核心关键。一山更比一山高。没有最好，只有更好。中国之所以能够从一个基础薄弱、工业水平落后的国家，成长为世界制造大国，关键就在于一代代劳动者对工匠精神的继承与发扬。小到一枚螺丝钉、一根电缆的打磨，大到飞机、高铁等大国重器的锻造，既有千千万万工匠笃实专注、严谨执着的匠心，更有精益求精的动力激发和自我鞭策。面对分工的精细化和专业化，我们要在专业的精进与突破中不断演绎"能人所不能"的精湛技艺，始终保持精益求精的不懈追求。要始终坚持"干一行专一行"，才能走得更稳，才能走得更远。

劳动视界

"磨"出来的大国女工匠

　　现年 48 岁的全国三八红旗手李淑团，是河南三门峡中原量仪公司的首席员工、高级磨工。在她手中，一个个最原始的铁块变成一个个精致零件，有的还被载上航天飞船飞入太空。

　　李淑团所在的三门峡中原量仪股份有限公司在全国乃至全世界享有盛誉，该公司生产的许多微米级暨千分之一头发丝精度的部件，都是凭借手工制造出来的，产品销往全国和世界 30 多个国家和地区。中原量仪是典型的军民技术融合企业，国家航空航天等制造业离不开中原量仪的产品，公司为中国首枚运载火箭和"神舟六号"姿态控制系统组件而设计的专用量仪，受到了嘉奖。李淑团从中原量仪的磨工一线走来，在多年的勤奋工作和技术创新的历程中，先后荣获"河南省五一劳动奖章""全国五一劳动奖章""全国劳动模范"等荣誉称号。2017 年，被全国妇联授予"全国三八红旗手"荣誉称号。

精益求精，坚持不懈

　　李淑团从 1990 年招工进厂后，先是在基层车间做了 6 年的车工。在这个艰苦枯燥的岗位上，她成长为技术骨干。1996 年，凭着过硬的技术，她调到精加工车间磨工组，在精加工车间，有一台从瑞士引进的高精度万能磨床 S 40，因为程序复杂、操作难度大而被长期闲置封存。李淑团借来相关书籍和资料，晚上回家学习，白天对照说明书上机操作，不断摸索，反复尝试，经过三个月夜以继日地钻研，终于熟练掌握了 S 40 的各种操作，不仅为公司解决了许多加工技术上的难题,还为国内外客户加工出了大量"高的精尖"零部件。S 40成了公司对外宣传的一个窗口,李淑团与S 40共同成为公司的"王牌"。

持之以恒,锲而不舍

2012年,李淑团在公司拳头产品的拼合式气动量仪零件加工中,一举攻克了关键零件"锥度玻璃管"的加工技术难关。这是DQR圆度仪的主轴要求极高的零件,直接关系到圆度仪的测量精度,重达5公斤,每一次加工都要经过装上、磨削、卸下、测量的复杂流程,而李淑团总能把尺寸圆度等各项精度指标控制在理想范围内。她经过不断摸索,反复试验,创新出了以磨代研的技术,解决了精细加工中的难题,每年为公司节约资金50多万元,填补了国内"锥度玻璃管"的加工技术空白。李淑团所在的磨工岗,一天至少要在操作台站立8小时以上,操作精度比"在大米上刻画"还要高,这体力加精力的苦差,李淑团却一直坚持了下来。李淑团还创造了零件加工的超精奇迹。她所在岗位的机床设备可以达到千分之一毫米的精度,而李淑团操作它所能达到的精度,为万分之三毫米至万分之五毫米之间。

不忘初心,方得始终

在忙碌的工作之余,李淑团对双方父母极尽孝道,对丈夫呵护有加,对儿子精心培养。在与同事们的相处中,无论谁遇到什么困难,她都慷慨相助。逢年过节或是星期天,她常常把徒弟们请到家里聚聚,聊聊家常,给他们做顿好吃的饭菜,让身在异乡的他们感受到家的温暖。她的徒弟李峰伟家里条件比较特殊,父亲常年卧床,经济拮据,她就常去他家里慰问,尽力去帮助他。"作为一名老党员、老模范、老职工,我深知每一名员工的每一步成长都离不开企业,而企业的每一步发展也离不开全体员工的齐心努力。"李淑团这样说道。"还有两年就要退休了。即使我是一名普通的工人,我也要让自己的人生有价值、有意义。"李淑团说。

——苏建军:《李淑团:"磨"出来的大国女工匠》,"学习强国"学习平台2019年5月24日。本书选用时有改动。

三、一丝不苟

一丝不苟,是严谨认真,是追求细节完美。失之毫厘,谬以千里。做好一件事,必须从小事开始,从细节入手,在每个细节上做足功夫。古人云,天下难事必作于易,天下大事必作于细。优秀的工匠能从细处见大,在细节的追求上没有终点。坚持细致工作,才能汇涓涓细流成江海。中国商用飞机有限公司下属的上海飞机制造有限公司数控机加工车间钳工组组长、飞机制造师胡双飞,在30年制造工作中,经手的零件数量上千万,没有出过一次质量差错。"慢一点、稳一点,精一点、准一点"是他对自己的工作要求。

一丝不苟的工作作风是新时代工匠精神的根本要义。在激烈的市场竞争和产业转型升级压力下,"工匠精神"被赋予以创新为导向、以技术为生命、以质量为追求的新内涵,这就倒逼我们要始终保持一丝不苟的工作作风。在"中国制造"向"中国智造"迈进的过程中,在开启全面建设社会主义现代化国家新征程中,我们要更加注重细节、专注细节,不能有一丝一毫的马虎大意。正所谓"差之毫厘,谬以千里",如果作风漂浮,"差不多就行",产品质量就失去了保障和根基。无论是技术领域,还是在日常工作中,我们都要严格要求自己,唯有始终坚持"偏毫厘不敢安"的一丝不苟,才能让事业更加出彩,让梦想之花更加娇艳。

劳动视界

细至毫厘 精心修复

工作30年,10万步核燃料安全操作,零失误……这是中广核集团核燃料修复师乔素凯团队多年工作的成绩单。若将核电站比作人,核燃料就相当于心脏部位;而乔素凯的工作,就是保证这颗"心脏"健康运行。

核电站深处,铀235燃料芯块被装进核燃料棒里,264根燃料棒形成一个组件,157个这样的核燃料组件,最终被安装在一个直径3至4米的反应堆压力容器中,放置在水池里,核裂变反应就在这里进行……

放置核燃料的水池蔚蓝纯净,24小时循环过滤,且为了屏蔽核辐射,加了硼酸,但这也意味着,修复工作必须在水下完成,中广核集团核燃料修复师乔素凯及其团队是唯一能对缺陷核燃料组件进行水下修复的团队。

修复最难,步骤多且工序细。核燃料修复有400多道工序,其中不可逆转的200多道工序是关键点操作,稍有不慎,损失极大。

仅打开管座这一步，就需要在水下拆除24颗螺钉。由于定位难度极高，目前的自动化水平无法达到这种精度，这个过程必须完全靠人的经验和手感。乔素凯在地面上通过水下摄像机查看情况，将一根4米的长杆，伸入到水下3米处，找到螺钉口，慢慢匀速地转动长杆，来完成螺钉的拧动。这是一个精确值为3.7毫米的操作，即使只差1毫米，螺钉都拧不进去，而一旦失败，这个组件就无法运行，会造成经济损失1000多万元。

在接下来的过程中，还要配合紧松适配器、拆装上管座、测量高度等不同功能的7种长杆，这要求操作者心细如发，因为核燃料棒包壳管的壁厚只有0.53毫米，必须保证在核燃料棒抽出的过程中完好无损。一旦不慎，破损燃料棒里的裂变气体释放，将会对人体有极大伤害。

因此，在换燃料棒时，乔素凯必须从头到脚全副武装，不能说话，室内不能通风，只要开始工作就至少连续8小时不休息。其间，乔素凯心无旁骛地跟零件"对话"，因为在他眼中，"核燃料组件是有生命的，要好好对待才行。"

即使工作了30年，为确保万无一失，乔素凯也会经常在培训基地的模拟换料水池里练习手感。多年的工作经验让乔素凯明白：做这份工作，必须得"胆小"，不能有半分差池。

有一次在大修装料前，乔素凯看到湛蓝的堆芯水池里好像有个白色的不明物，无法确定具体是什么，于是决定打捞。准备工作就绪，但异物不见了，只得在水下一点点排查，用了15个小时，换了3班人手，才打捞上来，最终大家发现是个小塑料片。

"还好有惊无险，但因为耽误了时间，损失近千万元。"尽管如此，乔素凯依旧认为是值得的，"核安全无小事，任何疑似的东西，我们都不能掉以轻心。"

平日里，乔素凯会将精力投入设备的研发当中。"之前检修设备及维修服务都得依靠外国专家，从上飞机开始以小时计价收费，一直到飞回国。买得起用不起，用得起也坏不起，整个技术产品就是被外国公司给垄断了。"

于是，乔素凯就向公司提出，要走自主研发道路。"不能被外国的技术'卡脖子'，即使慢一点，这条路也一定要走通。"在公司的大力支持下，乔素凯带领团队开始着手研究，还专门组建了工作室。

堆芯无线照相技术、水下电火花剪切工具、耐辐射水下摄像机等,日常维修用具都已经自主研发,水下异物打捞机器人、陆用状态检查机器人,更高难度的研发也已经有了模样……

目前,乔素凯已经主持参与研发了 30 多个获得国家专利的项目;最令乔素凯骄傲的,是他及团队历经 10 年研发的核燃料组件水下整体修复设备,填补了国内空白,将全部的技术都掌握在中国人自己手中。

"我们的核电机组是越来越多了,我和我们国家的核电是一起成长的,从一无所有到国际领先,我感到特别自豪。"乔素凯说。

——姜晓丹:《细至毫厘　精心修复》,《人民日报》2023 年 5 月 8 日。

四、追求卓越

追求卓越,是不断进取,是敢于开拓创新。在工作中追求完美、追求卓越,要以创新求突破。广大劳动者要有强烈的创新意识,不断培育创新能力,超越自我、勇攀行业顶峰,这是工匠精神的必然追求。新时代要实现高质量发展,离不开勇于创新、追求卓越的干劲,离不开顽强拼搏、锐意进取的时代精神。工艺美术师孟剑锋,从业二十几年来,追求极致,超越自我,上百万次錾刻,无一疏漏,其精雕细琢錾刻的《和美》纯银錾刻丝巾果盘,作为国礼之一赠送给参加 2014 年北京 APEC 会议的外国领导人及其夫人,向世界展示了中国制造的精致和工匠过硬的技术及水平。

追求卓越的工作信念是新时代工匠精神的价值引领。宝剑锋从磨砺出,梅花香自苦寒来。每一位大国工匠的背后都是自我超越的过程,都是艰辛努力的结果,都是追求卓越的引领。一把焊枪,能在眼镜架上"引线绣花",能在紫铜锅炉里"修补缝纫",也能给大型装备"把脉问诊";一个小小的钢码盘能够精确到 0.002 毫米、头发丝直径的 1/40……在一个又一个大国重器的背后,在一项又一项中国技术创新背后,是大国工匠们追求卓越的真实写照。无论是在传统农耕社会,还是现代工业化时代,扎实的专业知识、精湛的专业技艺都是工匠安身立命之根本,不断超越自我、勇攀行业顶峰是匠人的毕生追求。无论是大国工匠,还是普通技工,我们都要有这种追求卓越的价值坚守,唯有坚持"千万锤成一器"的韧劲与韧性,才能在新征程上创造新的辉煌。

劳动视界

针尖上的大国工艺

赵红育，江苏无锡人，中国工艺美术大师，首届中国刺绣艺术大师，在全面继承传统锡绣的基础上，首创的"双面精微绣"。刻划入微，形神兼备的精湛工艺背后是赵师傅40多年的执着与坚守。

不经一番寒彻骨，怎得梅花扑鼻香

从1973年师从著名刺绣工艺师华慧贞学习刺绣开始，15岁就入行的赵红育本着干一行爱一行、干一行专一行的理念在8小时上班之外三次进修学习绘画、艺术史，最终考取南京师范大学美术系。在那个简单清贫的年代，白天是工作，晚上是学习，还要照顾幼小的孩子，赵红育坚持下来都是因为对刺绣的最单纯的喜爱与执着。

随着市场经济的蓬勃发展，传统手工遭遇到了前所未有的冲击。面对着牛奶与面包的压力，不少同事纷纷离开了这个行业。丈夫下岗，自己厂里发不出工资，种种现实问题也让赵红育家庭面临着抉择。一种不让锡绣艺术在自己这一代人手中中断，让祖先留下的优秀文化遗产继续传承发展的历史使命感最终战胜了内心的犹豫和彷徨，在十字路口，赵红育选择了坚守初心，坚守阵地。

在全面地继承、掌握了传统刺绣的各种技艺技法，系统地掌握了刺绣的专业理论知识，遵从自己内心的选择，赵红育思考的是民间工艺的实用功能消退后，锡绣在艺术层面如何进行突破。

墙角数枝梅，凌寒独自开

"工匠精神就是把一件东西做到极致，"赵红育认为，所谓"工艺美术"，工不到家，不要来谈艺。"我们刺绣也是这样，作品中一定要有思想，一味照着模板做，那是没有灵魂的。"小小尺幅的精微绣，可以绣制出大千世界。

几十年来经过长期的艺术锤炼和孜孜不倦的艺术追求，赵红育融会贯通锡绣工艺，首创了"双面精微绣"。精微绣画面形象虽只有寸人豆马，细若蝇毫，凭借扎实的美术基础和过硬的刺绣技艺，以针代笔、以线代墨，刻画入微，形神兼备，刺绣细部时能将一根丝线分成七十至八十分之一，在全国刺绣行业中独树一帜。2008 年无锡精微绣被列入国家级非物质文化遗产,2009 年赵红育被文化部命名为该项目唯一的国家级代表性传承人。

精微绣已作为无锡刺绣的特色,闻名海内外。顾名思义,精微绣是精致微小的双面刺绣,精微绣的艺术特色主要表现在卷幅微小,构思巧妙,绣技精湛。作品往往在很小的画面中,精心构画丰富多彩的文字和图案,经由刺绣艺人用双面绣技法精工绣制,无论细若蝇毫的文字,还是寸人豆马,都显得形神兼备、意趣无穷,令人爱不释手。人物服饰上所绣花纹和字体,须借助放大镜才能看清。精微绣问世后,得到国内外艺术界、收藏人士的赞赏,并在全国工艺美术展览中多次获奖,被誉为我国刺绣艺苑的一株奇葩。精微绣主要采用双面绣技法,但与一般双面绣相比,其用针、用线、用料、用色更为讲究,技术要求更高、难度更大。

创作《百鸟朝凤》这幅作品,赵红育在绣制凤凰时,采用一根丝线的三分之一绣制凤凰的翅膀,用一根丝线的三十二分之一绣制凤凰尾部的绶带,使它们形成鲜明的对比,突出仙女乘着凤凰展翅飞翔的动态。在绣制一百多只小鸟时,用线的粗细也是完全不同,根据群鸟在飞行中的前后层次,用线最粗时是一根丝线的八分之一,而最细的只有一根丝线的七十二分之一,绣出了群鸟在飞行中若隐若现、虚虚实实的特有效果。

在绣制《观音图》时,赵红育充分发挥刺绣的艺术特色。如绣观音的衣服只用一种白色丝线,但由于线条粗细运用得当,丝理转折自如,衣褶顺着丝理的转折而变化,结果作品呈现的就不再是一种白色,而形成不同的光影色彩对比效果,产生一种闪闪发光的感觉。这种艺术效果是任何绘画无法达到的,显示了刺绣独特的艺术魅力。

一幅作品从绘画设计开始,要先将画白描在纸上,再描到绢面上,然后配针法、配色。"狗要用施毛绣,刻画出狗毛茸茸的感觉;骆驼则用乱针绣,不能太乱,刻画出骆驼皮毛的感觉;人物的衣服则用套针绣,才能有丝绸的质感。像人的眉毛,常常只能是凭感觉才能描绘。"正因为难度如此之大,要掌握这种技艺,不仅靠的是几十年的苦练,还需要悟性与天分。观众看到的是一幅幅精美典雅的刺绣作品,其传承的技艺却经过数百年、上千年积淀,浓缩在传承人的一身绝技中。

问渠那得清如许？为有源头活水来

生存不易，传承更难！"我不希望我自己成为锡绣的最后一棒。"面对自己已经取得的成就，赵红育并没有满足，心中更加惦记的是希望锡绣手艺后继有人。进入 90 年代以后，由于市场、经济、社会等因素，锡绣逐渐陷入困境。现代社会生活情趣多样化，审美观念改变，生活节奏加快，特别是科技发展，机绣、电脑绣产品的批量制作，对锡绣构成巨大冲击。特别是像锡绣这样以特别精细的手工为主的传统工艺，劳动生产率低，周期长，成本高，很难适应市场经济的发展要求，转而面临人散艺绝、传承无人的濒危境况。在整个行业不景气的情况下，赵红育的事业也陷入了低谷，2005 年研究所解散，仅剩的几位锡绣人员全部散失。但她最后还是舍不得这份手艺，选择了继续坚守。

"不要把自己看得很高大，为了生存我们虽然有过反复，但进入这个行业后，就要做一行爱一行。"为了振兴锡绣，在民间艺术馆馆长的帮助下，她于 2005 年开办了"赵红育大师刺绣工作室"，这次她决定走精微绣这条路。有"寸人豆马"之誉的精微绣考验的不只是工艺，还有耐心。"一幅精微绣作品往往要花费数月时间，精品多则要几年。"赵红育坦言，生存是第一位，"没有生存何谈发展？"

为了更好地带徒传承和弘扬锡绣，2013 年她注册成立了"无锡市赵红育刺绣艺术馆"，从事锡绣的带徒传承、传播工作。从 2007 年免费带徒至今赵红育已为锡绣培养了 8 位传承人，其中 3 位成为"市级传承人"，3 位获得工艺美术师职称，3 位获得助理工艺美术师职称，弟子们创作的多件作品在省、市级以上的展览评比中多次获得金奖和银奖。据了解，在无锡市政府支持下，赵红育的 6 名学徒如今每月可获得相应补贴，在她身边为精微绣的传承出力献策。此外，赵红育的儿媳在继承精微绣家族事业的基础上，正在结合新技术与赵红育一起摸索无锡精微绣发展的新道路。

为了更好地推动锡绣的传承，她还将锡绣带进了小学、中学、高中、高职、大学进行传授、传播，被大学聘为客座教授，艺术馆面向社会开班授课，免费向社会开放并接待学生们的社会实践活动，传播传统文化。

怀匠心 铸匠魂 践行工匠精神

新时代大国崛起需要更多像赵红育一样坚韧执着、追求精益求精的匠人。怀匠心,铸匠魂,守匠情,践匠行。培养一代匠人不易,赵红育介绍精微绣艺术水平高,技艺难度大,要求绣工有一定的美术功底,而真正培养一位大师则需要二三十年,锡绣艺人已屈指可数。培养工匠精神不是为了一时的热点和时尚,也不是一朝一夕的事情。早年清贫苦学,中期创业几经波澜,不断探索技艺新境界,创新工艺,无私奉献,以燃烛精神传播锡绣文化,赵红育的锡绣之路正是体现了工匠精神所蕴含的执着、技精、崇德、求新。

——史雯:《针尖上的大国工艺》,"学习强国"学习平台 2019 年 7 月 1 日。本书选取时有改动。

第三节 工匠精神的培育践行

工匠精神是华夏精神文明的历史成果,深刻反映出劳动者良好的精神风貌,是不同时期、不同时代精神的生动体现和有力彰显。匠心聚,则百业兴。高校要大力弘扬与践行"执着专注、精益求精、一丝不苟、追求卓越"的工匠精神,培养大学生创新创优能力,激励他们撸起袖子加油干、驰而不息向前进,把强国建设、民族复兴宏伟蓝图一步步变为现实。

一、深化价值认同

职业偏见在一定程度上会影响甚至妨碍人们的职业选择。从古至今,受传统价值观念影响,部分人对工匠有着一定的偏见,更不愿意从事工匠行业。因此,为了使工匠精神得到更好的培育和践行,高校在开展劳动教育、培育和弘扬工匠精神时,首先需要转变大学生对工匠的认识,树立正确的职业价值观,深化对工匠职业的价值认同。大学阶段是大学生世界观、人生观、价值观形成的关键时期,尤其是价值观的形成。新时代的大学生要摒弃传统观念中的陈旧落后思想,树立正确的职业价值观,客观看待"工匠"职业,对工匠要心怀敬重之心、敬畏之心,认识到工匠在社会主义现代化强国建设和中华民族伟大复兴征程中所起到的重要作用,增强职业的荣誉感。

劳动视界

中国动画百年:传承优秀文化 弘扬工匠精神

随着喜羊羊、黑猫警长、葫芦娃等经典动画形象在"动画主题红毯秀"上与观众热情互动,中国(北京)动画周推出的中国动画行业第一次"动画主题红毯秀"吸引了众多关注。

时至今日,中国动画已走过百年征程。动画在中国由漂洋过海的"舶来之物"逐渐成长为集技术之新与艺术之美于一身、富于中华民族精气神的艺术形态,凝结了一代又一代动画人的艺术理想与美学追求。

从中国制作的第一部动画广告片《舒振东华文打字机》(20世纪20年代)、中国第一部真人和动画结合的动画片《大闹画室》(1926年),到中国第一部彩色木偶片《小小英雄》(1953年)、中国第一部彩色动画片《乌鸦为什么是黑的》(1955年),再到动画长片《我们的冬奥》(2022年)。

细细感知不难发现,中国动画走过的百年正是动画媒介与技术的更新迭代,亦是动画艺术朝向民族化、现代化、多元化方向的发展历程。中国动画在百年发展中涌现了一大批杰出的艺术家,他们创作的精品力作不仅陪伴了无数中国孩子长大成人,构筑起一代又一代国人的共同记忆,更是以独特的艺术品格,在国内外产生过广泛且深远的影响,不仅成功引导受众特别是青少年更好认识和认同中华文明,增强做中国人的志气、骨气、底气,更是为世界电影艺术的多样性及繁荣发展作出了积极的贡献。

如今,新时代的中国动画工作者潜心创作高质量、高标准的动画艺术作品,传播当代中国价值和中华文化精神,体现出强大的文化创造力。伴随着数字时代移动互联网的迅速普及,三维技术、数字技术、人工智能、虚拟现实、增强现实、动作捕捉等关键技术日新月异的发展态势,中国动画制播渠道愈发多元,在视听表现上日趋成熟,进一步推动了艺术与科技的创新融合,以及工业生产和审美文化的有机联系。

一方面,内容层面实现了动画题材类型的贯通古今、百花齐放——创作者自觉从优秀传统文化中汲取营养,挖掘传统故事,运用传统符号,继承传统风格,塑造民族文化身份,铸造"中国风"。另一方面,紧扣时代脉搏,聚焦社会热点,"深入生活、扎根人民",在现实题材动画创作方面进行了重要尝试。传统演绎与当代叙述交相辉映,呼应着"讲好中国故事"的时代需求,树立起中国动画的文化自信和文化自觉,正促进我国从动画大国向动画强国迈进。

发掘中国动画在丰富的历史文化底蕴与不断更新迭代的技术支持下所蕴含的无限潜能,打造中国动画高峰之作,需要创作者扎根中华文化土壤,传承中华文化基因,以现代视听科技结合中国本土文化,融合民族艺术形态,实现中国动画在题材立意、视听体验、艺术风格等维度的标新立异、独树一帜,积极推动中华优秀传统文化在动画创作中实现创造性转化、创新性发展。

当然,用动画佳作讲好中国故事,打造动画新经典,还需要具备世界眼光,把中国动画当作世界动画的一个重要组成部分,以全球化的视野寻求与时代、与世界的互动,不断拓宽渠道,秉持平等、互鉴、对话、包容的文明观,展现中华文明的悠久历史和人文底蕴,承担传播中国文化、树立中国形象、表达中国意志、提升中国国际影响力的使命,促使世界读懂中国、读懂中国人民、读懂中华民族,推动中国动画走向世界。

——中国新闻出版广电报:《中国动画百年:传承优秀文化 弘扬工匠精神》,"学习强国"学习平台 2023 年 8 月 4 日。本书选用时有改动。

二、提升践行能力

高校培育与践行工匠精神,不仅需要深化大学生对工匠职业的认同感,更需要不断增强大学生的践行能力。2022 年 4 月 27 日,习近平致信祝贺首届大国工匠创新交流大会,强调"我国工人阶级和广大劳动群众要大力弘扬劳模精神、劳动精神、工匠精神,适应当今世界科技革命和产业变革的需要,勤学苦练、深入钻研,勇于创新、敢为人先,不断提高技术技能水平,为推动高质量发展、实施制造强国战略、全面建设社会主义现代化国家贡献智慧和力量"[①]。

[①]　习近平致信祝贺首届国工匠创新交流大会举办强调 勤学苦练深入钻研勇于创新敢为人先 为推动高质量发展实施强国战略贡献智慧和力量 在"五一"国际劳动节到来之际向广大技能人才和劳动模范致以诚挚问候 向广大劳动群众致以节日祝贺[N]人民日报,2022-04-28(1).

大学是苦练本领、增长才干的黄金时期。大学生作为实现第二个百年奋斗目标的建设者,是工匠精神传承和践行的主力。要在大学里充分发挥主观能动性,努力学习专业知识,不断提升专业能力,积极参加专业学科竞赛、创新创业类竞赛,参与大学生科研项目、各类社会实践和志愿服务活动等,多钻研、多学习、多锻炼,在提升技能的同时不断提升自己的职业素养和职业操守,在点滴中培养"执着专注、精益求精、一丝不苟、追求卓越"的工匠精神。

劳动视界

用"钉钉子"般的意志践行工匠精神

"作为一名普通技术人员,能获得这么高的荣誉,确实没想到。"5月3日,中核陕西铀浓缩有限公司高级技师温伟面对记者采访时说。

4月30日,中宣部和全国总工会联合发布2023年全国"最美职工"名单,温伟入选。他的身上,有什么故事?

1991年,17岁的温伟还是名刚从技校毕业的学生,进入中核陕西铀浓缩有限公司工作,因为操作失误,常常把电器烧坏,为此,他没少被领导批评。

20世纪90年代末,中核陕铀为加强自主研发能力,成立计算机班组。2000年,温伟被调到计算机班组,担任自控系统检修工。

当时,计算机远没有如今这么普及,自己的专业知识又薄弱,于是,温伟自费买回大学计算机课本,一边看一边实践,不懂的地方就问同事。下班后,骑自行车去自学计算机编程。那时候,他还没有意识到,这些经历将对他的人生产生重大影响。

温伟传承了老一辈陕铀人勤学善思、吃苦耐劳的精神。强烈的求知欲和浓厚的学习兴趣让他坚持了下来,努力去克服学习中的困难,不断丰富专业知识储备,提升业务能力。2002年至2004年,温伟承担并完成了2个技改项目,使系统的误报警率明显降低。

2006年,已经成长为"计算机大拿"的温伟,牵头对某信息系统进行国产化改造。"当时面临的问题是进口系统核心资料少、专业术语翻译不准确、信息接口与国际不兼容等,我们只有一条路,就是不放弃,坚持下去。"温伟说。

温伟带领团队用逐点测量的方法对上千个输入信号进行逐一分析、记录,经过成百上千次反复验证,终于获得成功。

从当初的"落后生",到如今成为主要负责科研技改 30 余项,4 次摘得国防科技进步奖,2 次获得实用新型专利证书,成为享受国务院政府特殊津贴的技能大师。

2018 年初,温伟入选"省级技能大师工作室"名单,设立了温伟大师工作室。公司为培训后备技术骨干力量,不断完善人才培养计划,选拔优秀人才到大师工作室,进行业务系统培训。"现在 20 多名学员中,一半以上已经走上中层管理岗位。"温伟说。

从一名技校毕业的职场"小白",到牵头对某信息系统进行国产化改造,一举打破铀浓缩领域自控系统及备件长期依赖国外进口的限制,创造效益达千万元以上,温伟用"钉钉子"般的意志,践行着劳动精神、工匠精神。

——魏冠霆,石喻涵:《"最美职工"温伟:用"钉钉子"般的意志践行工匠精神》,三秦网 2023 年 5 月 9 日。本书选用时有改动。

三、增强教育实践

精于工,匠于心,品于行。工匠精神的培育与践行对于新时代大学生的成长成才具有十分重要的现实意义,既可以培养大学生爱岗敬业、诚实守信、一丝不苟、敢于创新的职业素养,也可以帮助大学生把工匠精神内化于心、外化于行,还可以助力大学生形成良好的行为习惯和自我管理模式,提升其就业、创业的竞争力。

高校是培养具有工匠精神的高素质人才的重要阵地。目前,许多高校重视对学生科学精神、创新能力、批判性思维的培养,主动创新劳动教育新模式,科学设置劳动教育的课程体系,形成理论与实践相结合的劳动教育必修课程,深化教学内容和课程体系改革,坚持立德树人、德技并修,在课程中增强工匠精神培育的系统性、整体性、协同性、针对性和适应性,积极谋划、开展工匠精神的理论教育和实践教育活动,贯穿立德树人的全过程。结合各类课程的知识属性、专业特征、教育功能,将工匠精神培育融入课程教学、实习实训等各个环节,形成整体育人的联动效应,引导学生服务国家战略、适应社会需求,树立爱岗敬业、精益求精的职业精神,走技能成才、技能报国之路。例如:举办"工匠大讲堂""劳模工匠进校园"等报告会,邀请大国工匠、省市劳模工匠进校园,让师生在校园里近距离接触工匠,聆听工匠故事,观摩工匠劳动技艺,感受并领悟执着专注、精益求精、一丝不苟、追求卓越的工匠精神;聘请劳模工匠担任学校劳动教育导师,成立劳模工作室、技能大师工作室,让劳动教育"走出课堂小天地,步入社会大课堂",帮助大学生近距离感受工匠精神、学习工匠精神。大学生还要积极参与劳动教育,认真学习专业的理论知识和通识知识,提升对技术技能的认知,熟练实践技能操作,自觉地投身各类工匠精神教育实践活动,在实际行动中体验工匠精神,积极争做工匠精神的践行者、示范者和引领者。

劳动视界

"我对工匠精神有了全新认识"

"在室内学习分类工程资料,在日头下学习绑扎钢筋,从竞赛学习到生产实践,我领略到结构设计的魅力,也更明确了未来的发展方向。"日前,南京工业大学土木工程学院学生徐双的话道出了同学们的心声。今年暑期,南工大土木工程学院309名学生分赴中建八局文旅公司等119个建筑施工企业开展实习实践活动,在社会大课堂中巩固提升理论知识,在实战训练中锻炼能力。

近年来,南工大以培养具有"初心、匠心、笃心"的创新型工程师和科技型企业家为目标,增加全要素产业参与体验,增强全景式职业理想教育,形成了科产教"三螺旋"融合工科人才培养体系。

每年9月开学,南工大都会邀请名师、杰出校友等为新生上"开学第一课"。今年9月8日,全国五一劳动奖章获得者、杰出校友陆建新讲授"开学第一课"后,南工大土木2023级大一新生不禁为学长41年扎根建筑施工一线的故事而动容:"这堂课让我对工匠精神的内涵有了全新的认识。"

"在传统工科人才聚焦知识能力培养的基础上,我们增加了极具校本特色的价值塑造体系,将价值引领贯穿教学全过程,强化专业思想、职业理想、工程师价值观和伦理道德教育,激发学生扎根产业、创业报国的理想信念和学习动力。"南工大党委书记芮鸿岩介绍。

在南工大土木工程学院"土木工程施工"课堂上,中建二局苏宪新总工成为企业导师,带着新的工程项目,为大三的同学们带来"装配整体式框架结构施工技术"课程"大餐"。同学们反映,这样的课堂把生涩的理论形象化了。

"将科研成果转化为教学内容,将科研优势转化成教学优势,更好地帮助学生了解前沿新理论、新技术和新工艺。"南工大科研院院长姜岷介绍,"十三五"以来,学校科研项目及成果获各级各类奖励 400 余项,已经有 270 多门专业核心课程融入了科技成果。

为锻炼学生解决实际工程问题的能力,南工大以 1 个国家级创新创业学院、18 个国家级科技创新平台和 326 家行业龙头企业为主体,构建"个十百"创新创业教育平台,联合产业、企业和政府建设"国家—省—校—院"四级现代产业学院 12 个、省级产教融合重点基地 1 个。

"近年来,我校与 300 多个龙头企业联合开展工科人才培养,引进产业导师、教授 216 名,他们走进课堂开展基于真问题实景项目的案例式、探究式教学 150 多项。"南工大教务处处长陆春华介绍,该校实施"学科基础—专业基础—实习实训—工程设计"贯通的课程实践教学,30% 以上课程从教室延伸至企业车间,学生全部进入生产企业一线开展真场景工程实训。

南工大校长蒋军成介绍,该校长期坚持"学科融入行业产业,学院对接集团公司,团队服务特色企业,学生沉浸生产一线",教师带领学生研究真问题、设计真项目,体验"科研创新—技术转移—效益评估—创业孵化—市场拓展"创业全过程。2013 年以来,学生完成各类大学生创新创业训练计划项目 7600 余项,取得自主知识产权 629 项。

——苏雁芯:《"我对工匠精神有了全新认识"——南京工业大学科产教融合培养工科人才》,《光明日报》2023 年 11 月 23 日。本书选用时有改动。

四、传承工匠文化

文化是民族生存和发展的重要力量。先进文化引领时代航向,优秀精神彰显时代价值。习近平总书记指出,"一个国家、一个民族的强盛,总是以文化兴盛为支撑的,中华民族伟大复兴需要以中华文化发展繁荣为条件。"厚植工匠文化,既要大力弘扬优良传统,又应给优秀工匠的精神赋予新的时代内涵,让尊重劳动、尊重创造成为社会共识。2021 年 9 月,劳模精神、劳动精神、工匠精神成为第一批正式纳入中国共产党人精神谱系的伟大精神,彰显着中国特色,在新时代新征程上展现出强大的引领价值。作为新时代的大学生,要深入挖掘工匠文化的时代价值,全力传播和弘扬"执着专注、精益求精、一丝不苟、追求卓越"的新时代工匠精神,讲好中国工匠故事,形成崇尚大国工匠之风,让工匠精神得到社会的认可,增强劳动者对职业理念、职业责任和职业使命的认识和理解,引领劳动者在本行业和本领域担大任、干大事、成大器、立大功。同时,大学生还要充分利用我国的宝贵文化资源,文以载道,以文化人,积极传播中国特色工匠文化,将工匠事业的魅力和价值彰显出来,增强人民群众对于工匠精神的认同感。

劳动视界

传承工匠文化　化腐朽为神奇

毫不起眼的灯芯草、哈密瓜的瓜子,经过一番匠心巧手,变成精美的飞天彩灯,仿佛复活了敦煌壁画的飞天;吃剩的墨鱼骨,经过一番雕刻拼贴,变成洁白无瑕、典雅奢华的墨鱼骨灯……比拼工艺品是佛山彩灯秋色赛会的核心内容。从农副产品到生活边角料、废料等,秋色艺人往往选用身边唾手可得的材料,化腐朽为神奇,变成别出心裁、独具匠心的工艺品,出奇制胜,巧夺天工。

佛山彩灯国家级代表性传承人、中国工艺美术大师杨玉榕制作的秋色灯,是化腐朽为神奇的代表。在杨玉榕手中,瓜子、芝麻、灯芯草、通草、鱼鳞、墨鱼骨等皆可成灯。2014 年,其以墨鱼骨雕刻黏砌而成的墨鱼骨宫灯,获秋色赛会一等奖。

在杨玉榕的彩灯工厂里,记者见到了正在制作中的一盏墨鱼骨灯。洁白无瑕的墨鱼骨经过雕刻后,变成镂空的浮雕画,图案中有代表富贵吉祥的牡丹、鱼儿,细腻的纹路,干练的线条,再粘砌成典雅的造型。可以想象,彩灯亮灯后会更显玲珑剔透。

杨玉榕介绍,用墨鱼骨制作彩灯,源于自己曾经跟师父梁次学过雕刻艺术。杨玉榕说,墨鱼骨轻而脆,加工时稍不留神就会粉碎,雕刻墨鱼骨灯考验的是技艺和耐性。

除了墨鱼骨灯,在杨玉榕的彩灯工厂,记者还见到了灯芯草灯、五彩斑斓的鱼鳞灯、雍容华贵的刨花灯以及清新淡雅的衍纸灯。其中,灯芯草灯是杨玉榕创作的,取名《飞天乐记》,以灯芯草为主,搭配哈密瓜瓜子拼砌的花朵,仿佛飞天复活,活灵活现。

"佛山的秋色艺术灯特别出彩,每逢'出秋色',秋色艺人都要想尽办法,用各种材料、精巧的工艺出奇制胜,这是其他地方没有的。"杨玉榕说,佛山秋色工艺品以构思巧妙、用料奇特、工精艺绝、以假乱真著称。

时至今日,杨玉榕还时常到彩灯工厂去,指导她的儿子和徒弟。从事彩灯创作 60 余载,她仍在不断寻找新的材料,创新彩灯的样式。

鱼鳞灯曾是杨玉榕师父做过的一款特异灯,但师父使用的材料为黑色,只有晚上巡游时才好看。退休后,杨玉榕改进工艺,将鱼鳞灯做成五彩斑斓,白天晚上都很璀璨。

传承母亲杨玉榕的鱼鳞灯制作技艺,佛山彩灯市级代表性传承人黄宏宇制作的《大湾区之光》鱼鳞灯获得第十二届广东民间工艺精品展银奖。

近年来,年轻人也加入秋色工艺行业,他们对材料的运用也有新的探索。杨玉榕和黄宏宇的徒弟刘文珊 2020 年获评佛山彩灯市级传承人,她的新作结合了衍纸制作。"她中间主要的画面用衍纸来表现,是一种新材料。"杨玉榕对徒弟的新作赞赏不已。

"衍纸是时下年轻人喜欢的一种材料,可塑性非常强,将衍纸用于彩灯创作,备受年轻人喜爱。"刘文珊说,她希望通过自己的努力和探索,为秋色艺术注入更多新活力。

——黎红玲:《传承工匠文化　化腐朽为神奇》,《佛山日报》2023 年 10 月 26 日。本书选用时有改动。

培育与践行工匠精神是一个全方位的系统且复杂的工程,需要多个层面的协同联动,共同参与。伟大梦想需要追梦人,伟大事业需要生力军。新时代奋进新征程,作为新时代的高校,有义务有责任大力弘扬和践行工匠精神,努力培养大学生早日成为高技能人才、大国工匠,促使其更好地在工作岗位上更好地建功立业、展示才华,在推动经济发展质量变革、效率变革、动力变革中勇担重任、能担重任、不负重任。

思维训练

1. 你如何理解工匠精神的科学内涵和时代意蕴?

2. 你如何看待劳动精神、劳模精神、工匠精神三者之间的关系?

3. 作为新时代的大学生,你认为应如何培育与践行工匠精神?

劳动实践

结合本章所学内容,开展专业实践,挖掘工匠元素,讲述工匠故事,传承工匠精神。

1. 组织工匠进校园做报告活动,了解工匠精神,感受工匠魅力。

2. 参加"926 工匠日"系列活动,弘扬工匠精神。

3. 观看央视系列节目《大国工匠》。

第五章　劳动安全与劳动法规

　　劳动创造社会财富,劳动推动社会进步。劳动者既是社会财富的创造者,也是社会生产力的推动者,还是人类文明进步的推动者。党的十八大以来,以习近平同志为核心的党中央高度重视劳动安全,强调对劳动者权益的保障。习近平总书记深刻指出,"全社会都要贯彻尊重劳动、尊重知识、尊重人才、尊重创造的重大方针,维护和发展劳动者的利益,保障劳动者的权利"。党的二十大报告强调,"完善劳动者权益保障制度,加强灵活就业和新就业形态劳动者权益保障"。那么,劳动者的权益是否需要保护? 劳动者有哪些关于劳动安全的权利和义务? 大学生毕业后,在劳动就业方面享有哪些权利? 签订劳动合同时需要注意哪些事项? 解除劳动合同时,劳动者又享有哪些权利,还需要履行哪些义务? 在劳动过程中,劳动者是否应该具有一个健康的劳动心理? 劳动者如何培养和维护健康的劳动心理? 高校在开展劳动教育时,有必要将上述问题向大学生讲清楚、讲明白,有助于大学生在未来的劳动中、在全面建设社会主义现代化强国的征程中,进一步焕发劳动热情,释放创造潜能,成就更加出彩的人生。

第一节　劳动安全

引导案例

环时锐评:高温来了,请合力给劳动者支起"遮阳伞"

　　今年入夏以来,全国不少地方遭遇罕见的持续高温天气,一种名为"热射病"的高温急症,因为其高达 50% 以上的致死率受到舆论高度关注。有媒体报道,陕西省西安市一名建筑工人近日因热射病不幸去世,

---

其家属反映,由于是打零工,死者未签劳动合同,尽管已经申请了劳动仲裁,但证明劳动关系比较困难,难以认定为工伤。

高温高湿的环境和高强度体力活动,是导致热射病的主要因素。建筑工人、环卫工人、外卖小哥、工厂里的产业工人,都属于热射病的高危人群。炎炎烈日下,是他们扛起一座座城市的正常运转,怎样为他们撑开一把保护其健康和权益的"遮阳伞",需要全社会的共同行动。

在我国劳动法律法规中,保护高温等特殊条件下工作的劳动者健康和权益历来都被摆到一个重要位置。早在 20 世纪 60 年代,我国就制定了《防暑降温措施暂行办法》。2012 年 6 月,该办法被新的《防暑降温措施管理办法》所取代,其目的就是加强高温作业、高温天气作业劳动保护工作。近些年来,随着劳动保护的不断加强,人社部门和各地政府几乎每年都会下发相应的通知规定,要求各地用人单位在高温天气期间,适当调整夏季高温作业劳动和休息制度,增加休息和减轻劳动强度,减少高温时段作业,确保劳动者身体健康和生命安全。

因工作导致的中暑甚至热射病是否属于工伤?按照我国现行规定,一线职工在高温环境下工作,一旦中暑,职工或者现场人员应立即向用人单位报告;由用人单位在 24 小时内向当地劳动保障部门报告并提出工伤认定申请。认定为工伤后,中暑职工即可按照相关法规享受工伤待遇。

近年来随着灵活就业的兴起,如何保障高温下外卖骑手、快递小哥以及需要在户外工作的临时工的合法权益,业已成为当前调整劳动关系的重要一环。从实际情况来看,一些地方的建筑工地临时工,虽同样在高温下从事露天作业,但其中部分人未能享受到相关政策红利,权益难以得到保障的问题较为突出。

政府部门已经意识到这种变化,并采取了一系列实际行动。人社部等 8 部门于 2021 年共同印发了相关指导意见,要求企业对不完全符合确立劳动关系情形但企业对劳动者进行劳动管理的新就业形态劳动者权益保障承担相应责任。在与灵活就业者息息相关的职业伤害保障方面,一些地方已经开展了试点工作。很显然,虽然灵活就业者中有不少属于"不完全符合确立劳动关系情形",但如果满足"企业对劳动者进行劳动管理"的要件,一旦出现工伤事故,那么相关的涉事企业就不能逃避应承担的责任。

需要指出的是,高温劳动保护涉及工伤保险、劳动安全、医疗卫生、气象预报等诸多环节,需要政府机关、企事业单位、劳动保障监察部门及全社会的共同发力。严格按照劳动法律法规来办事,坚持以人为本,积极探索和创新劳动者权益保护的政策和路径,这一工作的意义怎么说都不为过。为高温下的劳动者支起一把"遮阳伞",是我们这个社会文明程度的集中体现。

——环球时报:《环时锐评:高温来了,请合力给劳动者支起"遮阳伞"》,"学习强国"学习平台 2022 年 7 月 18 日。本书选用时有改动。

案例思考

你是如何理解"劳动安全"的?

安全是人类生存与发展的最基本要求,是生命与健康的基本保障。社会发展、社会建设离不开劳动者的生产,安全生产是保护劳动者安全健康、保证国民经济持续发展的基本条件。劳动安全是每一位劳动者在职业劳动过程中所享有的权利。随着各类劳动生产安全事故频繁发生,劳动生产安全的形势也越发严峻。了解什么是劳动安全?生产经营单位负有哪些劳动安全保障义务?从业人员享有哪些劳动安全权利和义务?了解上述知识对于将走上工作岗位的大学生来说具有相当重要的现实意义。

一、劳动安全的内涵

作为即将走上工作岗位的未来劳动者,大学生要有充分的安全知识储备,形成良好的劳动安全意识和自我保护意识,不断提升自己防范风险的能力,成为一名遵规守法的劳动者。同时,国家、企业、社会理应为每一名公民提供安全的生活和工作环境,保障公民的生命安全和身体健康。劳动安全是指在生产劳动过程中,防止中毒、车祸、触电、塌陷、爆炸、火灾、坠落、机械外伤等危及劳动者人身安全的事故发生。广义的劳动安全包括人身安全和健康两部分内容。狭义的劳动安全是指人身安全或上述某一类的劳动安全。概言之,劳动安全也被称作职业安全,是劳动者享有的在职业劳动中人身安全获得保障、免受职业伤害的权利。

为了提高劳动者的安全生产意识,必须进行经常性的安全教育,使劳动者掌握安全生产知识,不断提高安全操作技能,以增强劳动者安全生产的责任感和遵章守纪的自觉性。一方面,要让劳动者了解导致安全隐患的常见情况有哪些? 一是人的不安全行为,即在劳动的过程中或者日常环境中,很多随意的、非必要的动作或操作会导致危险的发生,对自身或他人造成伤害;二是物的不安全状态,即物体的使用过程、使用条件以及物体本身也可能存在一些危险和有害因素。在劳动过程中,我们要严格遵守操作规程并做好防护,避免危险的发生;三是环境因素,即在复杂的劳动环境中,不可避免地存在一些不利因素,但是可以通过一些技术手段或者防护手段去规避这些不利因素;四是管理方面的缺陷,即国家或企业制定生产操作规程和安全注意事项,是对人员财产安全的一种保护措施,等等。了解这些安全隐患,有助于更好地保护劳动者的生命与财产安全。

另一方面,劳动者还需要了解劳动安全的基本原则。一般来说,确保劳动安全既有一般岗位的通用原则,也有特殊行业、特殊岗位的专业原则。一是生命至上的原则,在劳动过程中,劳动者要首先保证生命安全,没有了生命,其他的物质财富都是零,必须明白"100-1=0"的道理,即一次事故就是安全管理的全部失败;二是防患于未然的原则,所有事故的发生都有内在和外在的原因,这在生产系统中被称为安全隐患,排查并消除安全隐患,能够有效减少事故发生的概率;养成安全习惯的原则,良好的劳动安全习惯是避免事故发生的重要条件之一,比如,上岗之前,要熟悉自己的岗位职责和工作内容,主动参加培训,对于不太熟悉的工作内容和工作要求,要多向有经验的员工请教,尤其要明确工作流程,不能贸然操作,再比如,使用设备前要对设备进行检查,确认运行正常后再进行操作,发现设备异常必须立即停止使用,等待检测、检修,确保处于正常状态后方可使用,操作结束时要做好收尾工作,等等。总之,安全无小事。劳动者在职业劳动过程中,有必要了解劳动安全的基本原则,更好地保障自身安全。

劳动视界

中华人民共和国安全生产法

第一章　总则

第一条　为了加强安全生产工作,防止和减少生产安全事故,保障人民群众生命和财产安全,促进经济社会持续健康发展,制定本法。

第二条　在中华人民共和国领域内从事生产经营活动的单位(以下统称生产经营单位)的安全生产,适用本法;有关法律、行政法规对消防安全和道路交通安全、铁路交通安全、水上交通安全、民用航空安全以及核与辐射安全、特种设备安全另有规定的,适用其规定。

第三条　安全生产工作坚持中国共产党的领导。

安全生产工作应当以人为本,坚持人民至上、生命至上,把保护人民生命安全摆在首位,树牢安全发展理念,坚持安全第一、预防为主、综合治理的方针,从源头上防范化解重大安全风险。

安全生产工作实行管行业必须管安全、管业务必须管安全、管生产经营必须管安全,强化和落实生产经营单位主体责任与政府监管责任,建立生产经营单位负责、职工参与、政府监管、行业自律和社会监督的机制。

第四条　生产经营单位必须遵守本法和其他有关安全生产的法律、法规,加强安全生产管理,建立健全全员安全生产责任制和安全生产规章制度,加大对安全生产资金、物资、技术、人员的投入保障力度,改善安全生产条件,加强安全生产标准化、信息化建设,构建安全风险分级管控和隐患排查治理双重预防机制,健全风险防范化解机制,提高安全生产水平,确保安全生产。

平台经济等新兴行业、领域的生产经营单位应当根据本行业、领域的特点,建立健全并落实全员安全生产责任制,加强从业人员安全生产教育和培训,履行本法和其他法律、法规规定的有关安全生产义务。

第五条　生产经营单位的主要负责人是本单位安全生产第一责任人,对本单位的安全生产工作全面负责。其他负责人对职责范围内的安全生产工作负责。

第六条　生产经营单位的从业人员有依法获得安全生产保障的权利，并应当依法履行安全生产方面的义务。

第七条　工会依法对安全生产工作进行监督。

生产经营单位的工会依法组织职工参加本单位安全生产工作的民主管理和民主监督，维护职工在安全生产方面的合法权益。生产经营单位制定或者修改有关安全生产的规章制度，应当听取工会的意见。

第八条　国务院和县级以上地方各级人民政府应当根据国民经济和社会发展规划制定安全生产规划，并组织实施。安全生产规划应当与国土空间规划等相关规划相衔接。

各级人民政府应当加强安全生产基础设施建设和安全生产监管能力建设，所需经费列入本级预算。

县级以上地方各级人民政府应当组织有关部门建立完善安全风险评估与论证机制，按照安全风险管控要求，进行产业规划和空间布局，并对位置相邻、行业相近、业态相似的生产经营单位实施重大安全风险联防联控。

第九条　国务院和县级以上地方各级人民政府应当加强对安全生产工作的领导，建立健全安全生产工作协调机制，支持、督促各有关部门依法履行安全生产监督管理职责，及时协调、解决安全生产监督管理中存在的重大问题。

乡镇人民政府和街道办事处，以及开发区、工业园区、港区、风景区等应当明确负责安全生产监督管理的有关工作机构及其职责，加强安全生产监管力量建设，按照职责对本行政区域或者管理区域内生产经营单位安全生产状况进行监督检查，协助人民政府有关部门或者按照授权依法履行安全生产监督管理职责。

第十条　国务院应急管理部门依照本法，对全国安全生产工作实施综合监督管理；县级以上地方各级人民政府应急管理部门依照本法，对本行政区域内安全生产工作实施综合监督管理。

国务院交通运输、住房和城乡建设、水利、民航等有关部门依照本法和其他有关法律、行政法规的规定，在各自的职责范围内对有关行业、领域的安全生产工作实施监督管理；县级以上地方各级人民政府有关部门依照本法和其他有关法律、法规的规定，在各自的职责范围内对有关行业、领域的安全生产工作实施监督管理。对新兴行业、领域的安全生产监督管理职责不明确的,由县级以上地方各级人民政府按照业务相近的原则确定监督管理部门。

应急管理部门和对有关行业、领域的安全生产工作实施监督管理的部门,统称负有安全生产监督管理职责的部门。负有安全生产监督管理职责的部门应当相互配合、齐抓共管、信息共享、资源共用,依法加强安全生产监督管理工作。

第十一条　国务院有关部门应当按照保障安全生产的要求,依法及时制定有关的国家标准或者行业标准,并根据科技进步和经济发展适时修订。

生产经营单位必须执行依法制定的保障安全生产的国家标准或者行业标准。

第十二条　国务院有关部门按照职责分工负责安全生产强制性国家标准的项目提出、组织起草、征求意见、技术审查。国务院应急管理部门统筹提出安全生产强制性国家标准的立项计划。国务院标准化行政主管部门负责安全生产强制性国家标准的立项、编号、对外通报和授权批准发布工作。国务院标准化行政主管部门、有关部门依据法定职责对安全生产强制性国家标准的实施进行监督检查。

第十三条　各级人民政府及其有关部门应当采取多种形式,加强对有关安全生产的法律、法规和安全生产知识的宣传,增强全社会的安全生产意识。

第十四条　有关协会组织依照法律、行政法规和章程,为生产经营单位提供安全生产方面的信息、培训等服务,发挥自律作用,促进生产经营单位加强安全生产管理。

第十五条　依法设立的为安全生产提供技术、管理服务的机构,依照法律、行政法规和执业准则,接受生产经营单位的委托为其安全生产工作提供技术、管理服务。

生产经营单位委托前款规定的机构提供安全生产技术、管理服务的,保证安全生产的责任仍由本单位负责。

第十六条　国家实行生产安全事故责任追究制度,依照本法和有关法律、法规的规定,追究生产安全事故责任单位和责任人员的法律责任。

第十七条　县级以上各级人民政府应当组织负有安全生产监督管理职责的部门依法编制安全生产权力和责任清单,公开并接受社会监督。

第十八条　国家鼓励和支持安全生产科学技术研究和安全生产先进技术的推广应用,提高安全生产水平。

第十九条　国家对在改善安全生产条件、防止生产安全事故、参加抢险救护等方面取得显著成绩的单位和个人,给予奖励。

——《中华人民共和国安全生产法》,中国法制出版社 2021 年版。

二、劳动安全注意事项

明确了劳动安全的内涵,还需要了解劳动安全的注意事项。本书主要介绍的是高校对大学生进行劳动安全教育时需要明晰的劳动安全注意事项,包括校园劳动安全和实习劳动安全。

(一)校园劳动安全注意事项

尽管大学生生活在校园里,但是可以参与的劳动很多,如打扫班级卫生、打扫寝室卫生、打扫公共区域卫生、参加校内实训课程、参与校内公益活动、参加校园建设等。那么,在参与校园劳动过程中需要注意哪些事项呢?

一是卫生劳动安全。一方面,大学生在参与室内劳动时,应注意打扫时不要打闹,更不能用清洁工具嬉笑打闹,以免伤及自己或同学;注意尖锐物品的使用,以免碰伤;拖地时注意地面不要存积水,尽量穿着防滑鞋靴,避免摔倒;擦电器设备时,务必在擦拭前先关闭电源,不能用湿布去擦开关,以免触电;等等。另一方面,大学生在参与室外劳动时,应注意劳动时不要赤脚,以免被刺伤;在参与除草、捡拾垃圾等劳动时,最好戴手套,避免杂物伤手;进行室外公区卫生打扫的时候,注意有车辆路段的交通安全;等等。

二是活动劳动安全。组织活动或参与活动,是每个大学生在大学阶段都会经历的事情。保障大学生的活动劳动安全也成为劳动安全的重要组成部分。学校层面,需要对大学生要参与或组织的活动,预先研订周详的活动计划书,报备学校相关部门。同时,在活动举办之前,应先了解活动地点、天气状况、往返路况等,对膳宿事宜预做安排,并对可能出现的变化预做应急准备,必要时,可以先派工作人员做现场勘察及接洽,确保活动安全。学生层面,需要按照相关要求,遵守活动纪律,不擅自离开队伍,确保活动期间个人安全。

（二）实习劳动安全注意事项

实习劳动是大学生参加社会实践劳动的重要组成部分,主要分为学校教学要求的教学实习劳动及大学生自行参与的社会兼职实习劳动。

一是教学实习劳动安全注意事项。实习是大学生学习的必修环节。通过实习,大学生能够了解真实的生产环境与生产过程,掌握操作技能。学生离校参加实习,就涉及劳动安全的问题。为保证实习工作的顺利进行,确保自身安全,大学生应严格按照学校相关规定进行社会实践劳动,在实习劳动前参加学校组织的实习劳动安全相关教育,参加实习劳动安全考试,合格后方能离校参加实习。在实习期间,大学生必须提高安全防范意识,提高自我保护能力,注意自身的人身和财物安全,防止各种事故的发生;对实习中有关安全问题的复杂性要有充分的认识和思想准备;参加实习的学生应严格遵守实习纪律及实习单位的安全操作规程,发现故障或异常现象,立即报告,未经允许不得随意拆卸或启动设备,确保人身、设备的安全,杜绝事故的发生;注意寝室安全(如燃气、用水、用电等),保管好个人的财物,不得擅自外宿,不得在宿舍留宿他人;严格遵守交通法规,外出注意交通安全,上下班要结伴同行,沿途不得逗留、游玩,晚上不随意外出,不乘坐无证无照等无安全保障的交通工具,不无证驾驶机动车辆。

二是社会兼职劳动安全注意事项。很多大学生会利用寒暑假的时间在校外寻找兼职,开展社会劳动实践活动,提升自己的工作能力、社会适应及自主管理的能力。然而大学生的社会阅历不够丰富,在找兼职或参加兼职劳动的时候往往容易出现一些问题。比如,不法中介骗取中介费、收取各种押金保证金、误入传销、拒绝签订书面协议、娱乐场所兼职问题多、兼职家教风险多、收取高额"培训费"等。为了保障大学生在兼职期间的劳动安全,需要做好防范,可以通过去正规的职介中心寻找兼职岗位、拒绝扣留相应的证件、要求签订书面劳动协议等方式避免上当受骗。

第二节 劳 动 法 规

引导案例

劳动合同与劳务合同一字之差意义不同

【案情】刘某 2011 年入职某公司，双方签订劳动合同约定，合同期限自 2011 年 12 月至 2014 年 12 月，后双方将该合同续签至 2019 年 12 月。2018 年 5 月，双方签订《解除劳务聘用关系协议书》，约定双方劳务聘用关系自 2018 年 5 月终止，公司欠刘某的劳务费分 3 笔给付，但到期后该公司未付清劳务费。2019 年刘某申请劳动仲裁，劳动仲裁委认为该仲裁请求不属于劳动人事争议仲裁受理范围。

刘某遂向法院提起诉讼。法院查明刘某 2012 年到达法定退休年龄，开始领取退休金。虽然双方签订了劳动合同，但自刘某开始享受基本养老保险待遇之日起，双方的劳动关系就终止了。根据相关法律规定，用人单位与其招用的已经依法享受养老保险待遇或者领取退休金的人员发生用工争议而提起诉讼的，法院应当按劳务关系处理。法院经审理将案由变更为劳务合同纠纷，判决某公司向刘某付清所欠劳务费。

【说法】法官表示，劳动合同和劳务合同虽然只有一字之差，但法律意义大不相同。劳动合同是用人单位与劳动者之间确定劳动关系的用工合同，以劳动者成为用人单位内部员工为目的；劳务合同是提供劳务一方为接受劳务一方提供服务的合同，以提供劳务方的劳动行为作为合同标的。

在权利义务方面，劳动合同的双方主体间不仅存在财产关系，还存在着人身关系，劳动者必须遵守用人单位的规章制度，用人单位负有为劳动者缴纳社会保险等法律责任；劳务合同的双方主体之间只存在财产关系，提供劳务一方无须成为用工单位的成员。

在救济途径方面，当劳动争议出现时，争议一方应先到劳动仲裁委员会申请劳动仲裁,不服仲裁结果并在法定期间内才可到法院起诉;劳务合同纠纷出现后,争议双方可直接向法院起诉。

——人民日报:《以案说法:劳动合同与劳务合同一字之差意义不同》,"学习强国"学习平台 2021 年 5 月 2 日。本书选用时有改动。

案例思考

1. 你是如何理解劳动法规的?
2. 劳动法规的作用和意义是什么?

明确了什么是劳动安全,那么,劳动者想要保障自身的劳动安全,就需要遵守和使用具有法律效力的劳动法规。劳动法规是劳动者保障自身劳动权益和劳动安全的基本前提。高校开展劳动教育时,要求学生学习基本的劳动法规、增强法治意识是十分必要的。

一、劳动法规的内涵

劳动法规,是指调整劳动关系以及与劳动关系密切联系的其他社会关系的法律规范的总称,包括全国人民代表大会、全国人大常委会、国务院制定的有关劳动关系的法律、法规及国务院各部门和地方国家机关制定的劳动规章、地方性法规。其中最重要的是《中华人民共和国劳动法》(以下简称《劳动法》)。作为劳动者,在从事职业劳动时有必要对劳动法规有基本的了解和认知。

《劳动法》于 1995 年 1 月 1 日起施行,并分别于 2009 年和 2018 年进行了两次修订。其立法目的是保护劳动者的合法权益,调整劳动关系,建立和维护适应社会主义市场经济的劳动制度、促进经济发展和社会进步。该法共分为 13 章,包括总则、促进就业、劳动合同和集体合同、工作时间和休息休假、工资、劳动安全卫生、女职工和未成年工特殊保护、职业培训、社会保险和福利、劳动争议、监督检查、法律责任、附则。劳动法主导整个劳动法体系,集中体现劳动法的本质和基本精神,是调整劳动领域的社会关系时所应遵循的基本准则。

此外,我们还需要了解劳动法规调整的对象和劳动法规的基本原则。劳动关系以及与劳动关系密切联系的其他社会关系是劳动法规所要调整的对象。这两大类关系主要包括劳动行政关系、就业关系、劳动团体关系、劳动法制监督关系、劳动争议处理关系等方面,这些社会关系和劳动关系共同成为我国劳动法的调整对象,劳动法在这些领域也发挥着重要作用。劳动法律制度是规范劳动关系的法律制度,劳动关系是劳动法律制度调整的核心内容。劳动法规的基本原则主要包括偏重保护劳动者合法权益的原则和协调劳动关系的原则。劳动者作为劳动关系的一方当事人,与用人单位相比较而言,处于弱势地位;而在市场经济条件下,用人单位有追求利润最大化的欲望,为了限制用人单位滥用权利损害劳动者的合法权益,劳动法向劳动者一方倾斜,偏重保护劳动者,从而维持主体双方平等的法律地位。例如,《劳动法》第三条规定:"劳动者享有平等就业和选择职业的权利、取得劳动报酬的权利、休息休假的权利、获得劳动安全卫生保护的权利、接受职业技能培训的权利、享受社会保险和福利的权利、提请劳动争议处理的权利以及法律规定的其他劳动权利。"协调劳动关系原则是指劳动法在调整劳动关系及其附随关系时,通过各种机制和方式对劳动关系进行协调,促使劳动关系实现和保持和谐稳定。在《中华人民共和国劳动合同法》(以下简称《劳动合同法》)第一条对立法目的的阐释中,"为了构建和谐稳定劳动关系"列入其中。协调劳动关系原则是对偏重保护劳动者合法权益的补充和制约,它意味着劳动法平等地对待劳动关系双方当事人的正当利益。

二、劳动法规的内容

劳动法规,即劳动法,是指调整劳动关系以及与劳动关系密切联系的其他社会关系的各种法律规范。这些法律规范构成了劳动法的基本内容。在我国,劳动法的内容主要包括以下几个方面。

(一)劳动就业制度

劳动就业,是指具有劳动权利能力和劳动行为能力并有就业愿望的公民获得有报酬的职业,是劳动者的谋生手段。充分的就业和稳定的就业形势,是保障人民生活、维持社会经济发展和社会安定的重要条件,因此各国劳动法都将就业制度作为劳动法的重要内容。劳动就业制度的主要内容包括有关劳动就业的基本原则、就业服务和管理、职业教育和培训、就业援助等内容。

（二）劳动合同制度

劳动合同制度，是劳动法的基本法律制度，是劳动法规的重要组成部分。我国劳动合同制度产生、发展到逐步健全的历程也是我国劳动力市场化实践逐步取得成效的过程。20 世纪 80 年代，以劳动合同形式建立劳动关系的实践已经开始，且该实践过程始终与国家经济体制改革的脉络相一致，在曲折中不断前行，并最终形成了独特的劳动合同制度。劳动合同制度包括对劳动合同的形式、种类、主要条款及订立、变更、解除及违约责任的规定。

（三）工时制度

工时制度，是指包括对标准工作时间和特殊工作时间的规定，对各种休息休假制度的规定，以及对延长工作时间的规定和限制。我国现行立法中对劳动者工作时间和休息休假问题进行规定的主要包括《劳动法》《国务院关于职工工作时间的规定》《职工带薪年休假条例》《全国年节及纪念日放假办法》等法律、法规及其他规范性文件。上述文件相互配合共同构建起有关工作时间、休息休假的制度体系。

（四）工资制度

工资，即劳动报酬，指劳动关系中职工因履行劳动义务而获得的由用人单位支付的物质补偿。工资制度，是指包括工资立法的基本原则、工资的范围、最低工资制度、特殊情况下的工资支付以及工资支付的法律保障等。《劳动法》《工资支付暂行规定》《最低工资规定》等文件均属于有关工资问题的法律渊源，为保障劳动者及时、足额获得相应劳动报酬提供了制度支持。比如，工资分配应当遵循按劳分配原则，实行同工同酬；工资应当以货币形式按月支付给劳动者本人；不得克扣或者无故拖欠劳动者的工资；国家实行最低工资保障制度；用人单位支付劳动者的工资不得低于当地最低工资标准；等等。

（五）劳动保护制度

劳动保护制度，包括各种安全卫生技术规程，职业病的预防与治疗，劳动保护用品的发放标准，各种安全和卫生的管理制度，对女职工、未成年工从事有害健康工作的限制，对女职工在特殊生理期间的保护，对未成年人就业年龄的限制等。这些法律文件从劳动安全制度的总体要求、设施建设维护、用人单位的安全卫生制度建设、劳动者的安全操作等方面建构起比较完整的劳动安全卫生制度体系,为劳动者的身心健康保驾护航。

（六）社会保险和社会福利制度

《中华人民共和国社会保险法》(以下简称《社会保险法》)第二条明确规定:"国家建立基本养老保险、基本医疗保险、工伤保险、失业保险、生育保险等社会保险制度,保障公民在年老、疾病、工伤、失业、生育等情况下依法从国家和社会获得物质帮助的权利。"社会福利制度,主要是指国家和社会为保障和提升社会成员的生活质量,建设和提供生活便利设施,提供生活便利服务及提供适当经济补贴的一种社会保障制度。

（七）劳动争议处理制度

劳动争议处理是协调劳动关系、化解劳资矛盾的重要途径。《中华人民共和国劳动争议调解仲裁法》(以下简称《劳动争议调解仲裁法》)于 2008 年5 月 1 日起实施。其立法目的是公正、及时地解决劳动争议,保护当事人合法权益,促进劳动关系和谐稳定。劳动争议处理制度的主要内容包括劳动争议的范围、处理劳动争议的基本原则、处理劳动争议的机构以及处理劳动争议的具体程序等。

（八）劳动监督检查和法律责任制度

劳动监督检查是指有权的国家机关和其他主体,对劳动法执行情况进行监督检查,以确保劳动法的贯彻实施。劳动监督检查制度,主要包括确定对劳动法执行情况进行监督检查的机关和权限、监督检查的具体制度、用人单位违反劳动法的法律责任、劳动者违反劳动法的法律责任以及其他主体违反劳动法的法律责任等。

劳动视界

劳动争议日趋复杂　各方权益依法保障

案例 1:网络主播索要赔偿 属劳动关系被驳回

王某与某传媒有限公司签订《主播签约合作协议书》后,成为一名网络主播,约定合同期限为 3 年,该公司在全球范围内独家担任王某的演艺经纪公司。同时,该协议就双方的权利义务、争议解决方式进行了约定,该公司还为王某支付了养老保险费。

随后,王某向河北省秦皇岛市海港区劳动人事争议调解仲裁委员会申请仲裁,请求该公司支付经济补偿金、未签合同双倍工资以及加班工资。仲裁委作出裁决,不予支持申请人的仲裁请求。王某不服,将该公司诉至法院。

海港区人民法院审理后认为,原、被告双方签订的《主播签约合作协议书》约定了合同期限、工作内容、工作时间、权利义务等内容,符合劳动合同法规定的劳动合同应当具备的主要条款,同时参照被告为原告支付了养老保险费等情况,双方的关系符合劳动关系特征,故对原告以未订立书面劳动合同为由要求双倍工资赔偿的诉请,不予支持。原告未提交用人单位存在应向劳动者支付经济补偿金情形的其他证据,亦未提供相关能证明其加班事实的证据,据此判决驳回原告的诉讼请求。

该案承办法官表示,网络直播行业作为新兴业态的代表,其更灵活的空间、更广阔的平台、更自由的时间,使得"网络主播"成为很多人的职业选择。本案中,原、被告之间签订的《主播签约合作协议书》,从形式上看为"合作协议",但分析协议内容,其对原告的工作时长、工作内容、工作地点均进行了规定,并约定了保底工资,符合劳动合同法对用人单位与劳动者签订劳动合同时应包括的主要条款之规定。因此,本案中双方签订的《主播签约合作协议书》实质系劳动合同书性质。

法官提醒,如果将网络主播作为自己的职业选择,在面对经纪传媒公司的"签约"邀请时,应在充分理解双方签订的合同条款内容后作出选择,避免使自己处于不利地位。经纪传媒公司也应全面履行合同义务,各方共促"网红经济"有序快速发展。

案例2:员工被骗造成损失　单位追偿仲裁前置

邢某某于2021年4月入职河北某农业公司,从事公司日常记账工作,双方未签订劳动合同。公司财务总监因工作需要,将公司账户的账号、密码告知邢某某,且事后并未修改密码。同年6月29日,邢某某遭受网络诈骗致使公司损失268000元,事后向公安机关报警。

2021年7月,河北某农业公司以财产损害赔偿纠纷案为由,向河北省张家口市沽源县人民法院起诉,要求邢某某赔偿公司财产损失。

法院认为,用人单位自用工之日起即与劳动者建立劳动关系,本案中邢某某入职时间尚短、未签订劳动合同,并不影响其劳动关系的认定。而劳动者在履职过程中,因重大过错遭受网络诈骗,造成用人单位财产损失,用人单位主张赔偿的,应先申请劳动仲裁。据此,法院裁定驳回原告河北某农业公司的起诉,如果对劳动仲裁裁决不服,可另行起诉。

该案承办法官介绍,劳动者在履职过程中被骗,给用人单位造成财产损失,用人单位要求经济赔偿的,属于用人单位与劳动者履行劳动合同发生的争议。本案中,尽管原、被告之间未签订劳动合同,但被告在原告公司工作,接受原告公司管理,从事原告公司安排的劳动,原告公司对邢某某构成实际用工,本案属于劳动者在履行职务过程中导致的用人单位财产损失。该纠纷虽然与劳动报酬给付、劳动合同解除等典型意义上的劳动争议不同,但基于原、被告之间存在劳动关系,损害的事实源于邢某某履行职务的行为,且发生在劳动关系存续期间内,本案适用劳动争议仲裁前置,更有利于保护劳动者的合法权益。

案例 3:未报方案先行裁员 解约违法应予赔偿

2003 年 12 月,王某某入职某墙纸公司,从事压花工段操作工岗位。2013 年 12 月,双方签订无固定期限劳动合同。2018 年 4 月,王某某非因工负伤,开始病休。此后,某墙纸公司一直给王某某发放疾病救济费、病假工资至 2020 年 7 月。

2020 年 6 月,某墙纸公司召开全体职工大会,宣布公司董事会裁员决议及经营状况通报、解除劳动合同补偿方案。同年 7 月,该公司向王某某发出劳动合同解除通知,并向其出具解除(终止)劳动合同证明书。王某某随后向河北省保定市劳动人事争议调解仲裁委员会申请仲裁。裁决显示,该公司在召开全体职工大会后并未将裁员方案报告当地人力资源和社会保障局。王某某据此向法院提起诉讼,请求法院判令该公司支付解除劳动合同的经济赔偿金及补偿金等。

该案经过二审,保定市中级人民法院最终维持原判,即判决某墙纸公司给付王某某赔偿金 127217.8 元。两审法院均认为,该案中,某墙纸公司于 2018 年、2019 年连续亏损,虽召开了全体职工大会,但其裁员方案并未向劳动行政部门报告,其与王某某解除合同违反法律规定,应当按照经济补偿标准的二倍向王某某支付赔偿金。鉴于某墙纸公司裁员前王某某处于请假状态,未全额发放工资,其工资标准应以其病休前正常工作期间的月平均工资计算。

二审法官表示,企业因运营出现问题一次性辞退部分员工,本是劳动合同法经济性裁员条款的初衷,经济性裁员的前置程序对于保障劳动者免受不公正解雇、促进劳资双方通过自我协调化解劳资纠纷具备不可或缺的作用。即便用人单位存在符合经济性裁员的硬性条件,也应向劳动行政部门报告裁员方案,未进行报告就实施的裁员行为,应认定用人单位解除劳动合同的行为违反法律规定,应向劳动者支付赔偿金。

案例 4:过错致损事后离职 拖欠工资仍应支付

2019 年 6 月,尹某某入职某家具公司,从事设计工作。在随后的工作中,因尹某某设计失误,公司产生了一定的经济损失。事情发生后,尹某某主动提出与公司解除劳动关系,并于 2019 年 9 月 17 日离职。截至离职时,某家具公司尚拖欠尹某某工资 39149.5 元未予支付。

为讨要工资,尹某某申请仲裁。2019 年 12 月,河北省廊坊市香河县劳动人事争议调解仲裁委员会作出仲裁裁决,判令某家具公司支付尹某某工资 39149 元。某家具公司不服仲裁裁决,认为尹某某给公司造成损失,不应再向其支付工资,遂向法院起诉。

香河县人民法院一审认为,用人单位应当按照劳动合同约定和国家规定,向劳动者及时足额支付劳动报酬。自被告尹某某入职至 2019 年 9 月 17 日离职,原告某家具公司共计拖欠其工资 39149.5 元未支付。因被告设计工作失误给原告造成的损失,与本案不属于同一法律关系,故本案不予解决。一审法院判决原告支付被告工资 39149.6 元,于判决生效后五日内履行。原告某家具公司不服一审判决提起上诉,二审法院判决驳回上诉、维持原判。

该案一审承办法官表示,劳动者享有取得劳动报酬的权利,用人单位应当向劳动者及时足额支付劳动报酬。如果因劳动者本人原因给用人单位造成经济损失的,用人单位可按照劳动合同的约定要求其赔偿经济损失。但用人单位不能因劳动者过错而拒付工资报酬。

——选取自《河北民事审判指导与参考(劳动者权益保护篇)》第三期案例。

三、劳动合同

劳动合同,又称劳动协议,是指劳动力的提供方即劳动者(雇员)和劳动力的使用方即用人单位(雇主)确立劳动关系,明确双方在劳动力的使用和被使用过程中的权利和义务的协议。劳动合同是确定劳动关系的法律凭证,是建立规范有效劳动关系的重要载体。以劳动合同作为确立劳动关系的基本形式,对劳动者来说,是劳动者实现劳动权的重要保障;对于用人单位来说,是合理使用劳动力、巩固劳动纪律、提高劳动生产率的重要手段;对于社会来说,是减少和防止发生劳动争议的重要举措。即将进入职业生活、步入职场的大学生,了解劳动合同的相关知识,了解劳动合同双方的权利义务,具有十分重要的意义。

(一)劳动合同的订立

劳动合同是劳动者与用人单位确立劳动关系、明确双方权利和义务的协议。建立劳动关系应当订立劳动合同。劳动合同的订立是作为劳动合同主体双方的劳动者和用人单位就各自的权利和义务进行协商,使双方的意志协调一致从而签订对双方具有约束力的劳动合同的法律行为。由于劳动合同内容上的特殊性,劳动合同的订立不单纯是双方当事人的事,而是要在不同程度上服从国家的强制干预。劳动者和用人单位都必须了解劳动合同订立的法律规定,遵循订立的原则,按照订立的程序,在劳动合同订立过程中遵循合法、公平、平等自愿、协商一致、诚实信用的原则,利用法律手段保障自己的权利,保证劳动关系的依法确立。

劳动合同订立的形式主要有书面和口头两种。一般而言,书面形式订立的劳动合同,当事人之间的权利义务明确,便于履行,一旦发生纠纷也有据可查,便于处理。而口头形式订立的劳动合同,虽然灵活、简便,但容易发生纠纷,且因口头合同无凭证而增加争议处理的难度,不利于维护劳动者合法权益。我国《劳动法》和《劳动合同法》均要求以书面形式订立劳动合同,《劳动合同法》第十条明确规定:"建立劳动关系,应当订立书面劳动合同。已建立劳动关系,未同时订立书面劳动合同的,应当自用工之日起一个月内订立书面劳动合同。用人单位与劳动者在用工前订立劳动合同的,劳动关系自用工之日起建立。"用人单位自用工之日起超过一个月不满一年未与劳动者订立书面劳动合同的,应当向劳动者每月支付双倍的工资;自用工之日起满一年不与劳动者订立书面劳动合同的,视为用人单位与劳动者已订立无固定期限劳动合同。未订立书面劳动合同的,下列凭证亦可以证明事实劳动关系的存在:工资支付凭证或记录和社会保险费的记录;工作证、服务证等证件;招工招聘登记表或报名表;考勤记录;其他劳动者证言;等等。

（二）劳动合同的内容

劳动合同的内容是指劳动合同所包含的所有条款,即通过劳动合同条款反映出来的当事人双方的权利和义务。劳动合同的内容是劳动合同的实质所在,体现了双方当事人之间劳动法律关系的具体含义。我国《劳动法》和《劳动合同法》规定劳动合同内容由法定内容和约定内容两部分组成。法定内容是国家法律要求劳动合同必须具备的条款,又称为必备条款。约定内容是双方当事人根据双方具体情况协商约定的条款。根据劳动合同订立的合法性原则,约定条款必须不违反现有法律、法规的规定,否则无效。

我国《劳动法》第十九条和《劳动合同法》第十七条采用强制性规范并列举劳动合同应当具备的条款,符合我国国情,有利于引导劳动合同双方当事人正确全面地订立合同,减少劳动纠纷。《劳动法》第十九条规定,劳动合同应当以书面形式订立,并具备以下条款:① 劳动合同期限;② 工作内容;③ 劳动保护和劳动条件;④ 劳动报酬;⑤ 劳动纪律;⑥ 劳动合同终止的条件;⑦ 违反劳动合同的责任。《劳动合同法》第十七条规定,劳动合同应当具备以下条款:① 用人单位的名称、住所和法定代表人或者主要负责人;② 劳动者的姓名、住址和居民身份证或者其他有效身份证件号码;③ 劳动合同期限;④ 工作内容和工作地点;⑤ 工作时间和休息休假;⑥ 劳动报酬;⑦ 社会保险;⑧ 劳动保护、劳动条件和职业危害防护;⑨ 法律、法规规定应当纳入劳动合同的其他事项。

根据《劳动合同法》第十七条的规定,除上文提到的必备条款之外,劳动合同当事人还可以协商约定其他内容。例如,劳动合同的试用期、培训条款、竞业限制条款、补充社会保险待遇、其他福利待遇等。需要注意的是,劳动合同的约定条款也要在遵守《劳动合同法》中有关规定的前提下进行约定。例如,关于试用期,《劳动合同法》规定,劳动合同期限三个月以上不满三年的,试用期不得超过一个月;劳动合同期限一年以上不满三年的,试用期不得超过二个月;三年以上固定期限和无固定期限的劳动合同,试用期不得超过六个月。劳动者在试用期的工资不得低于本单位相同岗位最低档工资或者劳动合同约定工资的 80%,并不得低于用人单位所在地的最低工资标准。

（三）劳动合同的解除

劳动合同的解除,是指在有效的劳动合同履行过程中,由于双方或单方的法律行为,在合同的有效期届满或者履行完毕之前,结束劳动合同效力的法律行为。劳动合同的解除有两大类:一是双方协商解除合同;二是单方法定解除合同。

《劳动合同法》第三十六条规定,用人单位与劳动者协商一致,可以解除劳动合同。《劳动合同法》第三十七条规定,劳动者提前三十日以书面形式通知用人单位,可以解除劳动合同。劳动者在试用期内提前三日通知用人单位,可以解除劳动合同。

《劳动合同法》第三十八条规定,用人单位有下列情形之一的,劳动者可以解除劳动合同:① 未按照劳动合同约定提供劳动保护或者劳动条件的;② 未及时足额支付劳动报酬的;③ 未依法为劳动者缴纳社会保险费的;④ 用人单位的规章制度违反法律、法规的规定,损害劳动者权益的;⑤ 因本法第二十六条第一款规定的情形致使劳动合同无效的;⑥ 法律、行政法规规定劳动者可以解除劳动合同的其他情形。

用人单位以暴力、威胁或者非法限制人身自由的手段强迫劳动者劳动的,或者用人单位违章指挥、强令冒险作业危及劳动者人身安全的,劳动者可以立即解除劳动合同,不需事先告知用人单位。

《劳动合同法》第三十九条规定,劳动者有下列情形之一的,用人单位可以解除劳动合同:① 在试用期间被证明不符合录用条件的;② 严重违反用人单位的规章制度的;③ 严重失职,营私舞弊,给用人单位造成重大损害的;④ 劳动者同时与其他用人单位建立劳动关系,对完成本单位的工作任务造成严重影响,或者经用人单位提出,拒不改正的;⑤ 因本法第二十六条第一款第一项规定的情形致使劳动合同无效的;⑥ 被依法追究刑事责任的。

劳动视界

劳动权益有法保障 合理用工理性维权

随着我国法治化建设的不断推进,国家对劳动者权益的保护越发重视,相关法律的完善和普法宣传力度逐年加大,劳动者的理性维权意识和维权能力有所增强。近日,记者梳理了山东省日照市两级人民法院办理的几起劳动争议案例,以期通过以案释法,提醒用人单位要依法依规合理用工,劳动者也要理性维权。

哺乳期内合同期满 关系顺延工资照付

某人力公司与王某某签订劳动合同,合同期限自 2019 年 3 月 23 日至 2020 年 3 月 22 日。王某某于 2020 年 1 月 2 日向公司请产假至 2020 年 4 月 2 日。某人力公司主张王某某利用连续请假的方式旷工,为王某某发放 2019 年 10 月的工资 410.2 元后未再发放工资,王某某自 2020 年 4 月 2 日休完产假后未再上班。王某某诉至法院,请求确认双方劳动关系自 2020 年 4 月 2 日终止,并要求某人力公司支付其 2019 年 11 月至产假结束的工资 8000 元。

山东省日照市东港区人民法院经审理认为,虽然双方之间的劳动合同期限至 2020 年 3 月 22 日,但该时间尚在王某某申请的哺乳休假期内,双方劳动合同应当续延至哺乳情形消失时终止,因王某某申请哺乳休假期至 2020 年 4 月 2 日,且王某某亦自认双方劳动合同终止时间为 2020 年 4 月 2 日,故判决确认某人力公司与王某某劳动关系于 2020 年 4 月 2 日终止,支付王某某 2019 年 11 月至 2020 年 4 月 2 日工资共计 8000 元。

某人力公司不服,提起上诉。日照市中级人民法院二审维持原判。

本案承办法官表示,依法保护女职工孕期、产期、哺乳期的劳动权利和福利待遇,是法律法规和劳动政策的规定,也是社会发展的必然要求。本案有力保障了女职工哺乳期内续延劳动合同、获得劳动报酬的权利,消除了女职工的后顾之忧。

法官提醒,女职工在孕期、产期、哺乳期的,用人单位需待法定情形消失时才可终止劳动合同。用人单位应当主动保障女职工"三期"权利,依法为女职工发放"三期"工资,缴纳生育保险,协助女职工领取生育待遇。

关联公司用工混同　补偿年限合并计算

2008年5月,唐某某入职某建材公司工作。双方劳动合同期内,某控股公司(系某建材公司的关联公司)又与唐某某签订劳动合同,约定的工作岗位、工作场所均与前一劳动合同一致;期满后,某控股公司又与唐某某签订了无固定期限劳动合同。2022年3月,唐某某因公司单方面调岗降薪,遂通知公司要求解除劳动合同。随后,唐某某诉请某控股公司向其支付经济补偿金,支付年限按2008年5月至2022年3月计算。

日照市岚山区人民法院经审理认为,某建材公司与唐某某劳动合同期内,其关联公司某控股公司又与唐某某签订劳动合同,且唐某某的工作岗位、工作场所均未发生变化,唐某某系非因本人原因从某建材公司被安排到某控股公司工作,且某建材公司亦未支付其经济补偿,唐某某因某控股公司单方调岗降薪而与其解除劳动合同并要求自2008年5月起计算其经济补偿年限符合法律规定,故判决支持唐某某的诉讼请求。

某控股公司提起上诉,日照市中级人民法院二审维持原判。

本案承办法官表示,关联公司轮流与其招用的劳动者签订劳动合同的情况在关联公司用工中较为常见。劳动者非因本人原因从原用人单位被安排到新用人单位工作,原用人单位未支付经济补偿的,劳动者在依据劳动合同法规定解除劳动合同要求经济补偿时,可以请求将前后两个单位的工作年限合并计算。同时,劳动者也要注意,在进入新用人单位以后,不能再以原用人单位的违法行为为由,解除与新用人单位的劳动关系;且只有在其非因本人原因被安排更换工作单位时,才可以要求合并计算经济补偿年限。如果其与原用人单位解除劳动合同系基于双方协商或个人原因,则不能要求合并计算经济补偿年限。劳动者如果与原用人单位存在纠纷,应在法定仲裁时效内,及时主张权利。

退休人员再次就业　不再构成劳动关系

朱某某生于1955年11月,其达到退休年龄后又于2019年7月到某管道公司工作至2019年12月,工资结算至2019年12月。工作期间,双方发生纠纷,朱某某诉请确认其与某管道公司存在劳动关系。

日照市莒县人民法院经审理认为,朱某某于2019年7月到某管道公司工作时已年满 63 周岁,已超过法定退休年龄,不属于法律法规规定的劳动关系的主体范围,故裁定驳回朱某某的诉讼请求。

朱某某不服,提起上诉。日照市中级人民法院二审维持原判。

本案承办法官表示,用人单位招用已享受基本养老保险待遇的人员或者达到法定退休年龄的人员,是用工实践中的常见情况。根据法律规定,已享受基本养老保险待遇或者达到法定退休年龄的人员,不再具备成立劳动关系的主体资格,不能与用人单位建立新的劳动关系。

法官提醒,为有效维护自身合法权益,该类人员应当与用人单位签订书面劳务协议,在协议中明确双方的权利义务,避免纠纷的发生。此外,用人单位招用尚未达到退休年龄的人员,如果在用工过程中劳动者达到退休年龄,用人单位应积极协助劳动者办理退休手续或主动向劳动者提出终止劳动合同;用人单位、劳动者均未提出终止劳动合同的,双方劳动关系继续存在,并不因劳动者达到退休年龄自然终止。

主播公司未签合同　用工关系多方考量

某海产品经营部是一家专门从事初级水产品批发及销售的个体工商户。陈某于 2021 年 4 月起到海产品经营部通过网络直播的方式销售海产品,由海产品经营部按照陈某每月销售额 2% 的提成比例给陈某支付报酬,另根据陈某的出勤天数每天给予补贴 100 元。

随后,陈某加入海产品经营部的直播工作群,该经营部的负责人罗某某及其妻子王某通过微信群对直播人员、场所、时间进行统一安排,并对各位主播每月销售额进行汇总公示,对于直播期间的产品解说、展示方式以及其他方面均做了要求。后陈某认为海产品经营部无故降低其销售产品的提成比例,双方因此产生纠纷。陈某诉至法院,请求确认其与海产品经营部存在事实劳动关系,并由海产品经营部支付拖欠工资、经济补偿及未签订书面劳动合同的二倍工资差额。

日照经济技术开发区人民法院经审理认为,海产品经营部与陈某均符合法律法规规定的建立劳动关系的合法主体资格;陈某直播账户及直播场所、时间均由海产品经营部所有或确定,海产品经营部负责人通过微信群对陈某的直播工作进行日常管理和安排,双方之间存在管理与被管理的关系;海产品经营部按照销售总额的比例给付陈某提成,并按照陈某出勤天数每日给付 100 元补贴，属于劳动报酬的范围；陈某通过网络直播方式销售海产品是海产品经营部的主营业务之一。海产品经营部与陈某之间符合劳动关系的特征，海产品经营部未与陈某签订书面劳动合同并拖欠陈某工资，陈某据此解除劳动关系并要求海产品经营部向其支付拖欠工资、经济补偿及二倍工资差额于法有据，应予支持。故判决确认双方存在事实劳动关系，某海产品经营部支付陈某拖欠工资、经济补偿及二倍工资差额。

某海产品经营部不服，提起上诉。日照市中级人民法院二审维持原判。

本案承办法官表示，对于网络主播与用工单位之间是否构成劳动关系，应当从主体资格、人身隶属和经济从属性等方面进行判断。若主播受到用工单位的劳动管理，由用工单位安排具体工作，双方形成管理与被管理的关系，并由用工单位支付劳动报酬，则双方构成劳动关系，用工单位应当依法与其签订书面劳动合同，并依法履行劳动关系下用人单位应当负担的劳动合同义务及社会保险等相关福利待遇。

法官提醒，网络主播作为一种新就业形态，其从业情况、工作安排、利益分配等均呈现多样化趋势，用工单位与网络主播是否构成劳动关系不能一概而论，双方应积极签订相关用工协议，明确双方权利义务。

本案适用的相关法律法规主要有：

《中华人民共和国劳动合同法》：

第四十二条 劳动者有下列情形之一的，用人单位不得依照本法第四十条、第四十一条的规定解除劳动合同：（一）从事接触职业病危害作业的劳动者未进行离岗前职业健康检查，或者疑似职业病病人在诊断或者医学观察期间的；……（四）女职工在孕期、产期、哺乳期的；……（六）法律、行政法规规定的其他情形。

第四十五条 劳动合同期满，有本法第四十二条规定情形之一的，劳动合同应当续延至相应的情形消失时终止。但是，本法第四十二条第二项规定丧失或者部分丧失劳动能力劳动者的劳动合同的终止，按照国家有关工伤保险的规定执行。

第八十二条 用人单位自用工之日起超过一个月不满一年未与劳动者订立书面劳动合同的，应当向劳动者每月支付二倍的工资。

用人单位违反本法规定不与劳动者订立无固定期限劳动合同的,自应当订立无固定期限劳动合同之日起向劳动者每月支付二倍的工资。

《最高人民法院关于审理劳动争议案件适用法律问题的解释(一)》:

第四十六条第一款　劳动者非因本人原因从原用人单位被安排到新用人单位工作,原用人单位未支付经济补偿,劳动者依据劳动合同法第三十八条规定与新用人单位解除劳动合同,或者新用人单位向劳动者提出解除、终止劳动合同,在计算支付经济补偿或赔偿金的工作年限时,劳动者请求把在原用人单位的工作年限合并计算为新用人单位工作年限的,人民法院应予支持。

——梁平妮:《劳动权益有法保障　合理用工理性维权》,《法治日报》2023 年 5 月 27 日。本书选用时有改动。

第三节　劳 动 心 理

引导案例

情 绪 劳 动

美国社会学家霍赫希尔德(Arlie Russell Hochschild)在其著作 *The Managed Heart*:*Commercialization of Human Feeling* 中提出情绪劳动(emotional labor)概念。他通过对航空公司空乘人员提供微笑服务的研究发现,除了体力和脑力劳动外,这些服务业工作人员要遵从公司的相关规定付出情绪劳动,以保证乘客始终感受到来自空乘人员的正面情绪。

情绪包含两种属性,即商品属性和社会符号属性。首先,情绪具有商品属性,员工通过调节情绪在情绪劳动中交换报酬,表现为"管理自己的情绪以便创造一个公众可以观察到的面部表情和肢体语言"。员工具体的调节策略分为表层表演(surface acting)和深层表演(deep acting),前者指员工调整顾客可见的情绪表现,但员工的真实情绪与其外在表现截然不同;后者是员工主动调节内心情绪感受,转变为合适的外化情绪传递给顾客。顾客消费的是情绪劳动带来的情绪体验,员工也利用情绪劳动向组织获取更高的劳动报酬,因此情绪表演得越逼真,顾客就越满意,员工就更容易获得高报酬。总之,情绪劳动概念建立在情绪商业化的前提之上,在资本主义的高级阶段(即 20 世纪后期以美国为代表的阶段)之后,劳动力中包含的不只是相关方面的劳动技能,同时也包含作为一项服务内容的情感成分。原本属于私人领域的情绪表演进入到公共领域,霍赫希尔德认为这一能力进入公共领域中被商业利用,成为实现商业利益的工具。其次,情绪具有社会符号属性,这解释了员工个体服从情绪劳动组织规则的原因。霍赫希尔德借用符号互动理论作为分析情绪劳动的理论框架,将社会中符号互动过程当作情绪劳动发挥作用的理论基础。社会行动具有符号性和互动性,一方面个体通过各种符号、诠释来解释自我与情境,并希望获得认同;另一方面个体通过语言、手势、姿态、外表等手段向他人传递自我的信息。个体需要在社会互动中做出符合他人或社会期望的行为才能获得认同,因此个体通过"印象管理"使他人产生对自己的某种印象。所以,情绪劳动不仅是一种符合组织规范的情绪表达,也是一种社会互动过程中的自我展演。情绪劳动产生作用的方式就是建立一整套情感规则,即"通过建立管制情绪交换的权利和义务的感觉,来指导情绪劳动的一套法则",使员工不得不按照规则处事,其中不仅包括工作规范,更包含社会互动的规范,员工对服务对象、同事、上级的情绪展演需要符合社会的情感规则。情感规则使个体尽量呈现出他人所期望的情绪状态,从而避免诸多风险。

情绪劳动主要是围绕着劳动过程中各主体的行为以及互动来探讨组织情绪规范的作用机制、劳动者的反应与抵抗乃至劳动控制引发的后果等问题,展示了情绪规范如何使劳动者一步步从"表层表演"走向"深层表演"。情绪劳动研究通过剖析这一过程中劳动者的情绪整饰过程,来展示劳动者如何运用情绪资源与组织、顾客乃至制度互动,进而细化情绪体制以强化情绪的使用价值同时减少情绪耗竭的负面影响。

——郭小安,李晗:《情绪劳动与情感劳动:概念的误用、辨析及交叉性解释》,《新闻界》2021 年第 12 期。本书选用时有改动。

案例思考

> 1. 你认为劳动心理对于劳动者是否重要?
> 2. 劳动者如何培养健康的劳动心理?

近年来,劳动者心理健康已受到社会各界的广泛关注和普遍重视,劳动心理成为学界重点研究的课题。心理学在劳动中的作用越来越重要,当代大学生身处新时代,"内卷""躺平""摆烂"在校园"风靡",让大学生在劳动中产生的心理问题被放大。学校对大学生进行劳动心理方面的教育势在必行。

一、劳动心理的内涵

劳动心理是研究人在劳动过程中心理活动特点和规律的学科,隶属于心理学。劳动心理主要包括以下四个方面的内容。一是劳动者心理,即对劳动者的心理、兴趣、技能、气质、爱好、性格、劳动动机等调查、评估及研究。二是劳动条件的心理问题,即对劳动环境、劳动工具对劳动者心理及工作带来的影响进行研究,如作业空间、照明、机器噪声等,结合人的舒适度,对劳动环境加以布置,提升工作效率。三是劳动活动的心理学问题,即研究导致劳动者工作疲劳的因素,并采取必需措施,缓解劳动者疲劳程度,提升工作效率。四是劳动管理的心理学问题,即通过心理学测试,评估劳动者各项能力,展开职业研究,采用合理的方法对劳动者予以技能培训,激发劳动者的工作热情。

在劳动过程中,可能会存在使劳动者心理紧张的情况。在这种情况下,劳动者的需求可能因不能得到满足而产生生理、心理或行为的消极反应,形成职业紧张。根据耶基斯—多德森定律,心理紧张强度与劳动效率并不是简单的线性关系,而是倒U形的曲线关系。具体体现在:适宜的职业紧张,劳动效率最佳;职业紧张度过低时,缺乏参与活动的积极性,劳动效率可能不会提高;职业紧张强度超过顶峰时,劳动效率会随强度增加而下降,因为过强的动机使个体处于过度焦虑和紧张的心理状态,干扰记忆、思维等心理过程的正常活动。

二、健康劳动心理的重要性

劳动者的健康既包括身体的健康,还包括心理的健康。心理健康会对劳动者的现实表现产生某种程度的间接或直接影响。青年富有朝气,富有梦想,是未来的领导者和建设者。大学生作为特殊群体,生理基本成熟而心理尚未完全成熟,易受到外界干扰,尤其是在应对社会激烈竞争和生活节奏加快等问题时,容易产生焦灼、忧虑、恐慌等负面情绪。可见,健康的心理对大学生的脑力劳动和体力劳动有着十分重要的影响。

（一）有助于树立正确的价值观

马克思认为,价值是客观事物能够满足人们某种需要的属性,体现的是主体与客体之间的一种特定关系,其实质是人和客观事物之间的利益关系。价值是一种运动状态,它代表着主体对客体的动态判断,人们用此观念判断是非善恶,并且对事物的发展状况阐发自己的见解。从此种意义上看,价值与价值观有异曲同工之妙。在社会发展变迁的过程中,不同的价值观念与价值评价的激烈碰撞造成了大学生价值观的紊乱,并且产生了一系列的价值冲突。劳动教育的忽视与缺失,致使大学生的价值观呈现多样性、复杂性的特点。劳动心理作为劳动主体在劳动活动中的心理特征及规律的总称,是劳动教育的一部分,可以补充传统劳动教育中的心理方面的不足,帮助大学生树立正确的价值观,培养健全人格。

（二）有助于塑造健全的人格

马克思、恩格斯认为,劳动创造了人本身,人的个性、才能、世界观、人生观、价值观是在劳动的过程中逐渐形成的。在社会里,个体将体力劳动和脑力劳动结合,使自己各方面的能力得到充分发展,成为全面发展的人。提升学生个体的劳动技巧,锻炼劳动能力,培养尊重他人劳动的品德等,都是对个体人格的建立与健全,是大学生全面发展过程中不可缺少的一环。人的个性心理存在差异,人的全面发展要尊重个性的发展,因此,高校应根据性别、专业、家庭情况等的不同,倡导因材施教,引导大学生全面发展。

（三）有助于提升交往能力

马克思、恩格斯认为,任何劳动都是个人在一定社会形式中并借助这种社会形式而进行的对自然的占有。人与人的关系是在劳动中无法脱离的。劳动是人与人相互联系的纽带。人际交往是劳动过程中社会性的体现,也是心理健康的重要组成部分。劳动调节身心健康,促进个体间、个体与组织间的情感交流。和谐的人际关系能够对大学生心理健康的发展起重要支撑作用,使其更有信心发展自我潜能、完成工作、促进社会良性发展。大学生积极参与劳动过程,既可以提升个人工作能力与沟通技巧,在分工协作、团结互助的劳动过程获得成就感,还可以增强个体在集体中的归属感、安全感和幸福感。

三、培养健康的劳动心理

拥有健康的劳动心理对于大学生成长成才具有重要的意义。高校作为立德树人的主阵地,应切实将理论与实践相结合,育人与育心相统一,在开展劳动教育时,着力培养大学生积极健康的心理品质。

（一）不断提升劳动认知

困扰人类的不是问题本身,而是人类对问题的看法。劳动对健康的影响主要不在于劳动本身,而在于个体主观上对劳动的认知和评估对其情绪和身体状况的影响。例如,劳动的性质主要是生活范畴,但不是"自己的事情自己做",而是"帮助他人做事情"。此外,大学生还应清醒地认识到,劳动过程中可能会出现一些不可控因素影响个体心态、劳动进度、劳动效率等,这是调整劳动心态必要的认知前提。

（二）合理制订劳动规划

学习也是一种劳动。新时代青年学子,大到肩负着国家富强、民族复兴的梦想,小到实现个人生存、未来发展的目标。这些梦想和目标的实现都要求当代大学生锤炼品质,磨炼意志,精练本领。因而在大学阶段,大学生要认真规划好学生生涯,并主动提升自身素质(知识与技能)。一方面,根据自身各方面情况综合得出今后发展的方向,明确目标。另一方面,将大的目标分解成细小目标,并坚定不移地执行。合理制订劳动规划有利于大学生培养健康的劳动心理。

（三）积极开展自我激励

不是所有劳动的付出都必有一个满意的结果,劳动的过程可能也是辛苦的,在这种情况下,大学生需要积极开展自我激励,即在劳动后补充体力、补足精力,以及获得心灵的满足。达成目标,需求被满足,内心获得成就感,产生开心、愉悦等充沛的内心体验,可通过自我奖励的方式为自己打气,如考试通过奖励自己一块蛋糕,志愿小时数达到 50 小时奖励自己一次短途旅行等。未达成目标,内心紧张,产生愤懑、不甘、委屈等消极情绪,需要通过自我慰藉的方法缓解,如考证还有一门没过,可以喊上好友一起吃顿火锅等。值得注意的是,无论是积极情绪的奖励还是消极情绪的慰藉,都需要以合理的方式进行。

(四)主动参加劳动实践

积极主动参加劳动实践是大学生培养健康劳动心理的关键。大学生们可通过学校或学院组织的暑期社会实践、专业顶岗实习、短学期自主实习、志愿服务等,增加自己与社会的接触面。通过自身实践获得的经验远比从他人口中获得的要真实可靠得多。对于学校来说,一方面,学校需要在端正毕业生就业态度的前提下,针对毕业生的特殊需求,精准推荐岗位,在就业中体现人文关怀;另一方面,对于暂时没有明确规划的毕业生,学校也应积极鼓励他们去岗位中体验、历练。毕业生要牢记"劳动是一种需要付出的辛苦",刚入职的职场"小白"要积极投入,主动学习,调动主观能动性应对工作中的问题,拒绝眼高手低,不要"口嗨战术",通过实际行动解决问题。

劳动视界

把握大学生心理健康教育的三个度

青年最富有朝气,最富有梦想,是未来的领导者和建设者。大学生作为特殊群体,生理基本成熟而心理尚未完全成熟,易受到外界干扰,尤其是在应对社会激烈竞争和生活节奏加快等问题时,容易产生焦灼、忧虑、恐慌等负面情绪。高校作为立德树人的主阵地,应切实将育人与育心相统一,着力培养大学生积极健康的心理品质。

涵育"仁爱仁心"的温度。心理健康教育不仅是知识技能的传授和操练,也是教师的理想信念、思维方式、道德品质等示范和影响学生的过程。人的心理是一个整合系统,我们应当全面考察学生的心理和行为。心理健康教师应努力成为学生成长成才的人生导师和健康生活的知心朋友，与学生建立亦师亦友的良好互动关系，用有影响力、感召力的行为去关心、帮助他们，解除他们的心理疑惑、思想困惑，使其实现身心的和谐统一。应充分承认学生心理健康水平的差异性，并充分尊重差异，进而强化人文情怀，通过富有爱心和责任感的教育，纾解他们紧张不安的心理状态，使他们更好更快地实现自我修复，回归正常的生活状态。因此，这要求教师把"仁爱"贯穿于教育实践的全过程，既要做"授业"的"经师"，更要做"解惑"的"人师"。通过有温度的陪伴、有温情的沟通引导学生积极开展自我调适，促进学生心理和谐，使其恢复与达到心理平衡，维护和促进个体的身心健康。同时，对于高危群体学生，更需要用医者的"仁爱"滋润其心田，综合运用医学、心理学等专业知识，打破其心理屏障、化解其郁闷情绪、排解其心理困扰，最终解除他们的心理障碍。

增强"育人育心"的效度。要着眼于全体学生，最大范围做好学生心理健康状况的筛查摸底，全面、动态、精准地掌握每一名学生的心理状况，做好数据分析，掌握学生具体的压力来源和情绪问题，这是有效开展心理健康教育的前提和基础。一是正面引导。针对人际关系、学业压力、就业压力等共性因素引起的心理应激反应，应进行全方位、多渠道的宣传和普及，帮助学生积极释放和调节负面情绪，避免他们因各方面压力产生负面情绪和负面行为动机，从而促使他们不断增强心理免疫力，培养乐观向上的心理素质和品质。二是有效疏导。对于出现心理困扰、情绪不太稳定的学生，由学校专业心理咨询师或借助专业医疗机构的专家力量，根据学生生理、心理发展特点，通过个体咨询和团体辅导等方式，运用共情等心理健康教育引导的方法，有效缓解学生的紧张情绪，促使学生认知、情感及行为改善或者改变，使其尽快恢复正常心理、生活状态。三是个别指导。对于个别心理高危学生，应结合他们的心理应激特点和实际需求，制订科学合理的心理疏导和危机干预方案，切实做到"一生一策"。针对潜在性重大风险学生，应注重发挥室友、学生干部、辅导员的作用，创设良好的学习、生活氛围，避免问题学生孤独化、孤立化。

提升"精细精心"的力度。促进大学生心理积极健康发展，既需要发挥大学生心理健康教育自身系统的诸要素功能，又需要紧密结合其他教育系统和社会支持系统，形成优势互补、相互合作的关系，提升育人的实效性。

一是做好统筹规划。根据大学生心理健康教育教学的总体要求,由学生管理部门统筹协调,全面开展大学生心理健康教育工作。坚持党建统领,形成学生主管部门统筹抓、心理咨询中心专职抓、相关部门协同抓、各学院分头抓的工作格局。针对不同群体,精准开展各类心理健康教育活动,定期对普查的情况进行统计分析。二是做细任务分解。按照从项目到任务到工作再到日常活动的分解原则,把大学生心理健康教育工作自上而下、逐层逐级地进行分解。心理中心发挥主阵地功能,健全健康教育、监测预警、咨询服务、干预处置"四位一体"学生心理健康工作体系。教学部门充分发挥课堂主渠道作用,加强心理健康课程建设,安排形式多样的生命教育、挫折教育等内容。此外,评估督导部门专门负责研究制定大学生心理健康教育工作的评价与督导指标体系,定期对学生心理健康教育工作开展评估、督导,根据督导结果及时调整心理健康相关内容。三是做优支持系统。大学生心理健康教育是一项系统性、长期性工程,需要学校、社会、家庭联动,扫除责任盲点和空白点。学校作为育人主阵地,要结合专业特色和学生需求,通过各类平台载体,充分发挥体育、美育、劳动教育以及校园文化熏陶的重要作用。同时,通过专业化医疗机构提供稳定的健康服务,建立良好的心理康复支持系统,为大学生心理健康教育提供持续有效供给。

——柏颖,陈宗涛:《把握大学生心理健康教育的三个度》,《中国教育报》2023年6月19日。本书选用时有改动。

思维训练

1. 什么是劳动安全?

2. 如果没有签订劳动合同,怎么证明劳动关系?

3. 订立劳动合同时需要注意什么?

4. 健康的劳动心理的重要性是什么?

劳动实践

1. 结合本章内容,组织师生参观某一生产经营单位,了解劳动安全制度的相关规定。

2. 开展劳动心理健康讲座。

实　践　篇

　　劳动实践的过程，本质是一个外在实践与内在实践相结合的过程，是学生劳动价值观不断建构、深化的过程。内在实践是将知识内化为核心素养，培养劳动习惯、掌握劳动本领、树立热爱劳动的品质的创造性活动。而外在实践适宜到劳动生产现场，在生产性、服务性和创造性劳动中为学生提供直接经验，使学生将知识经验进行生活化的转化和应用。只坐在教室里、课堂上是无法发现许多现实问题的。通过实地的实践活动，才能提高自己的知识水平和实践技能。学生经历了完整的劳动过程，既淬炼了劳动技能、培养了劳动习惯，又内化领悟到精益求精的工匠精神，这正是劳动教育的实践性所追求的。

第六章　日常生活劳动

没有劳动,人类一刻也不能生存下去。我们的衣食住行都需要劳动者提供相关的产品和服务,而这些产品和服务即是劳动成果。大学生要全面培养和提升自己的劳动能力,首先要从日常生活劳动开始。大学生日常生活劳动基于处理个人日常生活事务,任务并不艰巨,但形式多样、内容烦琐,主要包括家庭生活劳动和校园生活劳动两个方面。日常生活劳动的开展有利于大学生养成劳动习惯,提升自理能力,同时也为生产性劳动和服务性劳动提供基础和前提。

第一节　家庭生活劳动

引导案例

西北工业大学"大学生烹饪"开课了!

将课堂设在餐厅里,锅碗瓢盆成了教具。西北工业大学的"大学生烹饪"3月20日开课了,以往身处实验室或教室里的大学生们,拿起了"刀勺铲盘",学起了"煎炸炒焖"的烹饪技术。

3月20日上午10点半,西北工业大学长安校区餐厅,厨房操作台上备好了鱼、白菜、调料等食材。学生们换上工作服、戴好工作帽,三人一组站在操作台旁,认真地聆听着老师的教学内容。

大家片鱼、腌制、切菜、煮菜、放调料……在老师的指导下,一道家常菜番茄鱼出锅了。

学生金鸿儒说:"大四的空余时间比较多,就积极报名了,学到了很多非常实用的厨房小技巧,也学会一些新的菜品,期待在假期时跟家人一块分享。"

学生邓雅昕说："第一次做这个菜,感觉味道比想象中要好一些。切鱼片不太好切,有的厚有的薄,最后煮的时候也不太好煮。老厨师的小技巧还是很有用的。"

西北工业大学后勤产业集团饮食服务中心党支部书记李仕婷说:"开设这门'大学生烹饪'选修课的目的是希望同学们能够认识和了解中国烹饪文化,了解中式烹饪技能的博大精深,同时学会几道家常菜和地方风味小吃,通过体验劳动的乐趣,达到劳动教育的目的。"

——周海柔:《西北工业大学"大学生烹饪"开课了》,"学习强国"学习平台 2021 年 3 月 21 日。本书选用时有改动。

案例思考

1. 家庭生活劳动包括哪些内容?
2. 大学生从事家庭生活劳动的意义是什么?

家庭生活劳动是人生的第一堂劳动课,意在帮助大学生树立正确的劳动价值观。家庭生活中包含大量的日常生活劳动的内容,大学生在做家务过程中蕴含着对劳动的正确看法、态度,能够培养劳动意识,同时也能体验劳动的价值。

一、家庭生活劳动的内容

家庭生活劳动是家庭成员为了维持正常生活而付出的劳动。大学生作为家庭一分子也必须要付出劳动。具体而言,家庭生活劳动主要包括:清洁与卫生、整理与收纳、烹饪与健康三个方面。

(一)清洁与卫生

在中国,年前必不可少的习俗之一是"除尘"。北方称为"扫房",南方称为"掸尘"。日常情况下,保持家居环境的清洁与卫生是最基本的家务劳动。清洁与卫生主要是治脏。保持个人与家庭的清洁与卫生,一方面能够预防和减少疾病的发生,有助于自己与家人的身体健康;另一方面,舒适干净的居住环境使人身心愉悦,能够提高家人的幸福指数和生活质量。

大学生家居环境清洁与卫生的场所主要包括起居室、卫生间、厨房、储藏间等。清洁的对象包括门窗、衣柜、书桌、地板、天花板、衣物等。如清洗地板,先用扫帚将地板打扫干净,然后再用浸湿的拖把进行 2 次以上的拖地。对于地板拼接缝隙,可以用牙刷刷洗以保持干净。清洗衣物,一是要分门别类进行清洗,二是要根据不同材质进行不同形式清洗。如羽绒服不能干洗,一般推荐轻柔手洗;羊绒衫选用羊绒专用清洗剂,采用冷水方式清洗,避免大力搓洗;羊毛或羊绒大衣最好送到专业的洗衣店干洗。

（二）整理与收纳

整理与收纳主要治乱,是对物品、工具等进行合理分类,设定收纳场所。可以说,整理和收纳不同于清洁与卫生,而体现为一种生活方式。家庭生活中整理与收纳主要包括卧室、客厅、厨房、卫生间、储藏间等场所。在空间规划、取舍之道、科学统筹的基础上,通过运用收纳整理技巧、收纳工具等进行有效的收纳和整理。

整理厨房。刀、叉、筷、勺等使用频率很高的餐具,放在收纳盒或收纳筒中方便集中拿取。焖锅、炒锅、电饭煲等厨房大件放置在收纳架上,既美观又使用方便。使用频率不高的烤箱、面包机等物品可以直接放在收纳柜中,需要时拿取。

整理卧室。卧室整理和收纳的重点是衣柜。整理衣柜是大学生日常生活中必须且时常要做的一项家务。应季需要经常穿戴的衣服和物品,可以悬挂于衣架或叠放在容易拿取的区域,避免发生混乱。而这些衣物在放置时可以根据材质、大小等进行整理。袜子、内衣、腰带等小物件分门别类放在收纳盒中,可以贴上相应标签,方便找寻。其他季节的衣物、被子等放在收纳袋、收纳箱中。

此外,客厅、卫生间、玄关、床底等区域的整理与收纳也是如此,本着整齐、干净、有序的目的进行放置。

整理和收纳不仅锻炼大学生动手能力,还能提升学生思维能力。井然有序不只是简单地将衣物叠放整齐,还表现为对有限空间的使用和规划,体现出个人的不同审美。"有效的收纳"是指整理好的物品应该在看得到、可随手拿取并容易放回的位置,这是整理与收纳的高要求。可以说,整理生活空间,将物品清晰分类归位,让生活变得更加有序,是一场由外到内的"修行"。

（三）烹饪与健康

中华饮食文化与烹饪文化相伴而生，源远流长，博大精深。从古至今，人们对食物追求的脚步不曾停歇，用食物探寻历史，用食物关切人间。我们的一日三餐不仅为了满足生存的需要，还讲究色香味俱全，展现了中国人对生活的热爱，对美食的追求。

现代社会，人民的生活水平不断提高，对于食物的要求不停留于吃饱，而是要吃好。吃好的标准并不是大鱼大肉，而是按照自身的需要，根据食物中营养成分的含量，科学健康设计饮食，使人体摄入的蛋白质、脂肪、矿物质、碳水化合物等营养均衡。如人民网提出的八大饮食建议，吃出健康：适量主食，每日 5～8 两，米面为主，每日粗杂粮占主食的 1/3，粗精搭配合理；多食蔬果，每日 1 斤左右；适量肉蛋，每天鱼虾 1～2 两，瘦猪肉（或者牛、羊肉）1～1.5 两，每周鸡蛋黄不能超过 3 个；酸碱搭配，保持微碱性；清淡少盐，每天少于 6 克盐，不另外食用咸菜、酱类食物等；少食多餐，进餐半小时后散步；禁食或少食动物内脏、辛辣刺激等食物；合理饮食，结合每个人的身高、体重等确定合适的饮食量。

当代大学生虽然大多在学校的食堂就餐，但也要掌握一些简单的烹饪技巧和饮食健康常识。

主食类：蒸米饭、煮面条等。蒸煮米饭讲究三个字：淡，即尽量不要加入油脂、盐、酱油等，只加入清水即可；粗，即加入饱腹感强、营养丰富的粗粮；乱，即最好不用单一米，而是豆类、坚果等一起。具体做法：洗干净各种食材，加入清水，水与食材的比例为 1∶1 或 1∶1.5，然后放入电饭煲里蒸煮。

炒菜类：一般分为荤菜和素菜。将原材料切成条、块、丁、丝等形态，放好备用。如炒青菜的时候，先倒油，再放葱、姜、蒜等辅料，最后放蔬菜，均匀翻炒后加入适量的调味料，即可翻炒出锅。

大学生可以利用放假时间通过跟父母现场学习，或是查看网络视频等方式学习烹饪，为家人准备一顿可口的饭菜。

二、家务能力提升的途径

提升家务劳动能力是提高自我生存能力的基础。一味地依赖他人，时时事事靠家人"指点"才能正常生活，样样由家人操心代办，是懒惰与无能的表现。家庭生活劳动能力的提高不是自发产生的,而是要有意识地培养,在循序渐进地真干、实干中形成。

从思想、情感上尊重劳动,培养劳动意识。劳动最光荣。大学生要在思想上、情感上尊重所有劳动者,包括快递员、保安、清洁工等。从行动上要多动手。在家务劳动中,要多学多做,摒弃"我的任务是学习,家务应由父母承担"的错误观点。

三、家庭生活劳动的意义

家庭生活劳动是家庭教育的核心和重要抓手。让大学生从事力所能及的家务劳动,不仅对其形成优秀品质具有促进作用,也能提升其动手能力,对大学生的人生成长具有重要的影响。

家庭生活劳动有助于锻炼大学生的意志品质。独立自主、吃苦耐劳、坚韧意志等品质只有经过长期劳动磨炼才能获得。只有从简单劳动到复杂劳动的积累中,克服种种困难和挫折,学生才能逐渐养成良好习惯和优秀品质。大学生自己动手创造整洁的学习生活环境,既有利于养成独立自主的性格,同时也有利于理解劳动是创造美好的源泉。

家庭生活劳动有助于增进家庭的团结与安定。参与家务劳动是学生认识和熟悉生活环境的起点,也是协调家庭成员关系的重要方式。在日常生活中,大学生自觉主动地承担起家务劳动,或者是与父母进行双向互动与合作,消除对家长的依赖,感恩父母的付出,减轻父母的劳动强度,既能够认知自己,也能感知他人,进而增进家庭的团结、安定,使家庭氛围更加和谐。

劳动视界

整理收纳师:让生活井然有序

"您将需要整理收纳物品的照片和尺寸发给我,我们可以上门做'空间诊断',选择适合您的整理方式……"

正在给客户打电话的是李曦,"80后",毕业于墨尔本大学建筑管理学专业,如今是一名整理收纳师。

随着中国城市化水平不断提高,人们收入稳步增长以及生活观念转变,整理收纳师这个职业被越来越多的人熟识。2021年人社部公示的新职业目录中，"整理收纳师"被纳入"家政服务员"类别。

拓展职业舞台

李曦戴上手套，走进杂乱无章的房间，测量衣柜的尺寸，仔细清点衣物，按照衣物种类、长短、颜色、材质、季节等分类叠挂。忙碌了几个小时后，衣物摆放得整整齐齐，衣柜井然有序，令人感到舒适。

"我是偶然刷短视频听说这个职业的。以前我也不太会整理房间。"李曦想，如果能把自己家收拾好也不错。于是，她报名参加了整理收纳师的初级课程。

随着学习不断深入，李曦发现整理收纳师的工作并不只是叠、挂衣服那么简单，也不是单纯追求整齐，而是要让物品看得见、找得到，方便取用。因此，要做一名专业的整理收纳师，除了要掌握基本的收纳技巧，还要具备丰富的生活经验、较强的空间规划能力、改造能力、沟通能力以及良好的身体素质。

"每位客户家里情况都不同，整理收纳师有很大发挥空间，还是很有挑战性的。"李曦说，印象最深刻的一次是帮一位客户整理酒柜。

刚接到任务时，由于团队缺少经验，李曦找不到头绪，不知从哪里开始下手。她只好自己搜寻各类酒柜的样式和整理案例，与客户多次沟通，了解客户家中藏酒的数量、种类、大小等相关信息，再根据客户需求和习惯对柜体进行设计改造。

李曦的留学经历让她对酒的种类有一定了解。在陈列时，李曦将年份最长、价值最高的酒放在中间，其余的根据品牌、种类、产地、年份、价格等分区域依次摆放，不仅整齐美观，还彰显了时尚品位，呈现效果超出客户预期。

其实，整理收纳师的客户大多是普通家庭，有租房搬新家的"打工人"，有装修新房的新婚夫妻，还有需要整理住了几十年"老破小"的老人。

随着整理经验越来越丰富，李曦明白了一个道理：物品往往承载着人的回忆和习惯，需要整理的不仅仅是物品，还有生活观念和方式。

提升专业能力

根据《2021年中国整理行业白皮书》调查数据，目前国内接受过职业整理收纳师培训总人数超1.8万人，2020年至2021年全国新增职业整理收纳师9800多人。

"在一线城市,人们对整理收纳师的接受度和关注度越来越高。"2022年10月,李曦选择创业。她在社交平台开设账号,分享自己的整理经验和案例,包括如何设计衣柜、鞋柜,什么样的收纳箱、衣架最实用等。

整理收纳师在整理前需要做"空间诊断",了解房屋的面积、柜体大小和数量、物品数量种类以及居住人数及使用习惯等,按照具体要求定制、采购收纳工具。

"面对新职业带来的新要求,我要积极更新专业知识,努力积累经验,让每一位顾客满意。"李曦说,自己还整理了一本收纳笔记,依据笔记,整理收纳团队细分了搬家整理、行李箱整理、冰箱整理等更个性化、更精细的服务项目。

创业以来,李曦和她的团队已经为50多个家庭营造出整洁舒适的居住环境,并与多家单位和机构开展以整理收纳为主题的交流活动。

李曦还为曾有家政、销售、家装设计等从业经历的人提供指导。她们中有人为了提高自身技能,有人为了结合工作拓展业务,也有人为了创业。

"现在越来越多的人看重家居生活体验,有学习专业整理收纳知识的想法,我计划开展整理师培训业务。"李曦说,整理收纳师比传统家政服务更具专业性,在家政市场竞争中也更具有优势。

——樊楚楚:《整理收纳师:让生活井然有序》,《经济日报》2023 年 5 月 6 日。本书选用时有改动。

"东方健康膳食模式",您了解吗?

俗话说:"民以食为天,食以健为先。"如今人们越来越在意饮食的健康问题。时隔 6 年,被誉为"中国人吃饭指南"的《中国居民膳食指南》再次更新,首次提出了"东方健康膳食模式"。

新版膳食指南将原来的六条"核心推荐"改为八条"膳食准则":

一、食物多样,合理搭配;

二、吃动平衡,健康体重;

三、多吃蔬果、奶类、全谷、大豆;

四、适量吃鱼、禽、蛋、瘦肉;

五、少盐少油,控糖限酒;

六、规律进餐,足量饮水;

七、会烹会选,会看标签;

八、公筷分餐,杜绝浪费。

食物应清淡多样

大家耳熟能详的地中海膳食模式、美国 DASH 膳食模式(由美国一项大型高血压防治计划发展出来的饮食模式)等,不符合国人的饮食习惯,可行性较低。为此,专家们分析总结了我国不同地区膳食模式和居民健康状况,发现东南沿海一带(浙江、上海、江苏、福建、广东)居民,心血管疾病的发生率和死亡率较低、预期寿命较高。因此提出以东南沿海一带膳食模式为代表的"东方健康膳食模式",其主要特点是清淡少盐、食物多样、蔬菜水果豆制品丰富、鱼虾水产多、奶类天天有。

江苏省南京市中西医结合医院治未病科主任医师杨晓辉介绍,以江苏的淮扬菜为例,其原料多以水产为主,注重本味呈现,所以厚重的调料用得比较少。此外,淮扬菜以汤为重,蒸煮较多,更多地保留了营养成分,更有益于健康。

餐饮需定量定时

新膳食指南还对"多吃""少吃""适量""控制""限制"等有了定性描述,对"高盐""高油""高糖""含有""富含""低盐""低油""瘦肉"等进行了定量描述,有利于大众更直观地理解和运用。对此,杨晓辉介绍,除了定量,还要定时。

南京中西医结合学会国家二级公共营养师韩林露介绍,许多上班族一日三餐不规律或长期不吃早餐,除了可能引发胃病外,还会导致糖尿病患病风险升高,增加肥胖和胆道疾病的发生概率。此外,不按时吃早餐也可能会引起上午学习认知能力的下降。

元代医家忽思慧所著的《饮膳正要》中记载:"故善养性者,先饥而食,食勿令饱,先渴而饮,饮勿令过。食欲数而少,不欲顿而多。"这句话的意思是说,不要等到很饿的时候再去吃饭,不要等到很渴的时候才去喝水,在不饿的时候就要做到少食多餐,提前喝水,避免给健康埋下隐患。这是因为"极饥而食且过饱,结积聚""极渴而饮且过多,成痰癖"。南朝医家陶弘景在其所著的《养性延命录》中亦言:"恐觉饥乃食,食必多;盛渴乃饮,饮必过。"

此外,天气日渐炎热,人体内一旦缺水,轻者口干舌燥,严重者还会影响肝、肾功能,让有害物质积蓄,诱发各种疾病。尤其是有心脑血管病的人,水分摄入过少会导致血容量不足,血液黏稠度增高,易诱发脑血栓。

选烹宜营养健康

关于膳食准则第七条"会烹会选,会看标签"的"三个会",韩林露说,这提醒大家既要选营养的食材,也要注意烹饪的方式方法。比如,蒸煮一般比煎炸更健康,清淡比辛辣刺激更健康。

此外,由于很多食材已经是半成品,在超市购买的过程中还要注意标签的具体内容,特别是"三高"人群,要注意重点查看是否有"隐性"糖、盐。例如,部分无蔗糖食品的标签上会标有其他糖(麦芽糖浆、蜂蜜、果糖、淀粉糖等),这些都属于糖,仍然可能会让人血糖升高,需要格外注意。

——杨璞:《"东方健康膳食模式",您了解吗》,《中国中医药报》2022年8月12日。本书选用时有改动。

思维训练

1. 如何进行整理与收纳?
2. 如何科学设计饮食?
3. 大学生提升家庭劳动能力的途径是什么?

劳动实践

1. 居家劳动·整理卧室精彩展示。
2. 居家劳动·为家人准备一顿午餐。

第二节　校园生活劳动

引导案例

大学寝室可以变得这样美

近日,浙江树人学院杨汛桥校区部分大一新生结合兴趣爱好和寝室文化,动手把各自的寝室装扮成了一个个温馨且有特色的"家","古风茶文化""绿色环保"等主题寝室上了微博热搜。就此,学校还举办了一场"寝室装修"评比大赛,全校师生为主题寝室进行了投票。

10月20日下午,记者走进浙江树人学院杨汛桥校区经济与民生福祉学院青懋书院"滋卉园"三号楼145寝室,一阵古风扑面而来。只见寝室中间一套茶桌十分醒目,品茗杯、各类茶叶、古文书籍放在木质茶几上,花鸟图地毯和两盏灯笼烘托出几分温馨与柔和。

"我们都是学校国际经济与贸易(茶文化贸易方向)211班的大一新生,来自五湖四海,因为一个共同爱好走到了一起,那就是'茶'。"寝室长董倩言向记者道出了以"古风茶文化"为主题装扮寝室的缘由,"说来也巧,我们寝室4个人的家乡都盛产茶叶。我和其中一位室友来自云南,云南普洱茶扬名四海;另有一位来自福建武夷山,当地盛产'大红袍';还有一位来自四川,四川绿茶'竹叶青'也很有名。"

除了引人注目的茶桌,寝室墙上的一幅初春红梅图和砖红色的床帘相映成趣。董倩言说,床帘样式与图案都是她们找商家定制的,为的就是与茶文化相匹配。"寝室改造的过程中,不仅增添了寝室成员间的默契,还加深了成员间的感情。改造后的宿舍弥漫着古风茶气,也增加了我们对自身茶文化专业的了解与兴趣,很有意义。"董倩言说,接下来,寝室还将逐步增添更多的茶文化元素,并邀请其他同学到寝室做客,一起品茶、交流。

青懋书院"百草园"一号楼110寝室住着4个阳光大男孩,他们装扮了一个"绿色环保"主题的寝室。床边的藤叶灯,墨绿的墙纸,缠绕的花藤……走进这个男生寝室,记者感受到了一种清新的氛围。"'燕草如碧丝,秦桑低绿枝'。整个寝室的色调以绿色为主,我们想通过这个温馨小家,传达'绿色环保,低碳生活'的理念。"寝室的主要设计者曾宇恒说,通过装扮寝室,他和室友们懂得了室内装修既是体力活也是脑力活,打造一个有颜值的寝室,需要一定的时间和精力,"贴墙纸是其中最为复杂的一个环节,要有耐心、专心和细心。好在改造寝室的过程中,大家相互配合,和谐默契,彼此间的情谊在相互合作中得到了加深。"

"学校希望从大一入学开始就引导学生创建和谐文明的寝室生活。

新学期看到学生用最小的成本构造美、认识美、发现美、享受美,老师们都感到欣慰。他们的劳动成果让大家为之震撼。"青懋书院副院长刘力说,为鼓励学生大胆创新,学校结合文明寝室创建工作,举办了这场"寝室装修"评比大赛,效果出人意料。

——胡安娜、黄宵:《大学寝室可以变得这样类》,"学习强国"学习平台 2021 年 10 月 23 日。本书选用时有改动。

案例思考

如何美化寝室,丰富寝室文化?

校园生活劳动是劳动教育体系的重要组成部分,发挥着育人功能,培养学生形成良好的劳动习惯。校园劳动的内容丰富多彩,主要包括寝室美化、校园环境维护、勤工助学,等等。

一、优化寝室环境

寝室是学生日常生活起居的重要场所,是学生校园生活中的重要组成部分之一,在学校中扮演"家"的角色,发挥"家"的功能。维护寝室环境是每一个学生的职责。优化寝室环境包括两个方面:一是保持寝室清洁整齐;二是建设寝室精神文化。

（一）保持寝室清洁整齐

干净整洁的寝室会给学生创造一个良好的生活休息环境,有利于学生的身心健康。寝室清洁内容可以分为两个方面:一是个人床铺和衣柜的清洁。大学生要保持床铺干净,定期更换和清洗床单被套。对于衣柜,要及时归纳整理,保持整齐有序。二是寝室集体空间清洁。扫地拖地、清理垃圾、擦拭门窗等。寝室成员要团结合作、分工协作,运用扫把、拖把、抹布等清洁工具,采取一些清洁小妙招,保证生活环境干净整洁。

（二）建设寝室精神文化

寝室精神文化是深层次寝室文化的表现。寝室精神文化是指大学生在寝室文化活动中表现出来的生活方式和价值追求,展现了大学生共同的精神面貌。宿舍成员共同设计宿舍名字、舍徽、舍歌等,既体现特色,也增强大家的认同感和自豪感。同时,也可以根据舍友的共同喜好,布置和美化宿舍,既具有个性又有文化底蕴,使宿舍成为温馨的家园。

二、维护校园环境

优美、整洁、卫生、干净的校园环境,不仅使大学生身心愉悦,还能养成他们良好的卫生习惯,助力培养劳动观念,增强公德意识,提高文明水平。高校通过开展校园公共区域环境清洁活动、垃圾分类行动等,维护校园环境,创建文明校园、绿色校园。

（一）公共区域卫生

诚然,校园公共场所卫生一般由学校的专职卫生保洁员负责,但也需要师生共同努力维护。校园公共区域卫生主要包括教室、图书馆、校园道路、食堂等区域。

教室是大学生日常上课与学习的重要场所,需要每一位同学打扫与维护。班级需要制定值日表,每天安排不同的值日生进行打扫,共同营造干净整洁的学习环境。在打扫教室时,要做到地面清洁,黑板干净,桌椅摆放整齐;书桌抽屉里的垃圾要及时清理,教室卫生没有死角;对粉笔、粉笔擦、实验器具等进行整理归置。相对于教室的固定性而言,图书馆座位具有不固定性。学生可以在图书馆各个学习区进行学习,每天学习结束后,要自觉收拾好书桌和周围环境,带走垃圾,以方便其他学生使用。

校园道路属于室外环境,经常会出现各种垃圾、树叶等。学生要分组、分路段、分区域进行清扫,清运各种垃圾,清拔路岩石缝中的杂草等。总之,校园这个大环境,需要校园里的每一个人去维护。

（二）校园垃圾分类

习近平总书记强调,实行垃圾分类,关系广大人民群众生活环境,关系节约使用资源,也是社会文明水平的一个重要体现。垃圾分类是一个复杂的系统工程,分类投放、分类收集、分类运输、分类处理环环相扣,缺一不可。在大学校园中,实施垃圾分类处理既能够培养高素质人才,也是创建文明校园的需要。大学校园有效地进行垃圾分类,关键是树立大学生垃圾分类理念,开展垃圾分类行动。

1. 掌握垃圾分类标准

2019 年 11 月,住房和城乡建设部发布《生活垃圾分类标志》新版标准。相对于 2008 版标准,新版生活垃圾分类标志在适用范围、类别构成、图形符号上都进行了不少调整。生活垃圾分类由 4 个大类标志和 11 个小类标志组成(如表 6-1),并规定 4 大类图形符号(如图 6-1)。

表 6-1 生活垃圾标志类别构成

序号	大类	小类
1		纸类
2		塑料
3	可回收物	金属
4		玻璃
5		织物
6		灯管
7	有害垃圾	家用化学品
8		电池
9		家庭厨余垃圾
10	厨余垃圾①	餐厨垃圾
11		其他厨余垃圾
12	其他垃圾②	—

注:除上述 4 大类外,家具、家用电器等大件垃圾和装修垃圾应单独分类。

① "厨余垃圾"也可称为"湿垃圾"。

② "其他垃圾"也可称为"干垃圾"。

图 6-1 生活垃圾 4 大类图形符号

厨余垃圾(绿色桶)一般指可生物降解的有机垃圾。如瓜果蔬菜和各类食品、食物的剩余物等。

可回收物(蓝色桶)又称资源类垃圾,其特征是可循环利用。主要包括废纸、金属、塑料制品、玻璃、塑料瓶、易拉罐、旧衣服、旧玩具等。

有害垃圾(红色桶)是指对身体和环境有害的垃圾,包括含有重金属的充电电池、废荧光灯管、废温度计、废血压计、废药品、废油漆等。

其他垃圾(灰色桶)原则上不属于上述三类以及上述三类未能分出的都可以纳入其中。常见的有塑料袋、保鲜膜、砖头瓦块、一次性筷子、陶瓷碎片、厕纸、尿不湿等。

2. 树立垃圾分类理念

树立垃圾分类理念是展开实实在在行动的基础。为让大学生将垃圾分类理念记在心里,高校要坚持开展理论与活动宣传。从理论方面看,在"学习雷锋纪念日""世界环保日"等关键日期发动志愿者进行垃圾分类宣传工作。从活动方面看,可以举办垃圾分类标准常识问答、"拾荒慢跑"等活动,将比赛与宣传相结合,将静态的理论动态化,使宣传工作收到事半功倍的效果,进而使垃圾分类理念逐渐深入大学生之心。

3. 开展垃圾分类行动

树立理念的同时,也要有条不紊地开展行动。高校要定期组织大学生打扫校园卫生活动,或是进社区服务活动,在劳动过程中,让学生真正行动起来,践行垃圾分类理念,真正做到知行合一。

三、参与勤工助学

勤工助学是高校学生资助政策体系的重要组成部分,是提升学生综合能力和素质、缓解学生经济压力的有效途径,也是培养学生社会责任感和奉献意识的重要载体。

(一) 勤工助学的内涵

勤工助学,顾名思义,学生通过勤劳工作而帮助自己更好完成学业。具体而言,是指学生在学校组织下利用课余时间,通过自己的劳动获得合法报酬,用于改善学习和生活条件的实践活动。学校优先考虑家庭经济困难的学生,设置校内勤工助学岗位,同时也为学生提供校外勤工助学机会。

(二) 勤工助学的要求

2018年,教育部、财政部在大量调研和广泛征求意见的基础上,重新修订 2007 年《高等学校勤工助学管理办法》,并印发了《高等学校勤工助学管理办法(2018 年修订)》(以下简称《办法》)。修订是基于贯彻落实党的十九大精神,健全学生资助制度,适应勤工助学、学生个体的新变化与发展的需要而进行的。《办法》对学校在勤工助学管理方面、岗位设置方面、薪金标准方面提出新要求。

1. 管理要求

管理体制上,学校应成立学生资助工作小组,设置专门的勤工助学管理服务组织,做好日常管理工作。条件保障上,学校要在资金、岗位设置等方面给予大力支持,制定资金使用和管理办法,为勤工助学活动提供保障。奖惩机制上,对在勤工助学活动中变现突出的学生予以奖励和表彰,对违反相关规定的学生,按照规定进行处理。

2. 岗位设置要求

校内勤工助学岗位设置原则是工时定岗与需求定岗相结合。

学校积极开发校内资源,保证满足学生参与勤工助学的需要。勤工助学岗位以教学、科研、行政助理和公共服务为主。每个学生月平均上岗工时原则上不低于 20 小时为标准,按照"20 工时×家庭经济困难学生总数"测算总时数,统筹安排、设置岗位。

学生应量力而行,在学有余力的前提下参加勤工助学活动。岗位设置既要满足学生需求,又不能影响学生学业。勤工助学的时间原则上每周不超过 8 小时,每月不超过 40 小时。

3. 薪金标准要求

根据岗位不同,计酬标准不同。固定岗位按月计酬,以每月 40 个工时的酬金原则上不低于当地政府或有关部门制定的最低工资标准或居民最低生活保障标准为计酬基准,可适当上下浮动。临时岗位按小时计酬,原则上不低于每小时 12 元。

(三)勤工助学的意义

1. 勤工助学具有资助育人功能

党的十九大报告提出"健全学生资助制度"的要求,全面推进资助育人。勤工助学通过为贫困学生提供助学岗位,加强对学生的思想教育,培养学生热爱劳动、自强不息的奋斗精神,充分发挥了育人功能。

2. 勤工助学缓解了学生的经济压力

勤工助学是国家、高校为帮助经济困难学生顺利完成学业而设置的,主要目的是缓解其求学压力。贫困学生通过申请助学岗位,利用课余时间展示自身价值,付出个人劳动,就能获得相应报酬,进而缓解经济压力,在一定程度上减轻家庭负担。

3. 勤工助学提高了学生的综合能力

勤工助学是学生利用课余时间进行劳动,这就涉及如何处理好学习与工作的关系。学生既要不耽误学业又要做好本职工作,不仅需要合理安排时间,还要有高度自律性,在规定的时间内完成个人设置的任务和目标。同时,无论是校内岗位还是校外岗位,学生都要与其他人接触,特别是与社会人员接触时,学生需要契合社会要求,了解社会规则,加强与他人沟通,从而提高社交能力。另外,通过勤工助学实践活动,学生从懵懂生疏到独立选择,从忐忑不安到独当一面,分析解决问题的能力明显提升。相对于其他学生而言,参与勤工助学的学生具有一定的工作经验,增强了毕业后就业的竞争力。参与勤工助学,提高了大学生的自理能力、社交能力、自律能力、时间管理能力、经验竞争力等,为大学生的个人发展和未来就业奠定了坚实的基础。

4. 勤工助学培养了学生的优秀品质

诚然大学生具有一定的知识能量,但相对年轻,社会阅历欠缺,不能透彻地体会到劳动的意义、价值和艰辛。通过勤工助学活动,学生能够切身感受生活的艰辛与不易,体验到个人的责任和担当,理解了感恩与奉献,充分认识"劳动是一切财富的源泉"这一人类社会发展的经验总结。勤工助学岗位一般按小时计算工资,相对于正式工作而言,薪酬较低;虽然劳动强度不大,但是工作时间较长。这就有助于学生养成务实的品质。同时,在工作中,大学生要履行相应工作职责和责任,遵守各种规章制度,爱岗敬业。大学生在劳动过程中,深刻体会到劳动不仅创造了财富,而且认识到劳动没有高低贵贱之分,所有劳动者都应该被尊重,所有劳动成果都值得被珍惜。在勤工助学岗位上,大学生不仅能够缓解个人经济压力,还能够减轻家庭经济负担,这就有利于其形成自信乐观、自立自强、吃苦耐劳的性格与品质。

劳动视界

安徽农业大学：让大学生在勤工助学中筑梦未来

近年来，安徽农业大学在校生中的家庭经济困难学生比例约为 30％，高于全国平均水平，勤工助学的需求非常大。

为了更好地组织和管理全校学生勤工助学活动，切实维护学生的利益，该校于 2001 年成立了"勤工助学管理中心"这一校级学生组织，该组织隶属于校学生处和学生资助管理中心管理，采取学生自我管理、自我服务、自我锻炼的管理模式。该中心始终秉承"勤工助学，真情奉献"的理念，围绕"服务他人，锻炼自我，立足校园，面向社会"的目标，以科学、规范的组织管理及"家"文化理念建设，已成为该校家庭经济困难学生最为信赖的学生组织。

最大的成就是供自己上学

2020 年春节，2017 级应用化学专业学生陈耀将一万元交到妈妈手里，这些都是他利用课余时间进行勤工助学扣除生活开支之外的结余。

陈耀是建档立卡家庭经济困难学生，大学学费对于他的家庭来说无疑是一个沉重的负担。然而，这个重担不但没有压垮他，反而成了他的骄傲："两年多来，我没有向家里要过一分钱。我不但能供自己上大学，还能贴补家用，这让我很有成就感。"陈耀利用课余时间在一家餐厅勤工助学，目前已经升任餐厅管理组长，合计收入 3.6 万多元。勤工助学带给他的不仅是资金，还有解决问题的勇气和直面未来的信心。

最美的梦想是回报社会

来自湖北省恩施州的 2009 届毕业生孔小藤既是勤工助学学生，又是勤工助学管理中心的学生干部。"这些经历提升了我的个人能力，增强了我的感恩、奉献精神，激励我在不同的工作岗位上不断超越，用实际行动回报社会，它是我圆梦的助燃剂"。

大学毕业后，孔小藤放弃台资企业的优厚待遇，选择到农村当村官，很快脱颖而出获得组织的认可。在老师的帮助和支持下，孔小藤成为安徽省大学生村官创业致富的先进典型，先后获敬业奉献"中国好人"、安徽省创先争优"优秀共产党员"、安徽省青年五四奖章、安徽省"优秀大学生村官标兵"等荣誉,被选为团十七大代表,省、市两级人大代表和安徽省芜湖市青年联合会委员。他的事迹受到人民网、《农民日报》、《安徽日报》、安徽省电视台等多家新闻媒体关注和报道。

　　——陈玲聆:《安徽农业大学:让大学生在勤工助学中筑梦未来》,"学习强国"学习平台 2020 年 5 月 20 日。本书选用时有改动。

宁波大学:创新助力厨余垃圾"变废为宝"

　　说起垃圾,往往给人以脏、臭的印象,但在宁波大学却有一支对"垃圾"情有独钟的学生团队。他们将团队命名为"环宝科技",就是希望能够运用科技手段实现厨余垃圾等有机固体废弃物的绿色处理与资源利用,把垃圾变为宝。

　　"环宝科技"团队成立于 2018 年,团队成员大多来自宁波大学土木与环境工程学院环境工程专业。在专业学习过程中,他们逐渐发现厨余垃圾具有有机质和含水率高、盐分和油脂含量大等特性,但同时,也有着极高的资源化利用价值。彼时,"无废城市"建设、"垃圾分类"工作正启动推进,这群怀揣着环保理想的青年认识到,生活垃圾减量化与资源化已经成为实现美好生活的迫切需求,他们就此开启了厨余垃圾资源化研究之路。

调研走访,交流倾听各路声音

　　研究之初,团队决定先从垃圾分类入手。2019 年起,团队就在浙江省宁波市展开了调研、走访,与社区居民、专业机构进行交流。经过多次调查研究,团队发现现有的厨余垃圾处理工艺还不成熟,设备能耗大、管理水平落后,很难满足绿色循环、低碳发展的要求。

　　好氧发酵是较为经济环保的技术工艺,但这种工艺也存在着调理剂应用受限、智能化调控落后、产品销路受阻等痛点难点。要想找到更为科学、可推广的厨余垃圾处理方式,工艺成了其中关键的突破点。

实验探索,研发国内领先技术

　　有了明确思路与目标后,"环宝科技"团队的干劲就更足了,成员们在实验中越"陷"越深。在学校老师的指导下,团队取得了一系列相关研究成果,本科生发表 SCI 高水平论文 4 篇,取得知识产权 5 项,主持国家级、省级学生课题 2 项。更令人欣喜的是,团队历时 3 年,基于 35 次实验、1360 项实验数据,开发出了一种可循环硅酸盐基复合调理剂用于厨余垃圾的混合好氧发酵,设立了多维数据库进行好氧发酵过程的智能调控,形成了更加优质高效的智能好氧发酵工艺。实验结果表明,这种好氧发酵工艺能够实现厨余垃圾的无害化、减量化和稳定腐殖化,为厨余垃圾的资源化利用奠定了坚实的基础。

创新转化,摸索环保推广之路

在创新技术的有力支持下,“环宝科技”团队又将研究放到了社会热点难题上,提出了基于智能好氧发酵工艺的“环宝模式”,将厨余垃圾治理与产物资源利用有机结合起来,产生了良好的社会效益。通过生命周期评估,团队发现这一模式降低了厨余垃圾处理过程的物质能源消耗,产物可作为土壤改良剂、有机肥原料、生物质燃料等,实现资源化利用,具有排放补偿优势,碳排放水平较低。

此外,“环宝科技”团队还积极参与环保宣讲,充分发挥团队中党员先锋模范作用,积极传播环保理念。3 年来,团队成员在 24 所中小学和 12 家企业单位开展环保公益科普宣讲活动,介绍环保技术的发展、垃圾分类的意义,为提升居民垃圾分类的热情与积极性贡献了力量。

“虽然我们所做的努力只是生态文明建设的一小步,但是正如调理剂一样,每一个小小的身躯都具有大大的潜力。”在环保道路上,宁波大学学子将始终不忘“红色初心”,牢记“绿色使命”,致力于为有机固废治理和环境保护事业贡献智慧和方案!

——王洋彦:《宁波大学:创新助力厨余垃圾“变废为宝”》,“学习强国”学习平台 2021 年 4 月 9 日。本书选用时有改动。

思维训练

1. 校园生活劳动包括哪些内容?

2. 如何维护校园环境?

3. 参与勤工助学有何意义?

劳动实践

1. 设计"指间垃圾分类　心间文明提升"宣传活动。
2. 开展"美美与共"寝室美化大赛。

第三节　自觉锻炼劳动能力

劳动能力是所有劳动者必备的能力。不同年龄、不同学历、不同岗位、不同行业的劳动者的劳动能力不尽相同。青年大学生作为社会主义建设者和接班人,作为实现中华民族伟大复兴中国梦的中坚力量,作为具备高素质的群体,所从事的劳动具有一定的复杂性与创造性,需要自觉锻炼劳动能力。

引导案例

邓宇皓:2022年最美大学生

2023年春节期间,电影《流浪地球2》风靡全国,影片中拥有超强算力和自我意识的量子计算机,引发了无数观众的热议,而在现实生活中,量子计算机的梦想正在科学家的努力下,逐步成为现实。

2020年12月14日,由我国科学家自主研制的光量子计算原型机"九章"成功问世,引起国际瞩目。当时年仅23岁的邓宇皓就是"九章"团队的一员。邓宇皓17岁进入中国科学技术大学少年班学院,研一时有着优异学术成绩的他成为"九章"创始团队的一员。这是一项建立在全新概念上的科技项目,国际上没有可以仿照的对象,一切都需要团队从零开始探索。

然而发展量子计算技术是国家面临的重大需求,邓宇皓团队成员迎难而上,经过两年的不懈努力,光量子计算原型机"九章"成功问世。根据当时最优算法,"九章"对于处理高斯玻色取样的速度,比世界排名第一的超级计算机"富岳"快100万亿倍,同等处理效果下,比美国量子计算原型机"悬铃木"快100亿倍,我国成为全球第二个实现量子优越性的国家,实现了量子计算机研发之路上的一个关键性里程碑。

2021年10月26日"九章二号"研制成功,再次刷新了国际上光量子操作的技术水平。如今邓宇皓和团队成员正在朝更高的目标发起冲刺,潜心学术,勇攀高峰。

把青春奋斗融入祖国的科技事业,是邓宇皓的理想。作为核心技术骨干,他在"九章"和"九章二号"光量子计算原型机的研制中作出突出贡献,助力我国进入量子计算世界第一方阵。

科研之余,邓宇皓还多次开展科普讲座,联合发起、组织"青年半月谈"等线上科学论坛活动。他希望有越来越多人投身量子物理的迷人世界。

2021年11月21日凌晨2点,中国科学技术大学东校区的一间实验室发生漏水,威胁到研制"九章三号"的重要仪器设备。深夜仍在实验室工作的邓宇皓和几名同学及时发现险情,紧急处置,避免了重大经济损失,保障了重大科研任务的进度。

教育部于2019年起发布"最美大学生"先进事迹,旨在充分展示高校大学生奋斗精神,树立起新时代大学生的学习榜样。该推选展示活动至今已举办四届,展现出当代大学生坚定理想信念、担当时代重任的青春力量。

——陈牧:《中国科大博士邓宇皓上榜全国"最美大学生"　17岁进入少年班》,大皖新闻网2023年4月2日。本书选用时有改动。

案例思考

如何提升大学生劳动能力?

一、劳动能力的内涵

马克思强调,人将自己与动物区别开来,开始于生产自己的生活资料。劳动作为人本身特有的一种能力,存在于主体的生命力中。正是基于人的劳动和思维,开拓出了实践世界与认识世界,呈现出了世界的丰富性和人的需求的多样性。所谓劳动能力,是指劳动者在实践活动中,通过运用劳动工具而作用于劳动对象的能力。具体而言,劳动能力是指劳动者在完成工作任务时所具备的技能、知识、经验、脑力、体力等方面的能力,是劳动者在生产过程中所呈现的一种综合素养。

随着人类劳动的日益复杂,劳动工具的不断智能化,劳动对象的深度不断加深、广度不断拓展,人的劳动能力也从早期的体力技能更多地转向知识技能和脑力技能。可以说,创造性劳动能力在生产过程中扮演着更为重要的角色,发挥着至关重要的作用。

二、劳动能力的特征

第一,劳动能力具有差异性。劳动能力的强弱与劳动者、劳动工具因素相关。劳动者个体的身体素质、健康情况、受教育程度、知识能力储备、工作经验、努力程度等不同,表现出来的劳动能力存在一定差异。此外,劳动工具的丰富性、先进性也对劳动者劳动能力有一定的影响。但差异性的主要因素源于劳动者个体能力的差异。

第二,劳动能力具有可塑性。诚然,劳动能力具有差异性,也具有可塑性。可塑性是指在外力作用或主观努力下而发生的改变。劳动能力可塑性是指劳动者在长期学习、训练和实践中提升了劳动技能。教育能够增强劳动能力。通过教育,提升劳动者的知识储备,加强对劳动工具的熟练掌握和运用,加深对劳动对象的深刻认识,增进对劳动过程的评估、研判、决策和执行等,从而使劳动者的劳动能力逐步增强。

第三,劳动能力具有创造性。劳动本身就是创造的过程。劳动者通过劳动将劳动对象转化为人类生活必需的产品,创造出物质财富和精神财富。在创造性劳动过程中,劳动者不断探索出各种规律,在尊重规律的基础上,人类充分发挥主观能动性,促进人类文明不断向前发展。

三、自觉锻炼劳动能力的意义

大学生积极参与劳动,自觉锻炼劳动能力对于自身的成长与发展具有重要意义,有助于大学生实现人生价值、增强实践能力和提升个体自信。

第一,有助于实现人生价值。大学生要想实现人生价值,必须要有一定能力的支撑,否则只能算是空谈。能力包括很多方面,如知识能力、认知能力、处世能力、交往能力,等等。对于大学生而言,最实用的是劳动能力。劳动创造美好生活,劳动创造价值。大学生自觉锻炼劳动能力,提升劳动技能,创造对社会大众有益的公共成果,为社会提供服务,有助于实现个人价值与社会价值的同频共振。

第二,有助于增强实践能力。随着时代的发展,社会的进步,科技的日新月异,人的劳动能力得到充分彰显和提升。劳动不再表现为简单重复的体力劳动,而是插上科技的翅膀,更多的是复杂劳动。处于数字时代的大学生,通过自觉锻炼自身劳动能力,利用数字工具让个人储备的静态知识转化为社会发展需要的动态因素,从而进行创造性劳动,不断在解决现实问题中创造新的价值。这是大学生对自身实践能力的证明与塑造。

第三,有助于提升自尊自信。对于大学生而言,自尊自信与否直接关乎个人成长、国家富强、民族振兴。置身于丰富多彩的世界,各种思想观念、价值取向纷至沓来,大学生思想意识面临着前所未有的挑战:面对时代召唤,犹疑彷徨;面对个人发展,焦虑迷茫。如何使自尊自信成为大学生的精神底色,一个重要的因素就是在劳动实践中充分彰显自身的价值,而自身价值的彰显则是在日积月累中提升自身劳动技能,持续锻炼劳动能力。在一次次的成功中,大学生就会变得更加自尊自信。

思维训练

1. 什么是劳动能力?
2. 大学生如何提高劳动能力?

劳动实践

1. 制订良好劳动习惯养成计划。
2. 结合自身专业,绘制应具备的劳动技能一览表。

第七章　生产劳动

　　相对于日常生活劳动和服务性劳动,生产劳动更具基础性,使大学生更能直观地感受和深入地理解劳动创造物质财富。大学生的专业是指向未来职业的基础,大学的劳动教育要突出强调与专业融合,而生产劳动大多与大学生专业相关。大学生生产劳动主要包括实习实训、创新创业等活动。通过生产劳动,大学生能够树立岗位意识,培育正确的择业观。

第一节　专业实习实训

引导案例

一群奔忙在振兴路上的乡村实习生

　　冬月的荆楚乡村,暖阳融融,家家户户把一年的收成搬到院子里沐浴阳光,苍黄大地多了几分斑斓。对于李翔妹而言,丰收的不仅是当地的乡亲们,还包括自己。

　　李翔妹是华中农业大学文法学院农村发展专业的硕士生,正参与学院组织的"十县百村荆楚行"社会实践。今年7月来到湖北枣阳鹿头镇刘庄村,已在这里生活了半年。"月底就要离开了,还没搞得劲(待够)。"即将期满返校的她学了几句地道的枣阳话。

　　和李翔妹同期到农村实践的还有文法学院的81名硕士生和本科生。半年来,他们在广袤的荆楚大地,手脑并用、知行合一,在服务乡村振兴的实践中做贡献,长才干,在心里埋下扎根农村的种子。

振兴路上的青春力量

　　在湖北省黄冈市浠水县散花镇天井湖村,提到彭达的名字,几乎无人不知。"这个小伙子是我们脱贫致富的大恩人呐!"在当地老百姓心目中,26 岁的他是个大老板。

　　彭达是社会学专业研究生,5 年前,还在念大三的他着手创业,承包了天井湖种植菱角,围绕菱角产业创立两家公司。今年,学校和武汉市政府联合启动"乡村振兴人才导流回乡工程",他在项目推动下又到武汉蔡甸开发了 500 亩菱角种植基地。至此,他团队的生产基地总辐射面积达 20000 亩,年销售额达 3000 万元,为 5000 多位农民提供了就业机会。

　　"看!鱼正在享用美食呢。"初冬的天井湖湖面飘着零星的菱角残果、残叶,水面不时泛起水花。彭达解释,那是鱼儿正在觅食。他带领团队创造性探索出"菱—菱—鱼"生态种养模式,先在水塘种植两年菱角,再养一年草鱼,收采完菱角后,留在塘里的果、叶是鱼类喜爱的食物,鱼类的排泄物又丰富了塘底的养分,适合来年菱角生长。"这种模式能节约种植成本、提高产值,又保护环境,菱角亩产量从 1500 斤涨到2500 斤。"彭达得意地说。

　　在 2021 年中国青年志愿服务公益创业赛中,彭达发起的"菱辟蹊径 强农兴农——菱角全产业链赋能乡村振兴项目"夺得大赛金奖。12月 16 日,团队又获得第二届"成思危社会企业奖"。

　　"乡村振兴,产业先行。产业振兴是增强广大农民获得感、幸福感、安全感最坚实的基础。学校为大学生搭建了创新创业的舞台,彭达在为农民增收致富中实现着创业理想。"彭达的导师、文法学院院长田北海教授充满欣慰。

基层治理的课程实践

　　今年 4 月,学院发布了《"十县百村荆楚行"学生社会实践活动实施方案》,学生到基层后,依托村官助理等实践岗位,协助开展村务工作,参与服务乡村建设,当好资源链接员、政策宣讲员、数据调研员、"三农"研究员和农民的勤务员。

　　刚刚忙完疫苗接种工作的李翔妹又紧张地投入到美丽乡村宣讲中。"小康不小康,厕所算一桩……"李翔妹熟练地向前来调研的团队介绍美丽乡村建设情况。从"小三园"到特色农产品、从乡村文化墙再到厕所革命的推进情况,她都如数家珍。

与此同时,在隔壁镇实习的汤钰,正挨家挨户走访鳏寡孤独群体,建立助老工作台账。农村发展专业的他,把课堂知识和社会实践融会贯通。他在实习日志里写下"路面硬化问题群众和有关部门的意见不对称,如何协调?""农技推广中存在着科学经验与地方经验的冲突,如何破解?"……他将在实习报告中一一回答这些问题。

300多公里外的武汉蔡甸,研究生胡燕翔先后在社区管委会党政办、农办和组织办实习。入户调查、统计报表、疫情防控以及换届选举便是他的工作日常。"最大的收获就是加深了对基层社会治理的理解,在这里,我学到了课本之外的知识。"

文法学院党委书记瞿明勇介绍,学院自建院以来就有"深入农村做调查""农村研究为农人服务"的传统。本次社会实践意在培养学生的实践能力和创新精神,提高学院人才培养质量和咨政服务能力。

扎根农村的人生理想

在刚刚结束的第二届新时代城乡融合发展与社会治理创新国际研讨会中,中国社会学会副会长、湖北省社会学会会长、华中农大文法学院钟涨宝教授号召社会学人积极回应时代议题,为新时代城乡融合发展和社会治理现代化贡献智慧。

广大学子们用服务乡村的生动实践回应了老师的教诲。现在的他们已经完全适应了村里的工作节奏,但最开始并非那么顺利。

"刚来村庄比较腼腆,又听不懂当地方言,工作开展很困难。"同学们回忆。除了"语言关",还得闯过"饮食关"。好在村干部和老百姓都非常关照他们,大家慢慢适应了当地生活。

对此,同在枣阳实践的何亚新感受更深刻,"夏天桃子成熟,乡亲们会喊我们去采摘,还让我们给亲朋好友寄一份。他们的黄桃可好吃了!"时隔半年,何亚新依然忘不了那口甜脆。

在武汉新洲,实习生代陈琳成了村民的自家人,"欧家湾的熊阿姨,经常和我拉家常,留我吃饭,还和我一起拍抖音。"当得知代陈琳要研究乡村文化,这位熊阿姨做起了向导,带着她去村里的文化空间一路转一路讲。

　　半年的实践让这批大学生从校园走进农村、融入农村,梦想留在农村。

　　"现在农村的物质条件改善了,但基层社会治理还存在一些问题,尤其是青年干部资源稀缺,村务工作信息化水平有待提升。"李翔妹坦言,"我想毕业后回到农村,做一名为农民谋幸福的耕耘者!"无独有偶,汤钰也报名了选调生考试,"如果有幸考上,我想把青春留在基层。"

　　——夏静:《华中农业大学:一群奔忙在振兴路上的乡村实习生》,"学习强国"学习平台2021年12月28日。本书选用时有改动。

案例思考

　　1. 你所了解的实习实训是什么样子的?

　　2. 实习实训对大学生有何影响?

　　实习实训本身是一种劳动活动,是开展新时代高校劳动教育的主阵地。企业、工厂、学校等是劳动的第一现场,也是大学生最好的实践基地。作为职业教育实践教学环节的重要组成部分,实习实训是培养高素质技术技能人才的重要环节,其内容应与大学生的专业紧密相连。

一、实习实训的内涵

　　实习,顾名思义,在实践中学习。实训即实际训练,对学生进行职业技术应用能力训练。实习实训是学校依托校内校外实践基地,有计划、系统地组织学生结合所学专业而开展的多元化实践活动,旨在全面提高学生的职业素养,进而达到推动学生顺利就业、满足企事业单位用人需求的目的。将课堂搬到车间、学校、农田等生产一线,学生将课堂中所学的专业知识直接转化为生产的动力,在做中学,在学中思,在思中行,深切体会专业知识在生产中发挥的巨大作用,激发学习的热情与兴趣,锻炼运用专业知识和技能解决视界问题的能力,进而提升综合素质和就业竞争力。

　　实习实训,包括专业实训、专业见习、顶岗实习等内容。专业实训是围绕课程内容,结合专业技术能力而组织的综合实训活动。专业实训以全面提高学生的职业素养为目标。专业见习是大学生在专业实习前,通过学校、学院组织到相关单位、见习基地进行一段时间的观摩、学习以熟悉工作流程和规范。顶岗实习是大学生在完成规定课程后,在写毕业论文之前进入企业进行的综合性专业实习。相对于专业实训、专业见习,顶岗实习是一种要求学生在相关专业岗位上直接参与工作的实践教学形式。顶岗实习时间较长,一般是半年。大学生进入岗位劳动,不是看而是干,要具备独立工作的能力,能够独当一面。顶岗实习不仅能够在"实战"中提升大学生的专业技能和职业素养,也能达到校企、校校、校政双赢的效果。

二、实习实训的意义

(一)有利于熟悉劳动过程,适应劳动环境

诚然,大学生都进行过劳动,对家务劳动过程、劳动环境等有一定的了解。但是在生产劳动领域,大学生的经历经验较少。实习实训为大学生提供了熟悉劳动过程、适应劳动环境的机会。

大学生大部分时间生活在校园或家庭之中,很难真切感受和体验到生产过程中的劳动过程和劳动环境。熟悉劳动过程,是指大学生不是在课本中学习到的理论劳动过程,而是真正在生产过程中经历的劳动过程。在整个劳动过程,大学生认识到劳动者自我价值的实现,领悟到科学技术是劳动过程发展的重要动力,有效管理是劳动过程发展的主要方面。在劳动过程中,大学生还能体会到劳动并不是简单重复的工作,而是时干时新,需要具有创新能力强。

熟悉劳动过程的同时,大学生还要适应劳动环境。只有适应劳动环境,劳动者才能在岗位上发光发热。适应劳动环境,是指大学生从身心两个方面对劳动场所和劳动条件的适应。实习实训使大学生提前进入"角色",熟悉劳动场所的各种环境,尽快适应,为未来就业做好身心准备。

(二)提升大学生自我认知,找准就业赛道

实习实训是学以致用、了解社会的过程,也是大学生加强自我管理与自我认知的过程。实习实训不仅是一种学习,更是人生道路的探索和实践。通过实习实训,既可以锻炼大学生沟通表达、团队协作的能力,又能够帮助大学生找寻自我目标和价值。

大学生在大学期间并不清楚自己的工作方向和爱好,通过实习实训可

以提前探索和实践。通过不同公司、不同岗位的实习，大学生可以增加职场体验，判断自己的职业方向。在准确评估自我能力，厘清自己优势与劣势的基础上，大学生可以认清自己，科学规划时间和职业发展，在毕业前找准适合自己的职业赛道，在工作后少走弯路。

（三）增进大学生职业认同，增加就业机会

大学阶段的实习实训，具有开拓视野、锻炼技能、丰富体验、提升职业竞争力，进而增进职业认同的作用。大学生通过实习实训，在生产劳动中，对自己所从事职业的功能、意义、价值有了整体上的认知，知道自己在劳动过程中应该做什么、不应该做什么，从内心真正珍视专业劳动，增进职业认同感。

大学生对所从事职业的肯定也彰显了做好就业的准备。实习实训为大学生更好地就业提供了有利条件。实习实训在当前的求职简历里是"必填项"，在找工作时，简历中要罗列自己的实习经历，以匹配招聘单位的用人需求。如果实习经历一片空白，将很难吸引用人单位，在应聘竞争中处于劣势。可以说，面对愈加激烈的就业竞争，要想获得不错的"入场券"，充实、专业的实习实训经历无疑会提高求职者的胜出概率。

三、提高实习实训成效的途径

高质量的实习实训是实现学生所学和岗位需求无缝对接，实现学生高质量就业的前提和基础。提高高校实习实训的成效，要加强和规范实习实训组织管理，选好配强实习实训指导教师，推进实习实训信息化建设。

（一）加强和规范实习实训组织管理

优质实习实训，校方是最关键的"守门人""把关人"。加强和规范组织管理，是实习实训顺利完成、达到最终目的的保障。高校应该做到：一是同实习单位共同制订好实习实训计划，明确目标、任务和考核标准等。二是严格学校、实习单位、学生三方实习协议的签订，明确各自的责任与义务。三是加强学生教育管理，做好学生的安全和纪律教育的日常管理。

（二）选好配强实习实训指导教师

指导教师能够为学生提供专业上的指导，在实习实训中为学生答疑解感。高校和实习实训单位应该分别选派经验丰富、业务素质好、责任心强、安全防范意识高的教师和技术人员全程管理、指导学生实习实训。对于实习实训指导教师而言,不仅要有专业的理论基础知识,还要有过硬的操作技能。指导教师能够了解并解决在教学与实习实训过程中的衔接问题,并能够进行现场示范指导。与此同时,指导教师要按时检查学生情况,及时处理实习实训中出现的问题。

(三)推进实习实训信息化建设

给实习实训插上科技的翅膀,是适应信息技术发展、实习实训形式多样化的必然要求。通过建立实习实训信息化管理平台,实现校校、校企、校生双方的实习需求信息有效对接,从而加强实习实训全过程管理。另外,引入现代信息技术、虚拟仿真技术到实习实训中,既能够解决因生产技术、工艺流程等因素限制无法开展现场实习实训的问题,也使学生切身感受沉浸式的体验,激发其对专业知识、技能操作等方面的学习兴趣,从对知识的被动接受转为主动探索。对于高校、指导教师而言,通过数据可以准确了解学生学习时长、实习实训难点,及时调整策略。

劳动视界

虚拟仿真:沉浸式实习实训

早上8点半,江西南昌的我国首个国家职业教育虚拟仿真示范实训基地VR实训室里座无虚席。

穿戴好VR眼镜,借助配套手柄,江西旅游商贸职业学院2020级导游专业学生车涛涛开始了沉浸式带团体验。车上是20余名来自五湖四海的游客。上车落座后,车涛涛开始了讲解,车窗外,南昌标志性建筑依次掠过。

车子每行驶一段时间,系统就会发出不同的提示:"有游客晕车""大巴车发生车祸"等,根据提示,车涛涛采取了相应的应急处理。此时,一旁的教师则观察、记录,随机发出指令和提示。

近年来,江西旅游商贸职业学院创新性运用职业岗位学习场理论和典型工作环节方式,开发了导游专业虚拟仿真实训平台,赋能高职导游专业实训教学。在 VR 实训平台中,学生可沉浸式地担任地陪导游、全陪导游、出境领队、游客等任意角色,同步开展全流程多项目的实训。

"过去实训只能靠着想象干讲,很容易忘词,乘车去景点讲,耗时耗资也不现实,借助 VR 技术创设景点实景,很好地解决了这一问题。"VR 实训不仅帮助车涛涛积累了实操经验和信心,还带给了他不一样的体验。他直呼:"很有趣,还没体验够。"

有着 10 余年教龄的该校导游专业专职教师刘欢亲历了导游专业传统实训教学到 VR 实训教学的跨越。她的体会是,传统的实训教学需分组进行,一堂课时长有限,能上台示范展示的小组数量也极为有限,有时还会拖堂,教学进度慢,学生参与度也不高。

VR 实训教学一改传统授课模式,创立多人协同实训模式,拉快课堂"进度条"。学生分组进入不同的虚拟房间,同时同步进行导游带团单个技能点或工作全流程的实训,互不干涉,授课教师能随时通过大屏幕查看各组的进度。

此外,虚拟仿真教学还打通了专业各课程实训环节,如导游"接站—沿途讲解—入住酒店—景区讲解—送站"整个实训流程。传统教学中,各环节需单独实训,而现在既能分模块实训,又可串联整个环节,进行完整体系实训。

对该校 2020 级导游班学生徐伊琳来说,VR 实训既带给她沉浸式带团体验,还大大提升了她的应急处理能力。

旅客入住酒店后突发地震、火灾怎么办?传统导游专业应急处理实训中很难再现地震、火灾一类的高风险工作场景,因此这类实训往往效果不佳或无法完成。VR 实训既保障了学生安全,又解决了这一难点。

学校运用 VR 技术创建了酒店突发地震、火灾虚拟场景,学生在实训虚拟场景中进行寻找安全通道、通知游客、带领游客逃生、清点人数、查看伤员、报告旅行社等实训技能点。

"虚拟仿真技术改变了传统的教学模式,对教师的教学方法、教学内容、教学能力等提出了更高要求,推动高职院校'三教'改革。"刘欢介绍,为了更好地服务现代化教学,学校导游专业,在教师、教材、教法上均做了创新。一方面,倒逼教师改变传统授课模式,提升自我信息技术操作能力和信息化教学能力,引导学生自主学习、实训,从传统的以教师为主体变为以学生为主体。另一方面,打破原有的知识架构,对接行业企业典型工作岗位,围绕现实岗位工作技能、流程和素质素养的要求设计教学内容。在内容上还与专业赛项结合,授课内容即比赛内容、工作岗位内容,实现"岗课赛证"一体化。

几次实训下来,徐伊琳明显感觉到自身专业技能的提升。VR实训沉浸性、交互性等优势,激发了她对专业知识、技能操作的学习兴趣,从过去对知识的被动接受变为自主探索。学习方式变了,评价方式也随之改变。

记者了解到,该校自主研发的导游专业虚拟仿真实训平台能精准采集学生(课前—课中—课后)全过程数据。教师可通过数据了解学生学习时长、实训难点,及时调整教学策略。在教学考核上,实训平台可重点针对每一个学生实训进行实时评分,并按照岗位技能重要程度对每一个技能点进行科学赋值,采用智能评分+教师评分+企业专家评分的方式进行多维度的技能考核。

据悉,作为国家示范性虚拟仿真实训基地入库监测单位,江西旅游商贸职业学院正参与国家职业教育智慧教育平台虚拟仿真中心板块的建设,现已承担了国家职业教育虚拟仿真实训基地的旅游管理和导游等两个专业课程资源开发建设任务。截至目前,共开发26个优质数字教学资源。

"在职业教育数字化转型洪波涌起的大势之下,VR实训教学帮助受教育者在更大的时空范围内接受面向行业一线岗位的技术、技能培训,高度仿真且低成本、重复的技能练习可大幅提升学生的学习效果,同时也将深刻改变职业教育的面貌。"该校教务处处长刘繁荣认为。往后,教师们将不再仅仅是课堂40分钟的讲授者,还必须是岗位生产任务的分析者、教学过程的设计者、仿真环境的创建者、数字教学资源的开发者、学生职业生涯的引导者。职业教育与职业培训、岗位生产之间的时空距离将无限缩短,职业教育的教学场景、教学方式将发生深刻变化。

摇号、抢答、送花……随着各类信息化手段的运用,该校旅游管理专业教研室主任冯静的线上课堂渐渐活跃了起来,"坐"在屏幕里听课的是来自江西九江、江西赣州两所中职学校的68名学生。

2021年,江西旅游商贸职业学院牵头组织18所合作中职校,从共享优质资源入手,逐步启动合作校数字化转型工作,助力中职校专业教学团队和课程建设,推进中高职一体化教学模式改革。

"我们主要做了两件事。"冯静说,"一是推动平台优质资源共享,高职优秀教师线上主讲,合作中职校教师线下辅讲,共同备课,培育中高职混合式教学团队;二是输出平台标准,通过网络教学质量平台开展专业、课程建设等教研活动,共用一体化人才培养方案,共编一体化教材,培育教育信息化实践共同体项目。"

过去,合作中职学校分布在江西省各地,专业课程建设水平和教学条件无法满足一体化教学模式改革的需要,如今,数字化发展给这一问题提供了解决思路。

"高职教师线上授课,不同中职学校的学生、教师可以在同一时段不同空间听课,从而把高职相关课程前移到中职教育阶段,让中高职教育更好地贯通。"冯静说。

——陈卓琼:《虚拟仿真:沉浸式实习实训》,《中国青年报》2023 年 2 月 27 日。本书选用时有改动。

思维训练

1. 提升实习实训的途径有哪些?
2. 实习实训的意义是什么?
3. 结合自己专业与兴趣,谈一谈你想从事怎样的实习实训。

劳动实践

参与实习实训,为实习实训项目提出意见建议。

第二节　创新创业活动

2021 年 10 月,国务院办公厅印发《关于进一步支持大学生创新创业的指导意见》。这是首次由国务院出台的专门针对大学生创新创业的政策文件,意味着大学生"双创"支持力度不断增强。近年来,在国家"双创"政策的引导和驱动下,以大学生为代表的青年群体"创"劲十足,创新创业活动丰富多彩,日益成为经济高质量发展的生力军。

引导案例

习近平总书记给第三届中国"互联网＋"大学生 创新创业大赛"青年红色筑梦之旅"的大学生的回信

第三届中国"互联网＋"大学生创新创业大赛"青年红色筑梦之旅"的同学们：

来信收悉。得知全国 150 万大学生参加本届大赛，其中上百支大学生创新创业团队参加了走进延安、服务革命老区的"青年红色筑梦之旅"活动，帮助老区人民脱贫致富奔小康，既取得了积极成效，又受到了思想洗礼，我感到十分高兴。

延安是革命圣地，你们奔赴延安，追寻革命前辈伟大而艰辛的历史足迹，学习延安精神，坚定理想信念，锤炼意志品质，把激昂的青春梦融入伟大的中国梦，体现了当代中国青年奋发有为的精神风貌。

实现全面建成小康社会奋斗目标，实现社会主义现代化，实现中华民族伟大复兴，需要一批又一批德才兼备的有为人才为之奋斗。艰难困苦，玉汝于成。今天，我们比历史上任何时期都更接近实现中华民族伟大复兴的光辉目标。祖国的青年一代有理想、有追求、有担当，实现中华民族伟大复兴就有源源不断的青春力量。希望你们扎根中国大地了解国情民情，在创新创业中增长智慧才干，在艰苦奋斗中锤炼意志品质，在亿万人民为实现中国梦而进行的伟大奋斗中实现人生价值，用青春书写无愧于时代、无愧于历史的华彩篇章。

习近平

2017 年 8 月 15 日

案例思考

1. 如何理解创新创业？
2. 大学生创新创业有何意义？

一、创新创业的内涵

创新创业是一种创造性劳动。创新创业即创新＋创业,创新是重点,创业是落脚点;创新是方法途径,创业是目的。推动中国式现代化是一项探索性事业,还有许多未知领域,需要我们在实践中去大胆探索,通过改革创新来推动事业的发展。

(一)认识创新

中华民族向来崇尚创新创造,主张革故鼎新。《魏书》首现"创新"一词,"革弊创新者,先皇之志也"。《周书》记载"创新改旧"。《礼记·大学》中的"苟日新,日日新,又日新",饱含着中华民族的创新传统和创新精神。《广雅》有云"创,始也",开始;新,与旧相对。创新,即始创新的事物。具体而言,创新是人类为了一定的目的,在遵循事物发展规律的基础上,对事物整体或某一部分进行变革,从而使其得以更新与发展的活动。创新包括理论创新、技术创新、产品创新、服务创新、管理创新、文化创新等多种类型。

创新具有前瞻性、开拓性、目的性、价值性、风险性特征。前瞻性是从零到一的创新,即始创、始造,创造新的事物。开拓性是对原有的事物或是理论、技术、方法等提出质疑和挑战,通过批判性的继承、发扬、修正和完善来创新,表现为一种更新。目的性贯穿于创新过程始终,强调的是"有何用"。价值性是指创新对经济、社会具有一定的效益,通过重新组合生产要素,产生新的效益。风险性是指创新或成功或失败,这种不确定性构成了创新的风险性。

(二)认识创业

创业即创办事业,是指人类所从事的,具有一定目标、规模、系统并对社会发展产生影响的活动。创业有广义与狭义之分。广义的创业,是指创造一番事业,创业者通过对资源进行优化整合,从而创造出更大的具有经济、社会价值的活动。狭义的创业是指个人或团体发现市场商机并经过努力,以实际行动将商机转化为如企业、公司等具体的社会形态,从而获得利益、实现价值的过程。

创业类型多种多样。按照创业主体的性质划分,有自主型创业、衍生型创业等。从创业的动机来看,创业分为机会型创业和就业型创业。从创业项目类别来看,有技术型创业、知识型创业、文化型创业等。

(三)创新与创业的关系

创新是创业的基础。创新特别是理论创新是革除传统的思维模式,以新的视角、方法和思维模式对事物发展性的认识。新的理论、思想观点或是新的理性认识能够指导实践,促进实践的顺利发展。创业是一种实践活动,创办新的企业或开辟新的事业,将新的思想、理念应用于事业或产业当中,从而开创新生产力新的局面。或者说,创业的关键是跳出产业链条的低端,占领附加值高的研发环节,必须依靠更多更好的创新为创业注入新动力。创业者要想使其开拓的事业生存、发展并保持持久的生命力,不断获得效益,只能进行不断创新。

创业是创新的载体和表现形式。实践决定认识。认识正确与否,只能通过实践来检验。在创业的过程中,通过塑造更多引领性创业,不断倒逼创新,更新完善创新理念,进而推动产业内生动力和活力。

2017年习近平总书记在广西考察时用八个字概括创新与创业的关系,"相连一体,共生共存"。这就是说,创新创业相辅相成,不可分割。创新创业是指基于技术创新、产品创新、服务创新、管理创新、方法创新等方面的某一方面或多方面创新而进行的创办事业的活动。创新是创业的基础,创业是创新的载体、目标、表现形式,二者不可分割。

二、大学生创新创业大赛

目前,大学生可参加的各类创新创业相关比赛的数量众多、丰富多彩,为大学生提供了充足的竞赛平台。其中,中国国际"互联网＋"大学生创新创业大赛、"挑战杯"系列竞赛是具有影响力、认可度高的综合性双创竞赛。

(一)中国国际"互联网＋"大学生创新创业大赛

中国国际"互联网＋"大学生创新创业大赛,由教育部、地方政府、各高校共同主办。大赛旨在深化高等教育综合改革,激发大学生的创造力,培养造就"大众创业、万众创新"的生力军;推动赛事成果转化,促进"互联网＋"新业态形成,服务经济提质增效升级;以创新引领创业、创业带动就业,推动高校毕业生更高质量创业就业。

大赛于2015年设立,每年举办一届。大赛主要采用校级初赛、省级复赛、总决赛三级赛制,包括高教主赛道、青年红色筑梦之旅赛道、职教赛道、产业命题赛道、萌芽赛道多赛道助力青年领跑。高教主赛道又分本科生组和研究生组,在此基础上又分为创意组、初创组、成长组三类进行;青年红色筑梦之旅赛道分为公益组、创意组、创业组;职教赛道分为创意组、创业组;产业命题赛道主要针对企业行业技术与管理创新需要而征集命题;萌芽赛道主要针对中学生。大学生可以参加高教主赛道、青年红色筑梦之旅赛道、产业命题赛道。

截至 2022 年,大赛已举办八届,相关情况如表 7-1 所示。

表 7-1　中国"互联网＋"大学生创新创业大赛情况一览表

届别	年份	主题	高校参与数	参与学生数（万人）	冠军院校及项目
第一届	2015	"互联网＋"成就梦想 创新创业开辟未来	1878	20	哈尔滨工程大学"点触云安全系统"
第二届	2016	拥护"互联网＋"时代 共筑创新创业梦想	2110	55	西北工业大学"翱翔系列微小卫星"
第三届	2017	搏击"互联网＋"新时代 壮大创新创业生力军	2241	150	浙江大学杭州光珀智能科技有限公司研发的一代固态面阵激光雷达
第四届	2018	勇立时代潮头敢闯会创 扎根中国大地书写人生华章	2278	265	北京理工大学"中云智车——未来商用无人车行业定义者"
第五届	2019	敢为人先放飞青春梦 勇立潮头建功新时代	4093	457	清华大学"交叉双旋翼复合推力尾桨无人直升机"
第六届	2020	我敢闯　我会创	2988	630	北京理工大学"星网测通"
第七届	2021	我敢闯　我会创	4347	956	南昌大学"中科光芯——硅基无荧光粉发光芯片产业化应用"
第八届	2022	我敢闯　我会创	4554	1450	南京理工大学"光影流转"

注:相关内容、数据源于中华人民共和国教育部、全国大学生创业服务网、中国国际"互联网＋"大学生创新创业大赛各届相关网站整理而得。

经过几年的发展,中国国际"互联网＋"大学生创新创业大赛已经覆盖全国所有高校,面向全体高校学生,成为最具影响力的赛事活动之一。通过竞赛,达到以赛促学、以赛促教、以赛促创的目的,极大激发学生的创造力,鼓励学生投身于创新创业之中,并在创新创业中增加智慧才干,实现人生价值。

（二）"挑战杯"系列竞赛

"挑战杯"系列竞赛被誉为中国大学生科技创新创业的"奥林匹克"盛会,是我国大学生科技创新的重要载体。通过竞赛,不断深化科技创新对人才培养的牵引作用,提升学生创新意识、创业精神和实践能力,引导和激励学生科技自强、主动创新,激发学生承担科技报国的使命。"挑战杯"竞赛在中国有两个并列项目:一个是"挑战杯"中国大学生创业计划竞赛,另一个是"挑战杯"全国大学生课外学术科技作品竞赛。两个项目全国竞赛交叉轮流开展,每个项目每两年举办一届。

"挑战杯"中国大学生创业计划竞赛（简称"小挑"）,商业性较强,侧重于市场与技术服务的完美结合。该赛事自 1999 年在清华大学开始举办,历经十三届。2023 年第十三届竞赛全国决赛开幕式在北京理工大学举办。大赛贯彻"创新、协调、绿色、开放、共享"新发展理念,设置科技创新和未来产业、乡村振兴和农业农村现代化、社会治理和公共服务、生态环保和可持续发展、文化创意和区域合作 5 个组别。大赛共吸引来自 3011 所高校的 142.4 万名学生参与,累计提交 33 万余个创新创业项目。大赛激发了高校创新创业热情,推进创新创业创造向纵深发展,让青春在创业实践中熠熠生辉。

"挑战杯"全国大学生课外学术科技作品竞赛（简称"大挑"）,注重学术科技发明创造带来的实际意义与特点。该赛事自 1989 年在清华大学开始举办,历经十八届,已经发展成为每届吸引 200 多万名大学生参与的"大舞台"。2023 年第十八届"挑战杯"大学生课外学术科技作品竞赛由贵州大学承办。本届大赛搭建由主体赛、"揭榜挂帅"专项赛、红色专项活动、"黑科技"展示活动有机组成的"1＋1＋2"赛事整体架构,共吸引全国 2000 多所高校、40 余万件作品、250 多万名学生参赛,涵盖机械制造、人工智能、乡村振兴等多个领域。不同赛道侧重不同项目,让参赛者形成差异定位、文理各擅、高低搭配的格局,凸显"崇尚科学、追求真知、勤奋学习、锐意创新、迎接挑战"的宗旨。竞赛特等奖作品 115 件、一等奖作品 201 件、二等奖作品 373 件、三等奖作品 959 件。

三、提升大学生创新创业能力

大学生是大众创业万众创新的生力军。大学生创新创业是一种以在校大学生和毕业大学生为主体的创新创业活动。随着国家对大学生创新创业支持力度的不断加大,越来越多的大学生投身创新事业之中。诚然,大学生作为年轻的知识人群,有着较为丰富的知识储备,但是,在创新创业过程中,大学生本身也存在经验不足、融资困难、服务不到位、能力不足等问题。基于此,为增强大学创新创业的活力,要提升大学生创造性劳动能力。

(一)加强大学生创新创业理论学习,夯实学识功底

任何创新创业都不是一蹴而就,而是经过长期的积累,特别是对相关领域知识的积累与延伸。大学生尚处于知识殿堂的入口,只有引导学生以学业为主,夯实学识功底,才能在创新创业路上踏实前行。承担此重任的即是创新创业教育,需要高校和老师的精心培养。

高校是对大学生进行创新创业教育的重要载体和机构。如何将创新创业教育与社会需求相契合是目前高校教育面临的难题。大学生群体社会实践经验不足,各种信息来源庞杂,对客观事物的认识难免存在一定偏颇。在教育过程中,高校要建立以创新创业为导向的新型人才培养模式,推进创新创业教育与专业教育深度融合,适应社会发展需求,加强创新创业理论学习与教育,注重课堂教学与实践体验相结合的教学模式,提升学生对事物全面性的把握,对市场环境、形势的发展性认识,不断增强大学生的创新精神、创业意识和创新创业能力。

(二)增强大学生创新创业培训,增强实战本领

创新创业能力,就是破除迷信、超越陈规,开拓创新、开创事业的能力。善于应对变化的形势,对遇到的问题与困难能够提出独到的见解和解决方案,紧紧把握事物发展的客观规律,这些能力的培养不仅要靠理论学习,更需要进行专门的培训,积极参与创新创业竞赛以检验学习效果。

高校作为提升大学生创新创业能力的主阵地,要打造一批创新创业培训活动品牌,有针对性地对大学生进行创新创业培训,加强校校、校企、校政等合作,建立培训机构,为大学生提供更多的平台。与此同时,国家、学校鼓励学生参加各种科创活动、创新创业竞赛,激发学生创新意识、积累学生创

业经验、提升学生创业技能。

（三）培育大学生问题意识，坚定求索毅力

问题是时代的声音，是创新的起点。回答和解决问题是促进创新创业发展的推动力。大学生思维活跃、兴趣广泛，既有发现问题的潜力，又有探索问题的能力，也有解决问题的魄力。基于此，教育要坚持问题导向，着重培育大学生问题意识，引导大学走上创新之路。

大学生不仅要能提出问题，更要能够应对问题。任何创新创业活动都不是轻轻松松、敲锣打鼓就能完成的，而是需要有锲而不舍、百折不挠、艰苦探索的精神。也就是说，大学生需要具备坚定的求索毅力，保持甘受寂寞的定力和不屈不挠的韧劲，才能在创新创业路上行稳致远。

四、大学生创新创业的意义

创新创业活动是一种创造性劳动。随着生产力的发展，信息技术的进步，劳动工具的改进，劳动对象范围的扩大，劳动分工的深化、精化，劳动形态发生了变化。特别是数字经济时代，数字化劳动力增多，并不断扩大经济增值空间。相比之下，传统劳动力、劳动模式受到严峻挑战，被取代的风险加大。面对新变化，作为未来社会劳动的主力军，新时代大学生积极参与创新创业活动，不断提升创造性劳动能力。这对于增加大学生就业、培养学生创新思维、实现人生价值具有重要意义。

（一）有利于稳定与扩大大学生就业

就业是最大的民生，事关经济发展和社会稳定大局。以创新创业带动就业，是促进大学生高质量就业的重要发力点。随着新产业蓬勃发展、新业态不断涌现，鼓励支持大学生积极创新创业，让更多年轻人施展才华并在各个领域闯出新天地，既有利于培育发展新动能，促进经济发展，也有利于大学生稳定和扩大就业。因此，通过优化创新创业环境、加大创新创业服务平台建设、落实创新创业财税扶持政策、加强创新创业的金融政策支持等，激发大学生创新潜能和创业活力，真正达到以创新创业促进就业的目的。

（二）有利于培养大学生创新思维

创新是引领发展的第一动力。纵观人类社会发展历史，无论是后起之秀,还是传统强国,都与创新创造能力密不可分。正如习近平总书记所说,培养创新型人才是国家、民族长远发展的大计。[①] 作为一种创造性劳动,大学生创新创业活动能够培养其创新思维和创业精神。大学生在参与竞赛、自主创业的过程中,通过学习思考、提出问题、寻找答案,了解不同领域的知识和经验,积累多样化的思维模式和方法,勇于提出新思想、新理念,进而提升创新思维能力。

（三）有利于大学生实现人生价值

人生价值是指人的生命及其实践活动对于社会和个人所具有的作用和意义。大学生积极参与创新创业活动,有利于实现个人价值与社会价值。对于个人而言,创业者通过自身不懈努力,不断提升自身素养,不断突破自己,实现自己的人生价值。对于社会而言,我国行进在全面建设社会主义现代化国家的新征程上,比任何时候都更加迫切需要创新型人才,更加迫切需要在创新创业中推动高质量发展,满足人民对美好生活的需求,赢得国家竞争主动权。可以说,在创新创业过程中,大学生真正让青春奋斗与民族复兴同频共振,实现人生价值。

劳 动 视 界

泸州返乡创业大学生刘凡:闯出柑橘种植的"一片天"

随着气温逐渐升高,柑橘树开始生长新梢并进入花期,4 月 17 日,在四川省泸州市古蔺县金秋农夫生态种植专业合作社的种植基地内,农户们正按照技术要求对柑橘树开展病虫害防治。一旁,一个戴着眼镜、十分斯文的年轻人正认真指导农户作业。

他叫刘凡,2010 年,通过高考跃出"农门",离开古蔺县太平镇一个小乡村,成为四川水利职业技术学院工程造价专业的大学生。那时,家人和乡亲们都以为,刘凡这辈子不会再回农村了,他会像很多大学毕业生一样,留在大城市,有一份体面的工作。

---

① 习近平.在中国科学院第二十次院士大会、中国工程院第十五次院士大会、中国科协第十次全国代表大会上的讲话[N].人民日报,2021-05-29(2).

然而,2015年,刘凡选择了返乡创业,并于2018年贷款60万元在太平镇九龙村流转土地216亩,走上了职业农民之路。"古蔺县的柑橘品质这么好,我想让全世界都知道!"他笑着说。

放弃稳定收入,他返乡种起水果

2010年,刘凡考上了四川水利职业技术学院,和大多数学生一样,带着憧憬以及父母的期待,离开农村,到了成都这个大城市。毕业后,他成功进入一家网络公司上班,有着一份不错的稳定收入。"但工作一年多,却始终没有归属感。"

2015年,刘凡与在四川农业大学读书的同学交流中,聊到了农业的发展前景。"那时候,家乡脱贫攻坚事业正如火如荼地进行,农业又是一个朝阳产业,有很好的政策扶持,可以试试。"交谈中,刘凡萌发了返乡创业的想法。

最初,刘凡成立了一个农产品销售公司,专营脆李的销售。销售中,他注意到,农户们基本都按照土方法进行种植,脆李的口感好,品相却不好,缺乏科学种植技术的"加持"。

认识到这一点后,刘凡自筹资金50余万元,10余次组织农户到成都、湖北、重庆、云南、广西等水果产业发达地区学习科学的产业发展理念和先进水果种植技能,并与四川农业大学进行校企合作,成功申报四川省科技扶贫项目。"川农的老师组队过来指导农户种植,两年过后,脆李品相变好了,每斤售价也增加了0.5元。不仅村民、游客们喜欢,水果商们也很青睐,每到脆李成熟季节,客户都络绎不绝。"

返乡三年的时间里,刘凡参与了多项水果种植扶贫项目,积累了一定的工作经验。在对全县26个乡镇268个行政村开展实地调研中,他嗅到了商机。

刘凡的家乡九龙村,处在半高山地区,产业单一,农业种植全靠"望天水",土地产出效益低。但好处是,这里平均海拔450米,气候和土壤特别适宜柑橘种植。于是,刘凡有了一个大胆的想法:施行土地流转,种植柑橘。

付出终有收获,小小柑橘也能做出"大文章"

2018年3月,刘凡贷款60万元在太平镇九龙村流转土地216亩,新建了当地首个优质杂交柑橘科技示范基地,引进了春见耙耙柑、爱媛38号果冻橙、金秋砂糖桔。创办了古蔺县金秋农夫生态种植专业合作社,发展特色水果种植。

"锄禾日当午,汗滴禾下土。"虽然生长在农村,但刘凡从未从事过农业生产实践,对农业的认识此前仅停留在书本上,"面朝黄土背朝天"的生活与他本没有任何交集,对于种植果树,他更是个"门外汉"。

那时,家里人对于返乡创业的刘凡也不理解,父母曾生气地质问他:"好好的大城市不待,非要回来,创业失败怎么办!"除了来自家人的压力,不少村民也在私下议论:"连田都不会种,能发展出个什么产业?"

因此,最初只有 17 人加入合作社。大部分的村民还是抱着观望的态度。"以后亏本了,都没有人来赔。"

面对质疑,刘凡也不气馁。拜访农户、走访学习、深入田间地头、与村民共同种植果树……为了突破柑橘种植的技术难关,刘凡边学边干,一边购买书籍、教程自学,一边虚心向果农和专家请教,土地平整、栽苗、使用有机肥、修枝、嫁接、治虫、施肥、套袋等环节,他都亲力亲为,经常从早上 7 点,忙活到夜里 12 点。

功夫不负有心人,经过不断的学习和试验,刘凡先后攻克了春见种植"不结果、掉果、冻果、果软、果酸、黄化"六大技术难题,创造了三伏天定植苗木成活率高达 98％的产业发展奇迹。

曾经九龙村一大片的荒地,在刘凡的努力下,长成了茂密的果林,家人和村里的农户们也向他竖起了大拇指。

短短一年的时间,合作社发放土地流转金和劳务费 60 余万元,就地安置就业 30 余人,示范带动周边村镇 1000 余户农户发展水果种植 30000 余亩,为当地创造财富 5000 余万元,合作社成员也增加到了 103 人。

发展农业不求大但求精,未来将走"全链条"式发展之路

"吃起来又甜又化渣,味道真的不错!"每年 2 月份,在耙耙柑成熟期,都会有络绎不绝的游客们穿梭在合作社基地里,边品尝边将采摘下的耙耙柑一颗颗放进果篮。金灿灿、黄澄澄的果实垂满枝头,在翠绿的枝叶间格外显眼。

刘凡说,基地的耙耙柑细嫩化渣,味道甜美多汁、口感饱满脆嫩,颇受游客喜爱,经常还未正式上市就被预订一空。

"本来果园种植了三个品种,但为了便于统一管理,今年我们统一对刚

投产的金秋砂糖桔和爱媛果冻橙实施了高阶换种技术,统一改种为适宜该地区发展的春见耙耙柑品种。"刘凡介绍道,他们对果园里的耙耙柑使用留树保鲜技术,可以将果实采收期控制在十二月底至次年四月,延长鲜果供应期,错开当地甜橙集中上市季节,减轻采摘、运输、贮藏等压力,可以有效增加收入,缓解销售压力。

据了解,基地里的216亩春见柑橘今年年初挂果,预计产量6万斤,明年进入丰产期后,预计产量15万斤,按照7元每斤的市场价,销售收入能达到105万元。

返乡创业的这几年,刘凡不仅增长了见识,开拓了眼界,对农业产业化和乡村振兴也有了更深的认识。"农业是个见效慢且投入大的行业。因此,要先做好规划,选择适量规模进行种植,不求大,但求精。"

如今,看着曾经的一片荒山变为万亩果园,刘凡觉得付出再多也是值得的。"乡村振兴,关键在人才,我希望通过政策引导,能有更多的年轻人返乡就业、创业,让农村成为大家愿意回来的热土。"

谈及未来的发展方向,刘凡告诉记者,接下来,他和团队打算成立一个社会化公司。"现在社会竞争日益激烈,产业发展不能再单打独斗,需要多方合作、信息互通、整合资源,抱团发展,走'全链条'式发展之路。"

——何佳欣:《泸州返乡创业大学生刘凡:闯出柑橘种植的"一片天"》,四川新闻网2022年4月18日。

思维训练

1. 大学生可参加的创新创业大赛有哪些?分别具有什么特点?
2. 大学生如何提升创新创业能力?

劳动实践

结合自己专业或兴趣点,撰写一份创业计划书。

第三节　培育大学生正确择业观

引导案例

人在社会上选择一个最适合于他、最能使他和社会变得高尚的地位。这种选择是人比其他生物远为优越的地方,但是这同时也是可能毁灭人的一生、破坏他的一切计划并使他陷于不幸的行为。

因此,认真地考虑这种选择——这无疑是开始走上生活道路而又不愿拿自己最重要的事业去碰运气的青年的首要责任。

每个人眼前都有一个目标,这个目标至少他本人看来是伟大的,而且如果最深刻的信念,即内心深处的声音,认为这个目标是伟大的,那它实际上也是伟大的。

但是,这声音很容易被淹没;我们认为是灵感的东西可能倏忽而生,同样可能倏忽而逝。

因此,我们应当认真考虑:我们对所选择的职业是不是真的怀有热情? 发自我们内心的声音是不是同意选择这种职业? 我们的热情是不是一种迷误? 不过,如果不对热情的来源本身加以探究,我们又怎么能认清这一切呢?

我们的使命决不是求得一个最足以炫耀的职业,因为它不是那种可能由我们长期从事,但始终不会使我们感到厌倦、始终不会使我们劲头低落、始终不会使我们的热情冷却的职业,相反,我们很快就会觉得,我们的愿望没有得到满足,我们的理想没有实现,我们就将怨天尤人。

但是,不仅虚荣心能够引起对某种职业的突然的热情,而且我们也许会用自己的幻想把这种职业美化,把它美化成生活所能提供的至高无上的东西。我们没有仔细分析它,没有衡量它的全部分量,即它加在我们肩上的重大责任;我们只是从远处观察它,而从远处观察是靠不住的。

如果我们把这一切都考虑过了,如果我们的生活条件容许我们选择任何一种职业,那么我们就可以选择一种使我们获得最高尊严的职业,一种建立在我们深信其正确的思想上的职业,一种能给我们提供最广阔的场所来为人类工作,并使我们自己不断接近共同目标即臻于完美境界的职业,而对于这个共同目标来说,任何职业都只不过是一种手段。

尊严是最能使人高尚、使他的活动和他的一切努力具有更加崇高品质的东西,是使他无可非议、受到众人钦佩并高出于众人之上的东西。但是,能给人以尊严的只有这样的职业,在从事这种职业时我们不是作为奴隶般的工具,而是在自己的领域内独立地进行创造;这种职业不需要有不体面的行动(哪怕只是表面上不体面的行动),甚至最优秀的人物也会怀着崇高的自豪感去从事它。最合乎这些要求的职业,并不总是最高的职业,但往往是最可取的职业。

在选择职业时,我们应该遵循的主要指针是人类的幸福和我们自身的完美。不应认为,这两种利益会彼此敌对、互相冲突,一种利益必定消灭另一种利益;相反,人的本性是这样的:人只有为同时代人的完美、为他们的幸福而工作,自己才能达到完美。如果一个人只为自己劳动,他也许能够成为著名的学者、伟大的哲人、卓越的诗人,然而他永远不能成为完美的、真正伟大的人物。

历史把那些为共同目标工作因而自己变得高尚的人称为最伟大的人物;经验赞美那些为大多数人带来幸福的人是最幸福的人;宗教本身也教诲我们,人人敬仰的典范,就曾为人类而牺牲自己——有谁敢否定这类教诲呢?

如果我们选择了最能为人类而工作的职业,那么,重担就不能把我们压倒,因为这是为大家作出的牺牲;那时我们所享受的就不是可怜的、有限的、自私的乐趣,我们的幸福将属于千百万人,我们的事业将悄然无声地存在下去,但是它会永远发挥作用,而面对我们的骨灰,高尚的人们将洒下热泪。

——节选自马克思《青年在选择职业时的考虑》

案例思考

青年选择职业应考虑哪些因素?

择业、就业不是单纯凭借主观愿望就能实现的，而是一项涉及个人、家庭、社会、经济、文化等诸多问题的复杂系统工程。大学生择业观就是毕业生对于职业选择的根本看法和观点，是其世界观、人生观和价值观在职业选择时的具体体现。因此，择业观的正确与否直接影响到毕业生能否正确认识自己、成功就业，也在一定程度上影响国家和社会的持续发展。

一、大学生择业观的动态变化

相较于 10 年前、5 年前而言，大学生的择业观发生了很大的变化。"慢就业"、灵活就业等新形态、新观念不断出现，甚至一些毕业生主动选择延期毕业来缓解就业压力或是等待就业机会。高校毕业生就业选择多元化，总体上看是我国经济快速发展的一种表现，是职业类型多样化背景下出现的新变化。这种动态变化表现为两个方面：从"毕业即就业"到"慢就业"的变化、从"铁饭碗"到灵活就业的变化。

从"毕业即就业"到"慢就业"的变化。相比于过去人们习惯的"毕业即就业"模式，当下"慢就业"现象有所增长。所谓"慢就业"，是指大学生在求职和投身职场过程中，主观上表现出来的放缓、延迟就业的状态。"慢就业"分为被动选择和主动选择两种情况。被动选择一是源于就业形势严峻，不得不被动处于"慢就业"状态继续搜寻合适岗位；二是因消极就业、懒就业而"慢就业"。主动选择分为两类：一是有明确职业发展目标方向，如考公、考研等，另一类是为了提升学历、专业知识、技能水平或是继续做自己热爱的事业，如参与扶贫事业。因此，我们对"慢就业"的理解需要从两方面看，要认识到"慢就业"不等于"躺平"、不就业。"慢就业"转变了以往"为就业而就业"的就业观。

从"铁饭碗"到灵活就业的变化。随着新型经济形态发展，大学生择业就业选择多元多彩。大家口中的好单位、好部门，工作稳定、收入无忧的体制内工作等并未如以前对大学生有极大的吸引力，择一业终一生的职业选择也并非常态。在这个开放、进取又充满机会的时代，多元多变的就业图景，灵活机动的就业方式，承载了大学生对美好生活的热情向往，蕴含着社会蓬勃发展的活力。青年人敢闯敢创、踏实进取、全力以赴，勇于追求自己的理想人生。从"铁饭碗"到灵活就业的变化反映了大学生从注重"面子"到追求"里子"的择业观，少了些浮躁迎合，多了份笃定务实，更加重视个人价值的长期追求。

劳动视界

"慢就业"需要两面看

最近,2023届毕业生陆续离开校园。"慢就业"被越来越多人提及,一项调查数据显示,2023年应届生选择"慢就业"的比例从去年的15.9%上升到18.9%。

虽然存在争议,但是具体分析不同个体可以发现,"慢就业"并非贬义词。毕竟,大多数"慢就业"不是不就业,更不是"躺平"。

对于"慢就业"现象,要区分被动选择和主动选择两种情况。

毕业离校了,部分毕业生工作却还没着落,今年青年就业压力依然较大。未就业毕业生和失业青年还有很多困难需要解决,不得不被动处于"慢就业"的状态中继续搜寻合适的岗位。针对这种情况,应当持续不断提供就业服务,让有就业意愿的青年尽快就业或参与就业准备活动。

6月底,人力资源和社会保障部及时启动了2023年高校毕业生等青年就业服务攻坚行动。人社部门制定了相当详实的计划,在7月至12月期间,对2023届离校未就业高校毕业生开展实名服务,提供1次政策宣介、1次职业指导、3次岗位推介、1次技能培训或就业见习机会;对未就业困难毕业生及长期失业青年,通过家门口就业服务站、政府购买服务等方式,提供实践引导、职业指导、就业援助;对通过市场渠道难以就业的,运用公益性岗位予以安置。

对主动选择"慢就业"的青年人,也应当区别引导。调查显示,相当一部分大学生选择"慢就业",是为了提升学历、专业知识和技能水平,也有一部分学生是为了增加实习和参加社会活动。不少青年人对新职业、先进制造业等领域有一定技术要求的岗位比较青睐,多掌握一些技术技能,能够提高自己的就业竞争力。应当开发更多有针对性的专项技能培训课程和服务,增强青年群体适应产业发展、岗位需求和基层就业的能力。同时,鼓励企业对新招用的毕业生等青年开展学徒制培训,通过企校双师带徒、工学交替,培养适合企业发展和岗位需要的高技能人才。

需要注意的是,毕业后留出过长时间去观望,一味求稳求好,也有可能造成心理焦虑,挫伤自信甚至逃避现实。家庭、学校和青年人应当做好合理规划和调控,提升个人适应社会的能力,以免"高不成低不就"。应充分发挥人力资源服务机构的信息桥梁作用,阻断毕业生向"消极就业""懒就业"方向变化,通过改善劳动条件、规范企业行为增强对高校毕业生的吸引力。

机会总是留给有准备的人,工作岗位是人生最好的历练场,无论对就业前景有什么样的预期,归根到底要靠实践和奋斗来实现。只要方向清晰、方法对路,就不愁找不到工作。

——敖蓉:《"慢就业"需要两面看》,《经济日报》2023 年 7 月 3 日。本书选用时有改动。

二、大学生择业的影响因素

大学生择业时受到个人、家庭、社会等多种因素的影响。

(一)个人因素

大学生作为择业、就业的主体,其职业选择必然会受到主观因素影响,包括个人所受教育、思想素质、身体状况、兴趣爱好、综合能力等。基于就业岗位的丰富性,大学生择业观念的转变,兴趣爱好、获得感等个人需求已经成为其职业选择不可忽视的影响因素。大学生依据个人兴趣点进行创业或是选择相应行业,进而提升个人幸福感与获得感。另外,基于个人综合能力,加之专业特长,很多大学生直接选择与专业相匹配的工作岗位。

(二)家庭因素

家庭是个人成长的第一所学校,家庭成员之间有着千丝万缕的关系。大学生在择业时会接受父母建议,容易受到家庭成员影响。一方面,父母可能在潜移默化的教育中已经向子女渗透就业意向;另一方面,家庭条件、家庭资源等也直接影响着大学生的择业观。例如,部分大学生毕业后选择距家较近的地方就业,方便照顾父母。

(三)社会因素

社会对大学生择业影响主要表现在三个方面。第一,国家促进和鼓励大学生择业、就业方面的专门政策与措施,如大学生志愿服务西部计划、"三支一扶"、乡村振兴人才计划,等等。这在一定程度上影响着大学生的职业选择。第二,大众媒体的宣传、互联网平台等也会影响大学生的职业选择。毋庸置疑,"互联网+"为人类生活、生产带了极大的便利,也为大学生提供了新的就业机遇。如以互联网平台为载体的短视频非常火爆,在彰显个体个性的同时,也能够使大学生发挥个人特长、展现兴趣爱好,从而将其变成个人的职业。但我们也要警惕,网络有其弊端,运用"互联网+"时要批判通过简单劳动就能获得"高薪高酬""高收入高回报""一夜暴富"的错误价值观。第三,新职业激发新活力、催生新机遇,拓展就业新空间,给大学生择业提供更多新选择。新职业源于新技术、新业态、新需求,受到大学生的青睐。大学生充满朝气与活力,既对新职业充满好奇,同时也为新职业发展注入动力。

劳动视界

打开"就业手册":拓展就业选择 新职业成就新生活

问诊检查、开单取药、排队代交费、打印病历……早上 7 点开始,大飞(化名)手里拿着大大小小各种单据,在医院里奔忙起来。

"这种药是一天两次、每次一粒,餐后服用,注意饮食清淡。"28 岁的大飞是北京的一名陪诊师,虽然每种药的用法用量在包装盒上都有标记,但大飞还是会把医嘱向患者耐心讲解一遍。

徘徊在电子仪器前的老人、到处问路的外地患者,以及独自看病的年轻人……近年来,以陪诊师为代表的新职业回应了社会新需求,为劳动者提供了更丰富的职业选择。

就业事关千家万户安定幸福。2023 年中央经济工作会议指出,要更加突出就业优先导向,确保重点群体就业稳定。当前,新职业新岗位正成为就业"蓄水池",多元业态拓宽了职业选择,成就了百态人生。

码农转型陪诊师　另辟新径灵活就业

"您已接单成功!"这两天,大飞再次踏上了陪同协助就诊的路上。大飞告诉记者,对于异地来京的患者或是行动不便的老人来说,流程不熟悉、家人不在身边，去趟医院绝非易事。

"之前做了 6 年程序员，以前上班都需要坐班，目前主要对接企业集团和自媒体获客陪诊，相比之下可以自己安排时间，更灵活自由。"从程序员转行做陪诊师的这一年多来，大飞明显感觉到陪诊需求在增加，几乎每天能接到订单。

在他看来，随着老龄化现象日益严重，陪诊服务也会成为刚需，既能更好满足子女照顾老人就医的需求，对自己而言，成功转型到新兴行业，也找到了新的发展机会。

"陪诊师不仅有'温情'，更重要的是'安心'。正是'温情'与'安心'，才有了它的市场。"大飞说，自己的日常工作就是用最短的时间完成各种就医手续，除了取送病例、排队取药、代问诊等服务，安抚患者心情、提醒检查前注意事项等人文关怀也是工作一部分。

大飞的背后，是中国庞大的灵活就业市场。外卖员、网约车司机、主播……互联网加持下催生的灵活就业岗位越来越多，让更多人有了就业新选择。

从党的十八届五中全会首次提及"新就业形态"的概念，到党的二十大报告要求"加强灵活就业和新就业形态劳动者权益保障"，对新就业形态劳动者的关爱逐步落地。

2023 年 2 月，人社部发布《新就业形态劳动者劳动合同和书面协议订立指引（试行）》，明确将职业伤害保障制度写入文件，解决新就业群体的职业隐忧。此前，2021 年 7 月出台的《关于维护新就业形态劳动者劳动保障权益的指导意见》，也将新就业群体纳入劳动保障基本公共服务范围。

一技之长"电"亮未来　技能让就业更宽广

"职业技能培训不仅让我找到了人生方向，也改变了我的命运。"张强自信满满地说道。

作为山西省吕梁市高级技工学校电气自动化专业的一名高二学生，张强回忆说，"初中的时候，文化课一直是我的弱项，我对动手实操比较感兴趣。初中毕业之后，就觉得学一门技术也会有一个好的出路。"家人的理解和支持、自己的钻研与进取，让张强在学校找到了新方向。

就业是民生之基，技能是立身之本。近年来，我国高度重视高技能人才工作,《关于加强新时代高技能人才队伍建设的意见》等政策相继出台,技能人才培养、使用、评价、激励制度不断健全,技能人才队伍建设进入"快车道"。

对个人而言,掌握一技之长,是实现个人价值的重要途径。两年多的技校学习生活让张强收获颇丰,他先后获得第三届吕梁市职业技能大赛和第四届山西省职业技能大赛的冠军、第二届全国职业技能大赛的入场券。

"技能大赛改变了我的人生,它让我有了价值感,同时也得到更多认可和尊重。"曾经的他,苦于自己文化课的短板;如今的他,立足实操能力的提升,有了更多选择。至此,张强有了新的人生目标,"我想继续好好上学,考大学,参加更高规格的比赛。"

千工易寻,一技难求。从国务院印发《国家职业教育改革实施方案》,到人力资源和社会保障部制定出台《关于健全完善新时代技能人才职业技能等级制度的意见(试行)》,再到《关于加强新时代高技能人才队伍建设的意见》印发、"技能中国行动"深入实施……一系列有力举措,为技能人才成长创造了良好条件,也激励了更多人走技能报国之路。

"乐道传遗"的少年郎　直播捏面人成"网红"

"在许多人眼中,捏面人不是一项热门的职业。但我觉得,身为非遗传承人,就应该把职业、责任、爱好结合起来,坚守下去。"今年 27 岁的郎佳子彧,毕业于北京大学艺术学院,是国家级非物质文化遗产郎派面塑艺术的第三代传承人,也是一位活跃在短视频平台的"网红"短视频创作者。

郎佳子彧大学毕业时,父亲不赞成他把捏面人当成职业的选择。"凭你自己的能力可以找到不错的工作,我担心你靠这很难养活自己。"

对于父亲的建议,郎佳子彧有自己的理解,"如果它能变成一个很有保障的职业,有一个更好的创作环境,那问题就都迎刃而解了。"

数字经济下新业态新模式的蓬勃发展,让郎佳子彧看到了机遇。毕业后,郎佳子彧成立了自己的工作室,通过短视频直播方式吸引更多粉丝了解、喜欢面塑,再通过自己的努力去探索手艺人变现的通道。

在互联网平台,像他这样的"新市井匠人"还有很多,根据 58 同城对青年就业的观察,新职业里蕴藏着时代温度,映射出人们不断增长的美好生活需要。互联网平台持续拓宽居民消费场景的同时,以外卖配送、物流快递、网约车、生活服务、直播类、运营和客服等岗位为代表,已成为吸纳青年群体就业的重要力量。

"数字经济创造新岗位和新职业,增加了大量就业机会。"首都经济贸易大学劳动经济学院教授杨旭华在接受记者采访时表示,数字经济以高新技术为支柱、以智力资源为依托、以创新为核心驱动力,作为国民经济发展的"稳定器"和"加速器",对就业的创造效应要大于替代效应,在促进就业总量增长、结构优化、质量提升方面有积极意义。随着数字经济的发展,灵活就业、平台就业、组合式劳动、人机协同、自主创业等将成为新的就业趋势。

——孙阳等:《打开"就业手册":拓展就业选择　新职业成就新生活》,人民网 2023 年 12 月 25 日。本书选用时有改动。

三、大学生树立正确择业观

自由择业是我国劳动法赋予包括大学生在内的所有劳动者的法定权利。随着我国经济的快速发展,职业分工日益细化、新兴行业不断涌现,大学生职业选择呈现出多样化特征。大学生择业就业既关系到个人职业发展,也关系到国家高质量发展和社会的和谐稳定。因此,大学生要树立正确的择业观,既要适合自己又要利于社会,将实现个人理想与国家和社会发展需要紧密结合起来。

（一）树立适合自己的择业观

大学是重点就业群体。对于大学生而言,只有树立正确的择业观、就业观,找到自己的职业定位和奋斗方向,投入踏实的工作中,才能更好发挥个人价值、实现人生理想。目前,大学生择业还存在盲从、攀比、重视个人价值而忽略社会价值等偏向。一部分学生并不清楚自己想干什么,在职业选择时"随大流";一部分学生在求职时过分看重薪酬待遇;还有一部分只关注专业相关度较高的职业,忽略了长期职业发展等。

实际上,社会上不同的职业岗位,代表着每个人都有着不同的择业预期和就业目标。职业分工不同,但没有高低贵贱之分。三百六十行,行行出状元。任何职业都不会埋没人才,也不会束缚人的发展,关键是看择业者对待职业的态度。适合自己是大学生择业、就业的首要因素。适合自己即客观看待个人条件，在综合考虑个人兴趣爱好、专业特长、职业能力、发展前景的基础上理性择业、就业。这一理性择业观一定是在对自我和外部环境有清晰认知的基础上渐进形成的。大学生如果单纯被功名、金钱、利益而吸引，追求功利性而忽视个人客观条件，很容易做出错误选择。

（二）树立利于社会的择业观

选择职业，必须了解社会的需求，这是择业、就业的基本出发点。职业价值的体现既表现为是否满足个体需求，还表现为是否对社会有价值。马克思在《青年在选择职业时的考虑》中强调，如果我们选择了最能为人类而工作的职业，那么重担就不能把我们压倒，因为这是为大家作出的牺牲。职业应有的价值就是做对社会有价值的事。大学生根据自身条件和需求选择合适的职业和岗位既有助于大学生实现自我，也同样为社会作出应有贡献。

大学生是青年群体中的佼佼者，在职业选择和就业价值取向上应坚持把工作岗位放到国家发展大局中进行思考和定位，实现个人价值与社会价值的协调统一。现在，我们比历史上任何时期都更接近实现中华民族伟大复兴的目标，作为实现中国梦主力军和生力军的大学生，应勇敢肩负起时代赋予的重任，让青春之花绽放在祖国最需要的地方。如到西部就业。西部地域辽阔，人才相对匮乏，具有广阔的就业空间，是大学生施展才华、实现人生价值的地方。国家出台支援西部的政策和措施，鼓励大学生奔向西部、深入基层，勇当强国建设、民族复兴伟业的先锋队。又如到农村就业。人才是乡村振兴战略的重要支撑。一些乡村发展乏力，关键在于缺人才、缺发展引路人、产业带头人、政策明白人。大学生具有专业知识、头脑聪慧、综合能力较强，应积极响应国家号召而驻扎基层，为乡村贡献青春力量。

当代大学生是与新时代同向同行、共同前进的一代，生逢盛世，肩负重任。在时代大潮中找到自己的坐标，在不懈奋斗中尽到自己的责任，让个体奋斗与强国宏图同频共振。在平凡的工作岗位上努力实现职业价值，既满足个人需求，也对国家、对社会作出有益贡献。

劳动视界

北京大学学生叶山："祖国需要处,皆是我故乡"

鲜艳的五星红旗冉冉升起,身旁的学生们面向国旗肃立,庄严地敬礼……叶山·叶尔布拉提经常回想起自己的支教经历。叶山·叶尔布拉提是北京大学马克思主义学院 2021 级硕士研究生,2020 年,他作为北京大学第二十二届研究生支教团志愿者,来到新疆乌鲁木齐县水西沟镇庙尔沟中学支教。

"老师全力付出,能让孩子们的未来更精彩"

2019 年的夏天,叶山前往新疆和田皮山农场中学参加暑期支教。当地干部群众在沙漠边缘建设学校、办好教育的事迹深深触动了他,也让他心中的目标愈发坚定——"我要回到家乡去!"

一年后,叶山来到庙尔沟中学开始了为期一年的支教工作,为学生们教授数学、政治、英语 3 门课程。

支教路上,叶山想尽办法鼓励孩子们勇敢追梦。针对学生英语基础薄弱的情况,他在课后主动开设超 100 课时的基础英语课程,帮学生查漏补缺;为了带领孩子们学好党史,他联动 5 个支教地、邀请北京大学教授孙蚌珠为近千名学生举办线上党史讲座……叶山始终相信:"老师全力付出,能让孩子们的未来更精彩。"

叶山在支教日记里写下过这样的话:"成为一朵朵浪花融入祖国的教育扶贫、乡村振兴事业中,是我们的幸运,也是我们人生的历练和重要功课。"

浪花虽小,却能汇成宽阔的海洋。越来越多像叶山这样的青年,奔赴边疆、基层,汇聚成服务西部地区基础教育发展的强大力量。

"成为更好的中国故事讲述者"

"那一刻,我真正感受到了自己与祖国的同频共振。"回想起参加庆祝中华人民共和国成立 70 周年联欢活动时的情景,叶山到现在仍很激动,"我要永远记住那一段经历。"

2019 年,叶山报名加入庆祝中华人民共和国成立 70 周年活动志愿者工作组,成为一名"志愿者的志愿者"。2019 年 10 月 1 日当天,叶山连续坚守志愿服务岗位 20 个小时,顺利完成了观众服务及志愿者保障任务。

尽管有些疲惫,内心的充实感却让叶山觉得很值得:"如果还有这样的机会,我还会义不容辞地报名参加,贡献自己的一分力量。"

谈及自己的志向,叶山的话语简单而坚定:"我想向世界讲好中国故事,成为更好的中国故事讲述者。"故事不仅要自己讲,更要带动其他人一起讲。为了让更多人了解西北,叶山牵头成立的北京大学学生西北研究发展协会至今已组织 50 余名学生到新疆开展支教和社会实践,乌鲁木齐、伊宁、霍尔果斯等地都留下了他们的足迹。

"甘当一颗螺丝钉,在无人看见的地方默默奉献"

志愿服务步履不停,青春梦想矢志向前。2022 年北京冬奥会、冬残奥会期间,叶山成为一片"燃烧的雪花",担任国家游泳中心赛事服务主管,负责志愿者点位安排与观众引导。"欢迎观赛""请携带好随身物品"……一声声朴素而温暖的叮咛,在场馆内外谱成一曲和谐的乐章。

"冬残奥会最后一场冰壶比赛是我们志愿服务的最后一站,"叶山回忆道,"《义勇军进行曲》在冰立方奏响的时刻,我们的志愿服务也画上了圆满的句号。"

凭借出色的表现,叶山获得了"第十三届中国青年志愿者优秀个人""2021 年北京大学学生年度人物"等荣誉称号,但他始终以"功成不必在我,功成必定有我"的要求勉励自己,在服务社会中实现人生价值。"志愿者要甘当一颗螺丝钉,在无人看见的地方默默奉献。"叶山说。

"新时代新征程上,我们挥洒青春汗水的平台变得更大、实现梦想的方式变得更多。"作为支教志愿者,叶山担当奉献;作为一名党支部书记,他努力增强党支部凝聚力、引领力,让大家"像石榴籽一样紧紧抱在一起";作为新时代的青年,他时刻牢记服务国家的使命担当。

"祖国需要处,皆是我故乡。"未来,叶山希望继续做一名扎根一线的志愿者,肩上担责任、目光向远方,用青春和奋斗为祖国为社会贡献自己的力量。

——杨昊:《北京大学马克思主义学院二〇二一级硕士研究生叶山·叶尔布拉提——"祖国需要处,皆是我故乡"》,《人民日报》2022 年 5 月 12 日。

思维训练

1. 大学生择业观念有哪些变化？
2. 正确的择业观包括哪些因素？

劳动实践

撰写一份职业规划书。

第八章　服务性劳动

《大中小学劳动教育指导纲要（试行）》提到，普通高校要"强化服务性劳动"，"结合'三支一扶'、大学生志愿服务西部计划、'青年红色筑梦之旅''三下乡'等社会实践活动开展服务性劳动"。服务性劳动是高校行使社会服务功能并促进大学生成长成才的重要载体，是大学生积累社会实践经验、探寻生命意义、实现人生价值的重要活动。将高校的优质资源有效辐射到广大乡村，既能够推动教育助力脱贫攻坚与乡村振兴，也展示出大学生只有通过劳动实践才能实现人生价值。

第一节　志愿服务劳动

引导案例

习近平给华中农业大学"本禹志愿服务队"回信

"本禹志愿服务队"的同学们：

来信收悉。得知你们在徐本禹同志感召下，积极加入青年志愿者队伍，走进西部，走进社区，走进农村，用知识和爱心热情服务需要帮助的困难群众，坚持高扬理想、脚踏实地、甘于奉献，在服务他人、奉献社会中收获了成长和进步，找到了青春方向和人生目标，感到十分欣慰。值此中国青年志愿者行动实施 20 周年之际，我向你们以及全国广大青年志愿者，致以诚挚的问候和崇高的敬意！

当前，全国各族人民正在中国共产党领导下，全面贯彻党的十八大和十八届三中全会精神，满怀信心为实现中华民族伟大复兴的中国梦而奋斗。你们在信中表示，要勇敢肩负起历史赋予的责任，积极投身改革发展伟大事业，奉献社会，服务人民，说得很好。

　　历史和现实都告诉我们,青年一代有理想、有担当,国家就有前途,民族就有希望,实现中华民族伟大复兴就有源源不断的强大力量。希望你们弘扬奉献、友爱、互助、进步的志愿精神,坚持与祖国同行、为人民奉献,以青春梦想、用实际行动为实现中国梦作出新的更大贡献。

习近平

2013 年 12 月 5 日

案例思考

　　如何理解志愿服务?

　　志愿服务是体现人性美的自然之举,是大学生接触社会、参与实践的重要方式,能够引导学生在服务过程中实实在在做事,切身感受参与志愿服务的意义,并在服务中养成奉献互助、乐于助人、勇于担当的品格。

一、志愿服务概述

(一)志愿服务的内涵

　　志愿服务是指社会文明进步的重要标志,也是中国特色社会主义核心价值观的集中体现。依据国务院颁布的《志愿服务条例》,志愿服务是指志愿者、志愿服务组织和其他组织自愿、无偿向社会或者他人提供的公益服务。从内核看,志愿服务重在公益性,是不以谋求经济利益为目的,强调奉献和回馈社会,推动公益事业发展的多种类工作的总和。从主体看,志愿服务包括个人和群体,其出于自由意志,以自己的时间、知识、技能、体力、经验等为社会服务,不追求经济回报,致力于推动社会进步。

(二)志愿服务的特征

　　《志愿服务条例》指出,开展志愿服务,应该遵循自愿、无偿、平等、诚信、合法的原则,不得违背社会公德、损害社会公共利益和他人合法权益,不得危害国家安全。从志愿服务遵循的原则可以看出,志愿服务具有自愿性、无偿性、公益性、组织性的基本特征。

1. 自愿性

自愿性是志愿服务的显著特征,也是区别于其他公益服务的标志。《志愿服务条例》第二十五条规定:任何组织和个人不得强行指派志愿者、志愿服务组织提供服务,不得以志愿服务名义进行营利性活动。志愿服务必须是志愿者、志愿组织自愿参加,强调参与者的主体地位。自愿性是指按照本人主观意愿而主动的、自觉的参与志愿服务,而非出于他人或组织的强迫,或环境所造成的压力。某些组织或他人可以动员志愿者,但动员行为要充分体现对志愿者的尊重。只有主体自愿投入到志愿服务之中,服务效果才能达到理想状态。相反,被迫参与、强制"奉献"的志愿服务活动会使其意义大打折扣,很难持续发挥积极作用,也不符合公益活动的资源性原则。

2. 公益性

公益性是判断志愿服务行为、慈善行为的一个重要标准。志愿服务作为公益性活动,不应该被当成达到其他目的的手段,应始终坚持以利他和公益为基本目标。公益即公共利益,是人们对生活共同体的利益的关注、向往和追求。公益性是指志愿者从事的服务行为及行为结果是符合社会公共利益要求的。志愿服务组织、慈善组织通过提供公共服务,倡导社会风尚,推进社会公平来实现社会公益。可以说,志愿服务组织和慈善组织是一般意义上的公益载体。离开公益性的志愿服务行为,不是社会倡导的志愿服务,不仅违背了公益性动机,也不具有积极正面的社会意义。

3. 无偿性

无偿是指无须支付报酬的一种行为,体现了公德心、公益心。志愿服务具有无偿性特征,指志愿者、志愿组织参与活动不以获得劳动报酬或盈利为目的,而是利用自己的技能、时间、财富等从事公益活动。志愿者提供服务行为,不得向服务对象收取包括金钱、礼物等任何形式的报酬。同时,我们也要深刻地认识到,无偿性并不等于无成本。志愿服务活动有成本。为解决志愿过程中遇到的困难,保证志愿服务顺利进行,对志愿者安排的适度的交通补贴、餐补等是十分必要的。因此,无偿性并不能作为拒绝完善志愿服务保障的理由。

4. 组织性

从狭义上说,组织是指人们为实现共同目标,相互协作而形成的团体。

志愿服务活动通常是在组织的指导、协调和管理下进行的。从志愿服务发展历程来看,组织性体现了志愿服务从个体自发自为向群体共促共进发展,如社会团体、社会服务机构、基金会等诸多服务组织的出现,彰显了志愿服务组织已经成为现代社会从事志愿服务的重要主体。从功能看,志愿服务组织性特征为志愿者提供一个更好的、更专业的实践平台。毋庸置疑,有组织的志愿服务活动不仅避免资源浪费,还能实现服务效益最大化。志愿服务组织通过了解服务对象需求,对接相应专业的志愿者群体,从而达到志愿活动方与服务对象方的双向效益。如高校有组织、分批次地安排大学生志愿者到养老院进行志愿服务活动,既能使志愿者感悟敬老爱老的意义,体会乐于助人的乐趣,同时也给老人带来欢乐。相反,无组织地多批次安排志愿者服务,对志愿者一方是自愿浪费,对服务对象也是一种伤害。

（三）志愿服务的类型

我国志愿服务经历了几十年的发展,已经形成了相对稳定的服务领域。但由于依据标准不同、服务领域差异,志愿服务可以划分为不同的类型:

1. 扶贫济困领域

扶贫济困主要针对因贫、因病、因教等因素导致生活、教育困难的群体。通过开展爱心捐助、支教助学、医疗卫生等志愿服务活动,帮助减轻其生活负担,改善其生活条件,提高其生活水平。如"希望工程""中国青年志愿者扶贫接力计划"等。

2. 特殊群体领域

特殊群体主要指老年人、残疾人、留守儿童等群体。通过为老年人、残疾人提供生活陪护、情感慰藉、免费体检、法律援助等志愿服务活动,为留守儿童提供学业辅导、生活照料、自护教育、心理疏导等志愿活动,解决其物质上的困难,同时也充实其精神世界。如"共青团关爱农民工子女志愿服务行动""'天使妈妈'孤残儿童救助"等。

3. 文学艺术领域

文化艺术主要为丰富基层群众文化生活、推动基层文艺创造和生产而开展文艺志愿服务。通过舞蹈、歌曲、戏剧等文艺形式传播党的创新理论,不断提升文艺服务群众的能力水平,不断满足人民日益增长的美好生活需要,有力推动精神文明建设。如"'强基工程'——文艺助力基层精神文明建设行动""春雨工程"等。

4. 大型活动领域

大型活动主要指面向社会公众举办的体育赛事、演唱会、庆典、会议、展销展览会等。通过开展信息咨询、语言翻译、秩序引导等志愿服务活动,协助大型活动顺利进行。如"'小青荷'志愿服务""北京奥运会志愿服务"等。

5. 环境保护领域

环境保护主要是针对大气、水资源、能源、生态的保护而开展的志愿服务。通过开展环保知识普及、义务植树、垃圾分类、治理污染等志愿活动,让民众重视并参与到环境保护中,协调人类与环境的关系,保护人类的生存环境,保障经济社会的可持续发展。如"蓝天保卫战三年行动计划""'绿水青山'公益行动"等。

此外,从时间来看,分为定期性的志愿服务和临时性志愿服务;从主体来看,分为有组织的志愿服务和个人的志愿服务;从专业程度来看,分为专业性较强的志愿服务和一般性质的志愿服务;等等。

劳动视界

"我自豪,我是一朵'小青荷'"——亚运赛场上的青春志愿风采

"我自豪,我是一朵'小青荷'!"在 10 月 3 日举行的"青春风采"杭州亚运会志愿者主题新闻发布会上,来自浙江理工大学的杭州奥体中心体育场赛会志愿者王灵,说出了所有"小青荷"的心声。

杭州亚运会赛会志愿者沿用 2016 年 G20 杭州峰会志愿者的昵称"小青荷",取自宋代诗人杨万里描写杭州西湖美景的诗句——"接天莲叶无穷碧,映日荷花别样红"。莲叶是青色的,所以取了"青"字,从"映日荷花别样红"中取了"荷"字,组成了"小青荷"。"青荷"谐音"亲和",彰显着志愿者的青春气息和亲和力。

杭州亚运会人力资源指挥中心执行指挥长、亚组委志愿者部部长汪杰介绍,在赛事筹备前期,从报名的 31.7 万人中层层筛选、优中选优,最终选拔出 3.76 万名赛会志愿者,包含了通用志愿者及语言、竞赛、礼仪、升旗手

等专业志愿者。截至目前,累计上岗志愿者37.8万人次,累计服务时长336万小时。

在杭州奥体中心网球中心的志愿者当中,岗位人数最多的是网球球童志愿者,共有143人,每片球场上都有一组训练有素的球童,他们穿梭在球场上,保证赛事顺利进行。

"他们是我们志愿者中晒得最黑、跑得最多、流汗最多的人,他们挥洒汗水的样子、专业出色的表现,得到了运动员的认可和现场观众的掌声。"杭州奥体中心网球中心运行团队媒体副指挥长万爱民说。

主媒体中心运行团队志愿者主任张威还分享了一个志愿者的暖心故事。"前不久,我们的志愿者在服务一位科威特记者时,无意中得知当天正好是他的生日,于是他就和岗位上的小伙伴一起为这位记者唱了生日歌,送去了生日的祝福。"张威说,这些简单而平凡的瞬间带给参与亚运会的运动员、工作人员和观众很多感动,希望这份感动能持续下去。

——黄筱:《"我自豪,我是一朵'小青荷'"——亚运赛场上的青春志愿风采》,新华网2023年10月4日。

河南理工大学青年志愿者:用"青春"守护"夕阳红"

"10年,300余次课程,5万余分钟教学,4000余人次受益……"这里的每一个数字,都写满了"青春"的坚守和"夕阳"的欢乐。

近日,河南理工大学收到了河南省焦作市解放区老年大学赠送的锦旗,感谢10年来该校青年志愿者坚持不懈,持续接力为老年大学义务上课的积极热情和奉献精神。这是继2018年以后,该校再次收到解放区老年大学赠送的锦旗。

人口老龄化日益加剧,信息技术飞速发展……为了帮助老年人解锁手机使用功能、掌握互联网知识和技能,更好地与新时代接轨,由河南理工大学测绘学院青年志愿者协会主办、解放区老年大学协办的"乐活银龄 夕阳无忧"项目,于2013年正式成立。

青年志愿者结合当今的网络热词,手机、电脑软件运用,视频剪辑等内容开展教学,并结合学员们的需求不断更新教学内容。为了提升教学质量和效率,青年志愿者们提前备课,预设老年学员们可能提出的问题,详细制作课件和教案。课堂上由一位青年志愿者主讲,另外近 20 名志愿者针对老年学员的课堂疑问等,进行一对一"手把手"指导教学,目前直接受益人数 4000 余人。

针对老年人上课期间不能完全理解或课后遗忘等问题,青年志愿者们采用"线上讲解+线下答疑"相结合的方式,全面解决学员们的学习顾虑和困难。同时在微信群中及时发布课件、电子产品使用详细步骤等,便于学员预习、复习、掌握知识。

"不管是线上还是线下,在这里学习的每一位学员,课堂上都非常认真,他们会将讲到的知识点,详细记在小本子上,遇到不会的问题'不耻下问',他们渴望知识和与时俱进的态度,是我们学习的榜样。"该青年志愿者协会的会长康杨说。

"10 年来,不管是炎炎烈日的盛夏,还是白雪皑皑的严冬,无论是刮风,还是下雨,河南理工大学青年志愿者们始终如一、按时按点,义务为我们老年学员传递知识、带来欢乐,我们非常感谢!"该老年大学校长张巧红曾两次携带老年大学的成员,专程来到河南理工大学赠送锦旗,并表达对该校青年志愿者们辛勤付出和无私贡献的感激。

该项目自成立以来,不断得到校内外的广泛关注,并获得一致认可。曾获得国家级大学生社会公益奖铜奖、河南青年公益创投大赛银奖,并连续 4 年获得河南理工大学青年志愿服务项目奖等。

"'孩子们,爷爷奶奶感谢你们,有你们的陪伴,我们能熟悉手机,跟上时代。'每次听到这样的话语,我感觉所有的付出和坚持都非常值得。"该青年志愿者协会成员王毅说,"能帮助叔叔阿姨、爷爷奶奶重拾'书包',与新时代接轨,用青春之光照亮他们的晚年生活,我感觉很有意义。同时也深深被他们的学习热情和对待生活积极乐观的态度所感染,当好老师,做好服务,我将继续前行。"

——赵改玲,张璐:《10 年接力,用"青春"守护"夕阳红"》,《焦作日报》2023 年 11 月 28 日。本书选用时有改动。

"00 后"大学生"一路步行向洪区"

和消防指战员组装救生艇、转移老人、给母亲送饭、给亲戚送食材,这是"00 后"大学生李润东这几天的日常。这个暑假,他本打算学车、考驾照,但超强降雨打乱了这一计划。

黑龙江省哈尔滨市尚志市人民政府防汛抗旱指挥部 4 日发布通知称,叠加 8 月 2 日凌晨以来降雨,本轮尚志市强降雨为 1957 年以来最大,判断已超百年一遇级别。

持续的强降雨导致尚志市境内河流水位暴涨,大大小小的河流汇入蚂蚁河。蚂蚁河部分河段出现漫堤险情。蚂蚁河是松花江右岸较大支流,发源于张广才岭西坡的蚂蚁河流经 3 个县,最后注入松花江,全长 300 多公里。

"家里的电 4 日已经恢复,水(6 日)还没有来。"从 3 日早上 4 点出门去驾校学车后,哈尔滨华德学院的李润东,就没回过家了,他成了救援力量中的一员。那天上午 8 点 47 分,李润东看到社区微信群里有人被困求救。此前,他已接到母亲的电话,喊他"别回家,别来洪区"。

"洪区中的家已经回不去了,但我得去参与救援。"李润东告诉中青报·中青网记者,"自己的家在顶楼,相对地势较高,暂时没被淹,但大水挡住了回家的路。"

很多家在洪区的人没能回家,因为部分通信基站、网络基站被淹,他们甚至联系不上被困的家人。李润东到达接近洪区 200 米的地方时,当地森林消防支队的运输车已经在原地待命,一起待命的还有 100 多名森林消防员。李润东注意到,当时救生艇还没到位,但大铲车已从水位较浅的一条路驶入,"水位较深的另一条路线,只能通过救生艇进入"。

截至当晚 9 点,近 12 个小时的时间里,一艘救生艇累计往返洪区几十余次,转移被困居民几百余人。包括一对被困母女在内,不少居民的"解救"路线,都是李润东提供的。因为熟悉亚布力镇上的各个建筑及路线,李润东多次帮助救援人员找路,"即使有的楼当时只能看到一半"。

"本地人会有不少亲戚住在镇上。"在救援过程中,李润东还从救生艇上接到了自己的大爷。这个开饭店的亚布力镇人,当天早上 4 点多到蚂蚁河边时"发现水位还正常",但没过 4 小时,自己一楼的饭店就被淹了,"门外的车也漂起来了"。

"50 年从没见过这么大的雨。"是李润东听大爷对这次洪水的描述。在寻找被困居民、搬送物资的过程中,他看到镇上多处楼房的低层区域被淹,多处路面及桥梁被冲塌损毁,来不及撤离的居民被困到自家房顶或二楼平台。在给当地一家银行的工作人员送物资时,李润东看到对方站在二级台阶上,"水已经没到他的腰部"。

来自黑龙江哈尔滨森林消防支队的数据显示,此次洪水最深处已达到1.8 米。

实际上,这不是李润东第一次面对汛情。上一次,是他在青岛当兵时参与防洪防汛应急演练。"当时就想着这些技能不要派上用场,不想有更多的人受灾。"

这名 2019 年入伍、2021 年退伍复学的大学生一路步行向洪区时,父亲有过劝阻,但他觉得自己"必须去","那是我的家"。他和父亲视频通话报平安时还指着身后的消防员们说,"一屋子(都是)战友"。

——朱彩云:《"00 后"大学生"一路步行向洪区"》,中青在线 2023 年 8月 6 日。

思维训练

1. 什么是志愿服务?

2. 志愿服务有哪些特征?

劳动实践

绘制中国青年志愿者标志("心手标")。

中国青年志愿者标志("心手标")制作说明

1. 标志说明:中国青年志愿者标志整体构图为心的造型,同时也是英文"青年"第一个字母 Y;图案中央既是手,也是鸽子的造型,寓意青年志愿者向需要帮助的人们奉献一份爱心,伸出友爱之手,立足新时代、展现新作为,弘扬奉献、友爱、互助、进步的志愿精神,以实际行动书写新时代的雷锋故事。

2. 制作说明:图案中白色为纯白色,红色色号为 M100Y100。

第二节　大学生志愿活动

引导案例

习近平给中国石油大学(北京)克拉玛依校区毕业生的回信

中国石油大学(北京)克拉玛依校区的毕业生们：

你们好！来信收到了，得知你们 118 名同学毕业后将奔赴新疆基层工作，立志同各族群众一起奋斗，努力成为可堪大用、能担重任的西部建设者，我支持你们作出的这个人生选择。

这场抗击新冠肺炎疫情的严峻斗争，让你们这届高校毕业生经受了磨练、收获了成长，也使你们切身体会到了"志不求易者成，事不避难者进"的道理。前进的道路从不会一帆风顺，实现中华民族伟大复兴的中国梦需要一代一代青年矢志奋斗。同学们生逢其时、肩负重任。希望全国广大高校毕业生志存高远、脚踏实地，不畏艰难险阻，勇担时代使命，把个人的理想追求融入党和国家事业之中，为党、为祖国、为人民多作贡献。

各级党委、政府和社会各界要切实做好高校毕业生就业工作，采取有效措施，克服新冠肺炎疫情带来的不利影响，千方百计帮助高校毕业生就业，热情支持高校毕业生在各自工作岗位上为党和人民建功立业。

习近平

2020 年 7 月 7 日

案例思考

1. 大学生参与的社会基层项目有哪些？
2. 大学生参与志愿服务有何社会意义？

志愿服务的参与程度，彰显着一个社会的文明素养；千千万万志愿者，展现着泱泱大国的文明形象。截止到 2023 年 12 月，我国注册志愿者已逾 2.34 亿人，志愿队伍总数达 135 万个，志愿项目总数 1162 万个，记录志愿服务时间超过 53 亿小时。大学生的志愿服务和社会实践是志愿服务活动的重要组成部分,参与程度、参与数量呈现逐年上升的趋势,大学生已然成为志愿活动的中坚力量。

一、我国青年志愿服务发展历程

我国志愿服务萌芽于"学雷锋"行动。1963 年,毛泽东同志发出"向雷锋同志学习"的号召,雷锋同志成为新一代青年服务人民、服务社会的榜样。为人民服务的雷锋精神也是志愿服务的精髓所在。从发展历程来看,我国青年志愿服务经历了初步探索、不断发展、持续推进 3 个阶段。

(一)青年志愿服务初步探索阶段(1993—2002 年)

1993 年 12 月 7 日,共青团十三届二中全会决定实施中国青年志愿者行动,中国青年志愿者协会在北京成立。万余名铁路青年率先打出了"青年志愿者"的旗帜,开展为旅客送温暖志愿服务,标志着"中国青年志愿者行动"正式启动,并在全国开展起来。

1996 年,团中央青年志愿者行动指导中心成立,多个省(区、市)团委设立青年志愿者专门工作机构,开展志愿服务活动。如 1999 年组织开展的青年志愿者扶贫接力计划研究生支教团工作、2002 年中国青年志愿者海外服务计划正式启动,等等。这些计划拓展了志愿服务的深度与广度,夯实了志愿服务事业发展的基础。为更好地继承雷锋精神,持续开展学雷锋活动,使其常态化、机制化,2000 年 3 月,团中央将每年 3 月 5 日"学雷锋日"定为"中国青年志愿者服务日",鼓励和组织志愿者开展内容丰富、形式多样的志愿服务活动。总体看来,这一阶段全国和地方对志愿服务活动分别进行了创新性探索。

(二)青年志愿服务不断发展阶段(2003—2011 年)

2003 年"非典"暴发,在国家政府的指导下,各级共青团和青年志愿者组织动员了 1200 多万人次的青年志愿者开展志愿服务,为夺取抗击非典胜利作出了突出贡献。2008 年汶川地震,全国近 500 万名志愿者在各地参与各种形式的抗震救灾志愿服务工作。2008 年北京奥运会、残奥会,170 万名青年志愿者成为奥运会的重要组成部分,向全世界展示了中国青年的良好形象。2008 年,被社会各界称为"中国志愿服务元年"。2009 年"百万空巢老人关爱志愿服务行动"开展,推动了政府服务与市场服务相衔接的志愿服务体系。2010年,针对农民工特殊群体,共青团中央启动实施"共青团关爱农民工子女志愿服务行动",围绕"迎世博迎亚运讲文明树新风"主题开展志愿服务活动、以"我们的节日"为主题开展系列志愿服务活动,等等,志愿服务向常态化推进。

总体来看,这一阶段志愿服务水平更专业化、规范化,志愿服务不断提升发展。

（三）青年志愿服务持续推进阶段（2012年至今）

党的十八大明确提出"深化群众性精神文明创建活动,广泛开展志愿服务,推动学雷锋活动、学习宣传道德模范常态化"的新要求。新时代,我国志愿者活动显现出鲜明的特征。在已经实现一定程度的制度化、常态化、规范化的基础上,致力于构建新时代特色志愿服务实践体系和发展独具特色的志愿服务文化。

在文化建设方面,大力弘扬"奉献、友爱、互助、进步"的志愿精神,加强志愿精神与志愿文化理论研究,构建志愿服务话语体系、学术体系,为中国青年志愿服务事业发展提供理论支撑和精神支持。在实践活动方面,围绕国家发展需求,开展青年志愿服务重点品牌项目。大学生服务基层、大型赛会、应急救援、海外计划等志愿服务的形式和内容不断丰富,并形成独具特色的品牌项目。总体看来,这一阶段的志愿服务体系日益健全并彰显中国特色,呈现出多元发展之势。

二、大学生志愿活动

我国大学生志愿活动和社会实践活动紧密相连,志愿服务系列项目主要有"三支一扶""西部计划""三下乡""青年红色筑梦之旅"等。

（一）"三支一扶"

1."三支一扶"计划的内涵

"三支一扶"计划是人力资源和社会保障部等部门联合实施的引导鼓励高校毕业生到基层工作的示范项目,重点选派高校毕业生到基层一线从事支教、支农、支医和帮扶乡村振兴（原扶贫）等志愿服务（简称"三支一扶"）。

计划的政策依据是 2006 年国家人事部颁布的第 16 号文件《关于组织开展高校毕业生到农村基层从事支农、支教、支医和扶贫工作的通知》。目前,我国正在实施第四轮(2021—2025 年)高校毕业生"三支一扶"计划,拟每年选派 3.2 万名左右,累计选派 16 万名左右毕业生到基层服务,服务期一般为 2 年。自 2006 年实施以来,"三支一扶"计划已历经 18 个年头,累计选派 51 万名高校毕业生到基层从事支教、支农、支医和帮扶乡村振兴服务等,取得丰硕成果,促进了基层事业发展,为偏远落后地区注入了活力。

支教是指支援落后地区乡镇中小学的教育和教学管理工作;支农即是发展支持农业;支医是指大学生毕业后到农村基层从事医疗服务方面工作;扶贫即是帮扶贫困地区。随着"三支一扶"服务工作的发展,其服务领域也从最初的教育、农业、医疗卫生、扶贫开发逐步拓展到相关领域。人社部、财政部联合印发《关于做好 2023 年高校毕业生"三支一扶"计划实施工作的通知》特别指出:紧贴全面推进乡村振兴重点工作需要,积极拓展水利基础设施建设与运行管理、农技推广、林草生态保护修复、医疗卫生、乡村建设等服务岗位。招募计划继续向乡村振兴重点帮扶县、脱贫县、易地扶贫搬迁大型和特大型集中安置区所在县倾斜,向革命老区、民族地区、边疆地区等艰苦边远地区倾斜,对国家乡村振兴重点帮扶县实行计划单列。

2. 参加"三支一扶"的流程

"三支一扶"是按照公开招募、自愿报考、组织选拔、统一派遣的方式进行,服务期限两年。一般各地在每年 3～8 月发布招募公告,公布具体要求。有意向的高校毕业生关注相应省份人社部门官网、官方微信公众号等平台获得报考信息。具体流程为:网上报名—网上资格审核—现场资格复审—统一笔试—确定人选—体检、公示—岗前培训—组织上岗—试用期考核。

以黑龙江省为例,2023 年全省设立 766 个"三支一扶"岗位,招募对象为省内普通高校应届毕业生(含 2021、2022 届毕业后无就业经历的普通高校毕业生);黑龙江省户籍或生源的省外普通高校(含国家承认学历的国外、境外高校)应届毕业生;截止到 2023 年 6 月 5 日,黑龙江省各级兵役机关征集入伍或生源地为黑龙江省在外省征集入伍的退役大学生士兵中服役期满(复学毕业)不超过 2 年的人员。

3. "三支一扶"优待政策

在岗服务期间的"三支一扶"人员优待政策:按规定享受工作生活补贴、

参加社会保险;基层服务年限计算为工龄;服务满 1 年且考核合格按规定参加职称评定。

期满考核合格的"三支一扶"人员优待政策:三年内参加全国硕士研究生招生考试,初试总分加 10 分;公务员定向考录;事业单位公开招聘加分;等等。

(二)"西部计划"

2003 年,根据国务院常务会议和全国高校毕业生就业工作会议精神,团中央、教育部、财政部、人力资源和社会保障部共同组织实施"大学生志愿服务西部计划"(简称"西部计划"),招募一定数量的普通高等学校应届毕业生或在读研究生,通过公开招募、自愿报名、组织选拔、集中派遣的方式,到西部基层开展为期 1~3 年的教育、卫生、农技、扶贫等方面的志愿服务工作,并鼓励志愿服务期满后扎根当地就业创业。

从 2003 年开始启动,"西部计划"已经实施 20 周年。20 年来,累计招募派遣超过 50 万名大学毕业生到以西部地区为主的 2000 多个县(市、区、旗)基层,开展志愿服务。2023 年西部计划招募规模将继续保持两万人,分为乡村教育、服务乡村建设、健康乡村、基层青年工作、乡村社会治理、服务新疆、服务西藏等 7 个专项。

(三)"三下乡"活动

"三下乡"即高校学生利用暑假期间进行的文化、科技、卫生"三下乡"活动。1996 年 12 月,中央宣传部、国家科委、农业部、文化部等十部委联合下发了《关于开展文化科技卫生"三下乡"活动的通知》,并从 1997 年开始正式实施,标志着"三下乡"活动走上了新的发展轨道。自"三下乡"活动启动以来,数百万青年学生参与其中,向基层扎根,在复杂艰苦环境中磨砺本领。党的十八大以来,"三下乡"活动得到进一步发展,呈现出常态化发展新格局。

文化、科技、卫生"三下乡"即是要发挥人才、专业、技术等优势,帮助乡村群众排忧解难,推动农村更好更快发展。随着乡村的发展变化,乡村群众需求的提升,"三下乡"活动内容和形式不断深化拓展,并纳入实施乡村振兴战略的总体部署。"三下乡"活动不再是"一日游",还具有定期性、帮扶性、长期性等特征,"组团式"服务进一步推动优质资源精准下沉,为乡村事业补短板、强弱项。

2023 年全国大学生"三下乡""返家乡"社会实践启动周系列活动在清华大学拉开帷幕。

三、大学生志愿服务的重要意义

大学生志愿服务基层项目向地方输送人才,为国家培养人才,也是年轻人放飞梦想的舞台。大学生积极参与志愿服务具有积极的社会意义。

（一）为基层输送人才,促进农村经济发展

乡村振兴,人才是关键。"三支一扶""西部计划""三下乡"等活动实质是输送人才的计划,既是对人才资源的合理配置,也是推动社会发展和解决基层问题的重要举措。政府、高校引导更多的大学毕业生到农村基层工作,鼓励一大批有知识、懂技术、能创新的高素质人才走向基层、走入农村,旨在为基层输送人才,为农村经济发展提供人才保障。

大学生接受过高等教育,结合自身的专业特长,能够将知识转化为切实的生产力,为促进乡村振兴贡献自己的力量。如大学生毕业后或是回村任职,或是参与假期社会实践,借助抖音、淘宝等平台开展直播带货。广大青年化身主播推介农副产品,扩大产品销量,增加农民收入,助力乡村振兴。"90 后"大学生刘佳宁在父母和乡亲们的不理解中辞掉大型国企工作,回到东北,借助吉林省持续推进的乡村振兴计划,开启了她的"带货"计划。在经历流量弱、粉丝少的困难后,她成功将村里的松子以"好价格"卖出去,带动了联合村村民增收和家乡的变化。可以说,国家派遣大学生到农村基层从事社会服务工作,帮助农村解决人才短缺问题,不仅给农村注入新的活力,也促进农村经济的可持续发展。

（二）为青年提供就业,勇于担当时代责任

基层是大学生建功立业的舞台,也是吸纳其就业的广阔平台。据统计,2023 届全国高校毕业生达到 1158 万人,同比增加 82 万人。2022 年召开的中央经济工作会议强调,落实落细就业优先政策,把促进青年特别是高校毕业生就业工作摆在更加突出的位置。"三支一扶""西部计划""三下乡"等活动一方面彰显基层经济发展对年轻人才的"求贤若渴",另一方面也拓展了高校毕业生的就业空间,通过多渠道吸纳高校毕业生到基层就业创业。

与此同时,在志愿服务过程中,有能力、懂技术、闯劲足的大学生锻炼了自我的耐心和毅力,很早明确了个人的人生方向。在基层服务的催化作用下,高校毕业生发挥所学所长,勇于承担起时代赋予的使命与责任,让青春和才华绽放在农村基层的土地上。可以说,志愿服务与大学生是一场"双向奔赴",在大学生为农村经济创造一个又一个新的增长点时,志愿服务也成为青年实现个人价值的重要途径和归宿。

劳动视界

"95后"返乡青年张雪娇:北京的企业不缺我一个,家乡的振兴需要我

"记得小时候,村里房子后头有小河、小桥和大树,每天早上都会在河边走一走、背上几篇课文;回家走进巷子时,邻居叔叔婶婶会跟我们寒暄问候,觉得特别温暖、惬意。"正是有这样的童年记忆,山西灵丘姑娘张雪娇大学毕业在北京一家互联网企业工作了一段时间,2019年底辞职回到家乡,她说:"北京的企业不缺我一个,而家乡的乡村振兴需要我。"

从此,这个1995年出生的姑娘成了灵丘县东河南村的大忙人。

除了怀念童年的美好,扎根基层、服务村民的志向,这个决定也与家乡正在全面推进乡村振兴的现实需求相切合。大学期间,张雪娇常在假期回家时帮助村委会完成一些工作。2019年底参加村里的捐款活动时,她注意到村委会成员戴着老花镜用纸笔登记,速度很慢,就主动帮忙,用办公室闲置的电脑做了电子表格,大大提高了效率。后来,她留在了村里,起初以志愿者身份工作,之后当选了村党总支副书记兼村团委书记。

张雪娇大学学的是计算机,作为最年轻的村干部,她利用专业所学,为村里办了不少实事,很多老人都觉得她手巧,心更巧。她参与入户排查和数据统计、上传,帮助村委会实现无纸化办公。去年,在团中央驻灵丘县乡村振兴工作队(以下简称工作队)帮扶下,村里上线了数字乡村治理平台,该平台能够实现人、房、地、户关联管理,提高村委会工作效率;村里还为孤寡老人们提供了具备防走失、一键呼救等功能的智能养老手环。

东河南村外出务工人员较多,村里有 130 多名留守儿童,附近村落也有一些留守的孩子。在工作队帮扶下,村里建起了"青年之家"和"童心港湾",张雪娇成了"大管家"。

"童心港湾"的课程由村委会、团委、志愿者联合设计。周末与节假日,孩子们可以来这里集体看电影,在志愿者带领下一起画画、制作泥塑等手工作品,或者寻找感兴趣的书阅读。

暑假里,中青校媒以及北京大学、南开大学等高校的大学生团队来到村里,给街道的墙上画上卡通图案,为留守儿童带来科学素养提升、安全教育等各种活动,村子的面貌鲜活起来了。

平时,张雪娇会特意在网上找手工黏土画、剪纸等视频学习,在课上教给孩子们。"童心港湾"的活动强调互动性,老师会在课上问孩子"为什么这样设计";课后则会私下了解孩子们的家庭情况,以及是否喜欢这些活动。

孩子们的创造力、想象力使张雪娇感到惊喜,也让她花更多心思设计课程。她和志愿者给孩子们讲平型关的历史,孩子们用橡皮泥"复原"了古长城关隘,各式各样、五颜六色。

"童心港湾"每次在微信群发布活动通知,家长都踊跃报名,来的孩子总是超过教室的容纳量。周末活动通常有 30 多人参加,假期有七八十人,有时候座位满了,孩子们都愿意站着听;通知的时间是下午 3 点,有的孩子提前两小时就来等候。张雪娇说:"我们的活动大部分是让孩子自己动手操作,比如制作电动飞机、地震感应器,都是他们平时上课接触不到的;大家有机会聚在一起,还能展示自己的作品,所以他们很喜欢。"

其中一位女孩给张雪娇留下深刻印象。"刚开始,女孩说讨厌自己的妹妹,觉得妹妹把父母的爱都夺走了。于是我们就和女孩妈妈沟通,告诉她给小孩子买东西的时候,可以问一下大孩子的想法。后来我们再次看见女孩,发现她变得很开心,还带着妹妹一起来上课了。"张雪娇向记者展示了女孩给她写的贺卡:"亲爱的老师,您是世上最棒的老师,虽然咱们相处的时间不长,但我很爱您。"

在村里工作这几年,张雪娇不断"get"新技能。她使用工作队帮村里采购的墙体彩绘机,为剧场绘制了脸谱装饰;设计了"十里花溪""印象东河南"

logo 并申请注册商标,计划依托村里文旅产业生产销售文创物品;还自学无人机拍摄技术,帮村里拍摄制作了"小猪庙会"民俗宣传片、介绍村里美景美物的短视频,吸引周边村民和游客前来赶集、游玩。

张雪娇说,回到家乡工作,有幸福感、归属感和松弛感。"每次帮助了村民,都觉得快乐、有成就感。在乡村有很大发展潜力和机遇,只要自己有想法、发挥才干,就能开拓一片新的天地,实现价值和梦想,这也是我一直在坚持做的。"

——魏其濛,朱娟娟:《95 后返乡青年张雪娇:北京的企业不缺我一个,家乡的振兴需要我》,《中国青年报》2023 年 11 月 22。本书选用时有改动。

雪域高原上有一种热烈的青春

11 月 6 日,徐燕梅拿到了人生第一枚、也是她认为最重要的一枚"勋章"——西部计划西藏专项志愿者留藏工作纪念章。她到西藏工作已近 10 年。

截至 12 月 11 日,这款纪念章共发出去 864 枚,代表着至少有 864 名大学生通过西部计划留在雪域高原并超过 5 年。随着纪念章陆续发放至西藏 7 个地市,这一数字还将大幅增加——留藏志愿者中超过 70% 的人在市、县、乡三级。

这项由共青团中央、教育部、财政部、人力资源和社会保障部联合实施的大学生志愿服务西部计划,今年已满 20 岁。"服务西藏"是其中的七大专项之一。

据共青团西藏自治区委员会统计,20 年来,共有 12877 名志愿者来藏服务。近 5 年,西部计划志愿者留藏率上升了两个百分点。越来越多的年轻人选择加入志愿服务西藏行列,就像纪念章上刻的 12 个字:服务西藏、扎根西藏、建设西藏。

徐燕梅最早是被西藏的蓝天白云吸引的。2014 年 8 月,她从四川大学农业水利工程专业毕业,到西藏自治区林业厅(现西藏自治区林业和草原局)下属的一家事业单位服务,随后被"借"到林业厅政工人事处工作。

"当时干工作就按照正式员工对待的,没有因为是志愿者而有什么区别。"徐燕梅说,服务满 2 年,可以参加自治区针对西部计划西藏专项志愿者举行的留藏考试。2016年，她顺利通过考试。

"近年通过留藏考试留在技术岗位的人才更多一些，他们为西藏的生态保护作出了贡献。"徐燕梅说，每年都有5至10名的西部计划志愿者在西藏林业和草原局服务。

在从事人事工作的徐燕梅看来，近些年的志愿者与"西部计划老人"都拥有共同的品质——吃苦耐劳、踏实勤奋，而且现在的年轻人更多才多艺，"有新思想、新思路，也敢表达"。

共青团西藏区委权益志工部负责自治区西部计划项目管理。该部门负责人去年调研时，多个当地市县组织部门的负责同志明确提出"要人"。

"经过两三年志愿服务，许多孩子与当地融合得很好了。"共青团西藏区委权益志工部副部长金美南杰喜欢将西部计划志愿者称为"孩子"。在他看来，这些孩子们给西藏干部群众留下"接地气、肯俯下身子干事"的好印象，很多地方把西部计划定位为人才引进项目。

2021年7月，庆祝西藏和平解放70周年之际，习近平总书记到西藏考察调研时要求，西藏自治区要抓好"稳定、发展、生态、强边"四件大事。

当年8月，西部计划西藏项目办公室在专项内实施"强边"子项目，选拔思想政治素质过硬、组织纪律较强、身心健康、具有奉献精神和吃苦精神的西部计划志愿者到边境县的服务岗位。3年来，已选派620名西部计划志愿者到西藏的全部21个边境县。

来自广东省肇庆市的石鹏耀是其中的一员。2021年8月，他作为第一批"强边"专项志愿者，到米林县（现米林市）服务。

"祖国那么大，我想去看看。"石鹏耀最初只是因为大学毕业前一直未出过省，想到遥远的地方去见识一番，就从祖国的东南沿海跑到了大西南。

在石鹏耀眼里，当地的人比米林市内的雅鲁藏布大峡谷和南迦巴瓦峰更纯粹、更美好。西藏地广人稀，乡镇之间、村庄之间隔得远，他们下乡工作，在路边招招手就能搭上本地人的顺风车。

米林市琼林村有座当地珞巴族人民自发保家卫国的"红色小牧屋"。"边境有强大的解放军保护，作为志愿者服务好当地发展，就是对民族团结和边疆稳定最大的贡献。"石鹏耀说。

今年，他续签了协议，打算继续服务一年再参加留藏考试。他是家里的独生子,父母原本反对,但看他态度很坚决,也不再提反对意见。留在西藏发展,是他给自己的规划。

今年7月28日,中国共产主义青年团第十九届中央委员会第二次全体会议通过《共青团中央关于认真学习宣传贯彻习近平总书记重要讲话精神 动员引领广大团员青年在强国建设、民族复兴伟业中挺膺担当的决定》,号召组织动员青年积极投身卫国戍边,在"西部计划"、共青团对口援藏援疆等活动项目中,拓展和强化卫国戍边工作内涵,动员引领更多青年投身边境地区建设、维护海洋权益,切实展现强边固防的青春担当。

金美南杰说,边境县缺少医学、教育、计算机等方面的志愿者,"强边"专项的大学生志愿者把所学的知识带了过去,一些紧缺的专业人才得到了补充。

毕业于陕西中医药大学的周妮正在西藏阿里地区噶尔县人民医院服务。她是2021年第一批"强边"专项志愿者中的一员。

刚到的头一年,她协助援藏医疗团队为当地儿童筛查先心病,总共筛查263人,确诊并完成手术7人。

在平均海拔超过4300米的噶尔县待了两年,皮肤变黑了,脸颊还有一点"高原红",在饭馆"喝着甜茶、吃着藏面",周妮常被当成本地人。

噶尔县有一条陕西路,是陕西省援建的,还有北京路、河北路……每次看到这些以省份命名的大道,周妮就会感叹"中国人的团结"、感激"上一辈人的努力"。

周妮喜欢站在噶尔县的高处眺望冈底斯山脉,以前地理课本上的地名,真正进入到视野后,内心涌现出的是"层峦叠嶂,宏伟壮阔"。她准备考到海拔更高的西藏那曲市聂荣县。

"那里需要医疗岗人员。"周妮说,目前她在行政岗服务,未来还是想做与本专业相关的工作,她学的中医与藏医有相通之处。

另一个原因是现在那曲有直达周妮老家陕西咸阳的火车。她是独生女,父母因年事已高不能上青藏高原。"忠孝不能两全"的情况下,她找到一条相对方便且"便宜"的回家路线。

在边境,祖国疆土的辽阔可以通过路费和乘车时间来衡量。

这两年,从噶尔县回咸阳,周妮要先从阿里坐飞机到喀什中转,再飞到西安,前后约需要两天时间。如果顺利考到那曲,她可以乘坐直达咸阳的火车,全程需要二十七八个小时,硬座只需要 200 多元。机票则是 2600 元。

这几乎要花掉她三分之二的月收入。在阿里,周妮拿到的是西部计划志愿者中最高的补贴——超过海拔 4500 米以上为最艰苦的四类区,扣除社保后,到手补贴为每月 4001.54 元。

西部计划的补贴由中央财政和西藏共同承担。截至今年,在西部计划西藏专项方面,共青团中央协调财政部每年拨付专项资金 8760 万元。

"选择了志愿服务,金钱并不是最重要的。"周妮说,一起来到西藏的志愿者,有的在海拔较低的地方服务,补贴更少,当地消费高,每月其实剩不下多少钱。

"到西部去,到基层去,到祖国最需要的地方去。"西部计划这句广为人知的号召,是西藏的志愿者的真实写照。他们为西藏服务、为边疆奉献,也在和雪域高原上的服务对象共同成长。

"你是我的精神支柱,很幸运在这个热烈的青春遇见你,你就像一束光照亮我的生活!"今年到西藏林芝边境县墨脱县完全小学支教的李思莹,再次收到 10 岁的西嘎卓玛的信。只是这一次,是西嘎卓玛偷偷放到她办公桌上的。

看到这封信,李思莹在社交软件上写了一句话:"我为什么而活着?"她想,天上的星星那么多,不是最亮的那几颗才能被称为星星,那些看不到的,也在散发着自己的光芒,"原来,我做的事情真的是有用的"。

西嘎卓玛既是李思莹的学生,又是她保持了两年联系的"笔友""网友"。

2021 年 6 月,在墨脱县服务的山西师范大学研究生支教团组织"大手拉小手,晋师筑梦格桑"活动,通过山西师范大学的在校生与墨脱县完全小学的学生"一对一"结对帮扶,让他们"玩在一起、学在一起、成长在一起",引导墨脱县的小学生交朋友、长见识。

西嘎卓玛当时上小学三年级,李思莹正在读大学二年级。她们常常互通书信、在网络视频中见面。

李思莹用手机视频带着她"游览"山西师范大学:教学楼、毓秀湖、食堂、图书馆……西嘎卓玛在一封信中说："如果你来到了墨脱我会带你去足球场玩游戏！如果你饿了，我就给你买 10 根烤肠或 10 盒巧克力哦！还可以去白 ta（塔）看全景，拍美照！"

两年后，李思莹作为西部计划志愿者，看到了因害羞躲在两名同学背后的西嘎卓玛、那座实际上是观景台的白塔和那个周长约 200 米的小小的足球场。

墨脱县完全小学副校长、2013 年感动中国人物格桑德吉告诉李思莹，现在国家对墨脱的支持很大，尤其是教育，孩子们在物质上不缺什么，他们更需要家庭和亲人的关注、精神上的陪伴。

孩子们确实把山外来的年轻志愿者们当亲人。在课间，只要李思莹和其他几名"志愿者老师"出现在操场，一些一年级或二年级的小学生会冲上来抱住他们。

李思莹会梳理孩子们飞扬的乱糟糟的头发，为孩子们缝衣服，小时候学过的刺绣派上了用场。

"可能因为我们比较年轻、随性，孩子们更愿意说一些悄悄话。"李思莹说，有的女生第一次出现生理期而不知所措地找到她，她会帮助孩子们处理、教孩子们如何使用卫生用品。

李思莹在一年级担任一个班的班主任助理，带三年级和四年级的科学课，还在教务处做行政工作。

她的学生来自门巴族、珞巴族、藏族和汉族等多个民族。许多孩子能歌善舞，"音乐一响马上就能唱能跳"。

是这些孩子让李思莹终于明白，为何总有往届研支团的学长学姐辞去在其他省市的工作重新回到墨脱。

她说，虽然通向外界的公路修通了，但是墨脱到最近的城市林芝一般仍需要半天时间，道路受到地质灾害影响也很大，许多孩子很少走出过大山。

"墨脱的孩子们站在操场上，往远处望去的时候其实是看不到外面的。"她希望通过西部计划，让更多的孩子走出大山去看看外面的世界。

——耿学清：《雪域高原上有一种热烈的青春》，《中国青年报》2023 年 12 月 13 日。本书选用时有改动。

思维训练

1. 青年志愿服务的发展经历了哪些阶段？
2. 结合自身情况，谈一谈自己适合从事哪类志愿服务活动。

劳动实践

举办"志愿人生最美丽 志愿活动大家讲"主题演讲。

第三节 弘扬志愿精神

引导案例

习近平致中国志愿服务联合会第二届会员代表大会的贺信

值此中国志愿服务联合会第二届会员代表大会召开之际，我谨向大会的召开表示热烈的祝贺！向广大志愿者、志愿服务组织、志愿服务工作者致以诚挚的问候！

志愿服务是社会文明进步的重要标志。党的十八大以来，广大志愿者、志愿服务组织、志愿服务工作者积极响应党和人民号召，弘扬和践行社会主义核心价值观，走进社区、走进乡村、走进基层，为他人送温暖、为社会作贡献，充分彰显了理想信念、爱心善意、责任担当，成为人民有信仰、国家有力量、民族有希望的生动体现。希望广大志愿者、志愿服务组织、志愿服务工作者立足新时代、展现新作为，弘扬奉献、友爱、互助、进步的志愿精神，继续以实际行动书写新时代的雷锋故事。

中国志愿服务联合会要认真履行引领、联合、服务、促进的职责，为广大志愿者、志愿服务组织服务他人、奉献社会创造条件。各级党委和政府要为志愿服务搭建更多平台，给予更多支持，推进志愿服务制度化常态化，凝聚广大人民群众共同为实现"两个一百年"奋斗目标、实现中华民族伟大复兴的中国梦贡献力量。

习近平

2019 年 7 月 23 日

案例思考

如何理解志愿精神？

一、志愿精神内涵

2013 年 5 月 4 日，习近平总书记在同各界优秀青年代表座谈时强调，弘扬奉献、友爱、互助、进步的志愿精神，继续以实际行动书写新时代的雷锋故事。这为我们科学准确理解志愿精神提供了指引。

志愿精神是志愿服务的核心。它形成于志愿者长期的志愿实践活动过程中，是中华优秀传统美德与时代精神的有机融合。中国志愿精神有着源远流长的历史，继承了传统文化"老吾老以及人之老，幼吾幼以及人之幼"的文化观念，发扬了中华民族团结友爱、无私奉献、助人为乐、见义勇为等美德，生动诠释了社会主义核心价值观的真谛要义，体现了志愿者服务意识与价值观、社会责任感与个人获得感的有机统一。

"奉献"是志愿服务的本质要求，强调的是不计报酬、不求回报的全身心付出。在志愿服务活动中，志愿者不是从功利角度出发考虑问题，而是将社会的整体利益和他人的利益放在心中，竭尽全力地为社会、集体和他人服务乐于奉献。"友爱"是志愿服务的价值追求，表现为志愿者与服务对象之间的良好互动关系。"互助"是志愿服务的实现方式，强调志愿者与志愿者之间、志愿者与服务对象之间的相互影响，是稳步推进志愿活动的重要保障。"进步"是志愿服务的目标任务，强调的是志愿者自我价值的实现与服务对象自身进步。从对志愿精神的理解中我们可以发现，志愿精神既体现为一种德性精神，也表现为实践精神，同时也是人的一种价值追求。德性是志愿精神的起点与内核，实践为其指明了方向和途径，价值追求则是志愿精神的最终归宿。

二、弘扬志愿精神途径

当志愿精神成为一种社会共识，志愿服务就成了一种集体行动。大学生志愿者是志愿队伍的重要组成部分，培育其志愿精神，能够激发大学生积极参加志愿服务活动的活力。新时代，大力弘扬志愿精神，为全面建设社会主义现代化国家、全面推进中华民族伟大复兴凝聚强大力量。

（一）汇聚多方力量，加强制度建设

培育和践行志愿精神，提升和强化大学生志愿服务积极性，需要政府、社会和高校的合力支持、协同发力，也需要制度体系的保障。政府通过出台相应政策、计划引导大学生参与志愿服务，设立志愿服务专项费用等方式，为志愿服务的持续发展提供有力支持。社会、高校在党中央精神的指引下开展志愿服务活动，建立和完善大学生志愿服务的招募、培训、保障、褒奖等方面的具体制度，对志愿服务活动进行整合优化，不断扩大志愿者规模，培育更多专业性的志愿者，从而实现既满足志愿者自我提升的诉求，也能满足服务对象的众多需求。在志愿服务活动得到充分保障的过程中，志愿精神也得到传扬和发展。

（二）推进理论创新，提升技术赋能

志愿服务理论是对志愿服务实践活动的科学、系统总结。志愿精神是对志愿服务理论的凝练与升华，理论的创新与发展利于志愿精神永葆生机。要构建中国特色的志愿服务理论体系，加强志愿服务理论、志愿精神在哲学、政治学、社会学、管理学等学科的研究，明确其与中华优秀传统文化的内在联系、与国外志愿服务模式存在的差异。在理论创新的基础上，推动志愿精神的时代发展。与此同时，加强数字技术赋能，积极推进"互联网＋志愿精神""互联网＋志愿服务"，运用新媒体等手段打造理论创新研究平台，提升志愿精神影响力，充分发挥志愿精神的凝聚、教育、引导功能，推动志愿服务持续健康发展。

劳动视界

常州大学法学理论专业 21 级
研究生陈醉依托法学知识，助力青少年健康成长

"对未来的真正慷慨，是把一切都献给现在。"讲台上，常州大学法学理论专业 21 级研究生陈醉转身，在黑板上郑重写下"万事法为先"。她扬起笑容，像一阵和煦的春风，将法"吹"进青少年心中。

青春最美的姿态在于奋斗与奉献。截至目前，陈醉 3 次获得国家奖学金，荣获江苏省大学生年度人物、江苏好青年等称号。她积极投身社会实践，

服务流动儿童权益保护、罪错青少年帮教、新媒体建功乡村振兴等志愿项目，用青春诠释志愿精神，获评第二届江苏省社会实践和志愿服务"十佳研究生"。

用心守护，流动儿童绽放笑容

自大学起，陈醉便积极投身于助力青少年健康成长的事业中，坚持探索流动儿童权益保障方式。常大周边有许多流动儿童聚集社区，这里的孩子随父母来到城市，学习基础相对薄弱，脸上的神情胆怯又自卑。一次活动中，陈醉接触到他们，"孩子们的模样让我感到心酸，我想帮他们找回朝气与自信。"在学校专业教师的指导下，陈醉成立了"阳光护童"团队，定期到社区开展志愿服务。

"为了打开孩子们的心扉，我要充分了解他们。"陈醉带领团队走访流动儿童家庭，发放调查问卷，深入了解孩子们的生活、学习及成长状况，坚持到社区陪伴他们，并有针对性地组织志愿服务活动，引起社会对流动儿童权益的广泛关注。

大三时，为了更好地准备研究生考试，陈醉暂时离开流动儿童聚集社区。离别之际，一个平时少言寡语的女孩跑过来抱住她："姐姐，谢谢你对我的关心，你以后一定要回来，看看更优秀的我！"两年的陪伴，让这个曾经自卑敏感的小女孩收获了自信，激扬起生命的更多可能。

"短期志愿服务存在局限。这两年，我一直在思考如何科学、可持续地为流动儿童群体提供帮助。"经过不断实践探索，陈醉找到了努力的方向。在专业指导教师的帮助下，她所在团队提出流动儿童权益保护的本土化模式，该成果在第十五届"挑战杯"大学生课外学术科技作品竞赛中斩获特等奖。

普及法律，罪错少年重归正途

法学课堂上，当教授讲到青少年犯罪的案例时，陈醉常为那些迷失的孩子感到惋惜："犯错的青少年应该有改过的机会。"怎么做才能让他们重拾积极向上的希望？一次偶然的机会，陈醉加入常州市武进区弘道罪错青少年帮教公益中心。此后，她定期前往常州市武进区人民检察院，根据罪错青少年的犯罪情况、兴趣爱好、成长经历等，制订不同帮教计划，并开展德育法治、心理疏导等行动，引导罪错青少年认识错误，顺利回归社会。

小峰（化名）是陈醉帮教的第一个孩子。他因缺少陪伴而沉迷网络，为购买游戏装备两次盗窃。在弘道帮教中心,小峰从叛逆抵触变得积极乐观,陈醉见证了少年的自我重塑与灵魂蜕变。"姐姐的陪伴让我看到了生活的美好,未来,我一定会做一个对社会有用的人。"去年 8 月,小峰收到高中录取通知书,向陈醉表示感谢。

小峰的经历更增添了陈醉坚持下去的勇气。她随即组建团队加入弘道帮教中心,共同帮助 1679 名罪错青少年度过考察期,为一个个笼罩在阴影下的家庭重新撑起"希望之伞"。

"如果时光可以倒回,我希望能在这些孩子犯罪之前就认识、帮助他们。"为做好青少年犯罪预防教育,陈醉整装再出发,成为"宪法与党章"普法志愿团一员,长期担任常大附小、戴溪小学等多所学校的法治辅导员,开设普法课堂,增强青少年法律意识。

实践调研,影像讲述乡村振兴

在与流动儿童和罪错少年的交往中,陈醉意识到,城乡差距对青少年群体思想及价值观的形成有很大影响,她慢慢理解了"民族要复兴,乡村必振兴"的深刻内涵。于是,她决心走进乡村,深入观察乡村生活,助力乡村振兴。

在青年记录者联盟创始人赵景的号召下,陈醉加入新媒体拍摄团队,成为一名奋斗在乡村振兴宣传一线的"新兵"。她跟随团队翻越一座座大山,前往安徽省夏集村、湖南省七里山等地,拍摄乡村振兴微纪录片,部分优秀作品获"学习强国"专题报道;赴贵州省南猛村记录南猛村茶业发展,作品《叶叶笙歌》于 2022 年五四青年节上线,播放量突破 800 万次;探访南猛村国家级非物质文化遗产芦笙,全英文讲述芦笙文化传承及制作工艺,作品《笙声不息》在首届"高教社杯"高等学校"用外语讲中国故事"优秀短视频作品征集活动中获省二等奖。镜头中乡村翻天覆地的变化,让陈醉深刻体会到,中国乡村好故事值得世界倾听。

截至目前,陈醉志愿服务 2656 个小时。在 2500 多个日夜中,她走访 100 余个流动儿童家庭,开展志愿服务 91 场,服务 3225 人次,帮助 1600 余名罪错青少年顺利度过考察期,用 7 年青春照亮了青少年前行之路。

——方欣:《常州大学法学理论专业 21 级研究生陈醉依托法学知识,助力青少年健康成长——用青春注释志愿精神》,《江苏教育报》2023 年 9 月 22 日。本书选用时有改动。

思维训练

1. 弘扬志愿精神有何意义？
2. 新时代大学生如何弘扬志愿精神？

劳动实践

开展"弘扬志愿精神　讲好志愿故事"主题活动。